新时代 新丝路

"全球视野"中的哈萨克斯坦

经贸、医疗与人文新观察

施越◎主编

新华出版社

图书在版编目（CIP）数据

"全球视野"中的哈萨克斯坦：经贸、医疗与人文新观察 / 施越主编.
—北京：新华出版社，2020.12

ISBN 978-7-5166-5556-6

Ⅰ．①全… Ⅱ．①施… Ⅲ．①哈萨克斯坦－研究报告 Ⅳ．①K936.1

中国版本图书馆CIP数据核字（2020）第232158号

"全球视野"中的哈萨克斯坦：经贸、医疗与人文新观察

编　者：	施　越

责任编辑：江文军　蒋旻歌		封面设计：李尘工作室	

出版发行：新华出版社
地　　址：北京市石景山区京原路 8 号　　　邮　　编：100040
网　　址：http：//www.xinhuapub.com
经　　销：新华书店
　　　　　新华出版社天猫旗舰店、京东旗舰店及各大网店
购书热线：010-63077122　　　　中国新闻书店购书热线：010-63072012

照　　排：李尘工作室
印　　刷：三河市君旺印务有限公司
成品尺寸：170mm×240mm　1/16
印　　张：19.75　　　　　　　　字　　数：282千字
版　　次：2020年12月第一版　　印　　次：2020年12月第一次印刷
书　　号：ISBN 978-7-5166-5556-6
定　　价：98.00元

感　谢

中信银行和哈萨克斯坦阿尔金银行

对本书出版的赞助

序

北京大学是一所历史文化悠久、人文底蕴深厚、学科门类齐全、综合实力雄厚的高等学府，是国家培养高素质人才的摇篮、知识创新的前沿基地和国际交流的重要桥梁和窗口。"全球视野·研究生学术交流支持计划"研究生暑期国际调研团项目是北京大学研究生院于2019年首次设立的项目。其总体目标是以"北大人"的视角去实地了解、调查、研究"一带一路"沿线国家的政治、经济、社会、文化等方面，以问题为导向，以课题研究形式开展，形成专项课题调研报告，服务国家"一带一路"倡议。这既是构建跨学科、跨领域、国际化综合培养体系的创新举措，也是北京大学国际发展战略中"全球卓越人才培养"计划实施的重要组成部分。

哈萨克斯坦调研团是首批三个调研团之一，由来自人文、社科和医学三个学部的19名师生组成。2019年8月，调研团赴哈萨克斯坦，在阿斯塔纳国际大学的支持下，走访了经贸、医疗与人文这三个领域的数十家机构，以跨学科的视角考察中哈在上述三个领域的合作现状，与在哈中方机构深入沟通，切实了解企业在境外工作面临的机遇与挑战，了解"一带一路"倡议在哈萨克斯坦各界中的反响。本次调研不仅是学校搭建研究生国际交流平台、加强研究生创新能力培养、推动研究生教育国际化的一次成功尝试，而且也是为中国与"一带一路"沿线国家拓宽合作空间建言献策的成功实践。本书正是这一调研项目的重要成果。作为跨国调研的成果呈现，本书凝结了全团师生自项目启动之初至后期研究写作的心血和汗水，彰显了新时代北京大学响应国家号召，将高层次研究型人才培养与国家战略相结合的创新意识。作为一部跨学科研究著作，本书将在学术层面为我国学界深化国别和区域研究提供参考，在政策层面为落实"一带一路"倡议提供借鉴。相信本书将助力我国政产学研各界在"新时代"通力合作，在"新丝路"上行稳致远。

北京大学研究生院常务副院长

姜国华

2020 年 10 月

目　录

第一编

"一带一路"视域下中哈经贸合作：现状、问题与前景

第二编
"一带一路"视域下中哈医疗卫生合作：现状与展望

第三编

"一带一路"视域下中哈人文交流：国家建构、文化与艺术

导　言

　　哈萨克斯坦地处欧亚大陆中部，东邻中国，西濒里海，北连俄罗斯，南接土库曼斯坦、乌兹别克斯坦、吉尔吉斯斯坦三国。哈萨克斯坦的国土面积为272.49万平方公里，位列世界第九。人口规模相对较小，截至2020年6月1日达到1873.59万人。首都努尔苏丹市以哈国首任总统努尔苏丹·纳扎尔巴耶夫之名命名。哈萨克斯坦与我国共有1782.75公里漫长的边界线，对于维护我国西部边疆安全有着至关重要的作用。地处欧亚大陆腹心的哈萨克斯坦是我国西向陆上交通的枢纽，也是我国实现进口渠道多元化、保障能源进口安全的重要战略合作伙伴。自1991年哈萨克斯坦独立以来，中哈两国保持战略沟通，双方在联合国、上海合作组织、亚洲相互协作与信任措施会议等多边框架内保持协调与合作，共同维护世界和平，促进地区稳定与发展。

　　2013年9月，中国国家主席习近平对哈萨克斯坦进行国事访问，于9月7日在哈萨克斯坦纳扎尔巴耶夫大学发表题为《弘扬人民友谊 共创美好未来》的重要演讲，正式提出共建"丝绸之路经济带"的倡议。此后，这一概念与"21世纪海上丝绸之路"一道简称为"一带一路"倡议，旨在借用古代丝绸之路的历史文化符号，依靠我国与相关国家的双多边机制和区域、国际合作平台，积极发展与沿线国家的经济合作伙伴关系，共同打造政治互信、经贸融通、文化包容的利益共同体、命运共同体和责任共同体。由此，两千多年以来连接欧亚大陆各地人类文明的丝绸之路获得了新的意涵和发展动力。

在 2017 年 10 月举行的中国共产党第十九次全国代表大会上，习近平总书记在大会重要报告中指出，中国特色社会主义进入了新时代。总书记指出，"这个新时代，……是决胜全面建成小康社会、进而全面建设社会主义现代化强国的时代，……是我国日益走近世界舞台中央、不断为人类作出更大贡献的时代。"在新时代我国的全方位外交布局中，借助"一带一路"倡议框架下的亚洲基础设施投资银行、丝路基金、"一带一路"国际合作高峰论坛等多边合作机制以及亚太经济合作组织（APEC）、二十国集团（G20）、金砖国家领导人峰会和亚信峰会等领导人会晤机制，我国正不断倡导国际社会共同构建人类命运共同体、积极参与引领全球治理体系改革和建设，同时支持扩大发展中国家在国际事务中的代表性和发言权。我国的国际影响力、感召力和塑造力进一步提高，为世界和平与发展作出了新的重大贡献。

图 1 "全球视野·研究生学术交流支持计划"研究生暑期国际调研团项目启动仪式①

---

① 北京大学研究生院 . 2019 年度研究生暑期国际调研团项目启动仪式举行 . [EB/OL]. (2019-08-30). [2020-09-15]. https://grs.pku.edu.cn/xwdt/321805.htm.

在上述时代背景之下，北京大学积极响应党和国家的号召，引导师生投身"一带一路"相关议题的学术研究和社会实践。其中，北京大学研究生院推出"全球视野·研究生学术交流支持计划"，包含国际交流系列讲座和各类研究生出国（境）学术交流、短期研修和开展暑期国际实践团项目，旨在搭建研究生国际交流平台、加强研究生创新能力培养、推动研究生教育国际化并加深中国与"一带一路"沿线国家和地区的相互了解。

作为上述计划的一部分，北京大学研究生院于 2019 年启动"全球视野·北京大学研究生暑期国际实践团"项目，组织校内优秀研究生（以博士研究生为主）在导师指导下前往"一带一路"沿线国家进行实践调研，加深中国与这些国家的互相全面了解，寻找彼此在"一带一路"倡议下的合作空间。在前期调研的基础上，北京大学研究生院选定斯里兰卡、吉布提—埃塞俄比亚和哈萨克斯坦为首批调研对象国（图 1）。

哈萨克斯坦调研团于 2019 年 8 月 11 日至 25 日开展了在哈国为期两周的调研工作。调研团寻求以跨学科视角考察中哈两国在经贸、医疗和人文三大领域的合作现状，同时调研我国"一带一路"倡议在哈萨克斯坦各界中的反响，为中资企业在哈投资经营提供学术研究支持。[①] 作为该团调研工作成果，本书的出版得到了哈萨克斯坦阿尔金银行的赞助。

赴哈萨克斯坦调研团由 19 名师生组成。研究生院培养办公室胡晓阳老师与李萌老师统筹全团事务。北京大学外国语学院吴杰伟教授、施越助理教授和医学部公共卫生学院常春教授为调研团指导教师。调研团成员包括医学部博士研究生索玲格、杜传超、梁春苏和郑韵婷，外国语学院硕士研究生史勇平、胡光玥和李凡，法学院博士研究生卢森通和硕士研究生史庆，经济学院博士研究生郑豪，国际关系学院博士研究生林文昕，哲学系博士研究生王硕，社会学系博士研究生乌日汉，历史系博士研究生岳嘉宝。

哈萨克斯坦调研项目于 2019 年 3 月开始筹备。项目以课题研究导向为特

① 北京大学研究生院 . 走向"一带一路"：北京大学研究生国际调研团访问哈萨克斯坦 . [EB/OL]. (2019-08-30). [2020-09-15]. https://grs.pku.edu.cn/xwdt/321802.htm.

图2　北京大学调研团访问阿斯塔纳国际大学（摄影：郑豪）

色，旨在为与"一带一路"沿线国家拓宽合作空间建言献策。因此，作为现场调研前期准备工作的一部分，调研团于2019年6月至8月专门组织了三次行前培训，邀请来自北京大学外国语学院、国际关系学院和公共卫生学院的老师进行关于哈萨克斯坦国情、国际关系学基本原理和中哈医疗卫生状况的讲座，帮助不同学科背景的团员为本次活动夯实知识基础。此外，调研团还提前拜访了在哈开展业务的两家国有企业，以期做好"一带一路"框架下中资企业在哈经营状况的背景调查。

调研项目得到了哈萨克斯坦阿斯塔纳国际大学（Astana International University, AIU）的大力支持。校长伊尔萨利耶夫（S.A. Irsaliyev）亲切接待调院团一行，并安排团队协助制定调研日程，提供后勤支持。调研活动历时14天，分别在哈萨克斯坦努尔苏丹和阿拉木图两市开展了20余场参访活动。调研内容主要涉及经贸关系、医疗卫生和人文合作三大领域。在经贸关系领域，调研团考察了阿斯塔纳国际金融中心以及金融、通信、商业和法律服务等领域的中资机构，就各机构的业务状况、市场定位、行业监管要求、企业社会

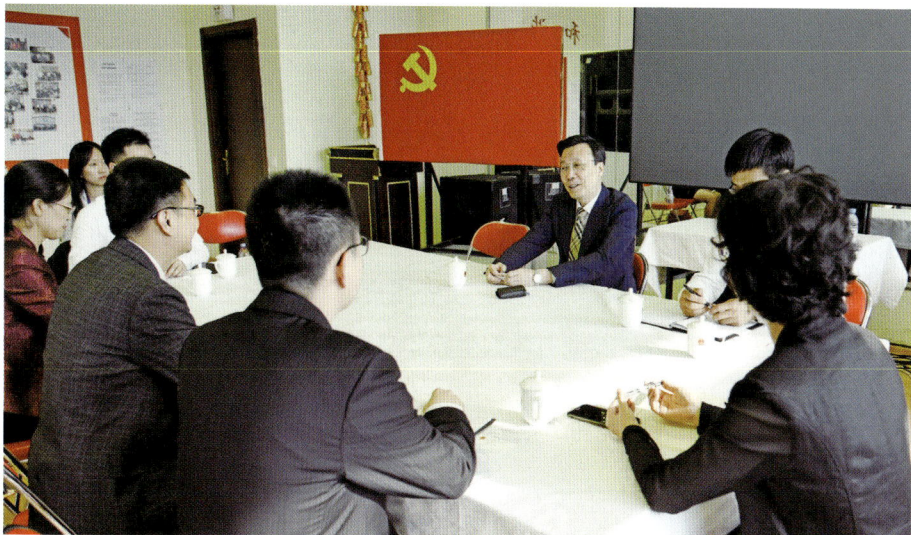

图3 北京大学调研团拜访中国驻哈萨克斯坦大使馆并与张霄大使座谈（摄影：郑豪）

责任履行情况和跨文化交流情况等进行了全面调查。

在医疗卫生领域，调研团参访了哈萨克斯坦国家医学科学中心、阿斯塔纳国立医科大学及其下属中哈医学中心，调研了上述机构在医学教育、初级卫生保健、临床医疗技术设备和国际医疗卫生合作的进展。在阿拉木图，调研团还对华侨私人诊所的负责人进行了访谈，管窥中国传统医学在哈本地化经营情况。

在人文合作领域，调研团访问了阿斯塔纳国际大学、纳扎尔巴耶夫大学、哈萨克斯坦—德国大学、阿拉木图管理大学等高等院校，深入了解了哈国各类高校的教育制度建设、人才培养、国际合作等方面现状。调研团也考察了哈萨克斯坦总统战略研究所、"一带一路"专家俱乐部和哈萨克斯坦科学院历史与民族学研究所等研究机构，与哈国专家探讨国际形势、哈国内政外交方针、"一带一路"倡议在哈反响和哈国文化政策等议题。此外，调研团还先后调研了世博会哈萨克斯坦国家馆、和平和谐宫、首任总统博物馆、国家博物馆和哈萨克斯坦国家博物馆等展馆，直观地了解哈萨克斯坦政治文化构建的成果。

在完成调研行程之后，调研团成员在行前研究和实地调研信息的基础上，深入探索医疗服务、公共卫生、国际关系、经济管理、高等教育和历史文化等方面，撰写了三编共计十五章专题报告。下文将首先回顾哈萨克斯坦独立以来的内政外交方针并简述中哈关系发展历程，以期为读者搭建理解当代哈萨克斯坦发展道路的基本认知框架。在概述哈国基本国情之后，调研报告内容概要部分将带领读者鸟瞰全书各编主旨，呈现各章内容精华。

（1）独立后哈萨克斯坦的发展道路

1991 年 10 月 25 日，哈萨克斯坦通过主权声明，正式以独立国家的面貌出现在国际舞台上。但独立并不必然意味着发展道路的自然显现。20 世纪 90 年代初的后苏联空间并不平静：俄罗斯内部因发展道路的分歧爆发宪政危机，亚美尼亚与阿塞拜疆因领土纠纷爆发冲突，摩尔多瓦和塔吉克斯坦陷入内战，乌兹别克斯坦和吉尔吉斯斯坦的安全和稳定受到极端主义势力的挑战。相比之下，哈萨克斯坦成功地应对了独立之后内政外交诸多领域的挑战。当局有力维持了国家的稳定，并在经历最初的重建之后，迎来了 20 世纪 90 年代后期的经济发展。

在后冷战时代的国际大环境之下，独立之初的哈萨克斯坦至少面临以下四方面挑战：第一，政治体制的重塑；第二，经济重建和市场化改革；第三，新国家思想文化基础的建构；第四，克服内陆国的地缘局限，加入全球化进程。这四方面困难普遍存在于欧亚地区国家。哈萨克斯坦充分利用国际形势提供的机遇，以一系列政策的组合渡过最为艰难的 20 世纪 90 年代：在政治领域，通过颁布和修订宪法，哈国逐步理顺总统、议会与执政党之间的权力关系。在经济领域，哈国一方面积极招徕国际资本，开发能源和矿产资源，改善本国大型国企的管理水平；另一方面则逐渐建章立制，形成政府调控下的市场经济。在思想文化领域，哈国推动一系列文化工程，奠定一套以主体民族语言、历史和文化传统为核心、同时强调世俗化和民族和睦原则的国家认同。最后，哈国奉行多元平衡外交，积极利用国际资源推进上述三方面的国内改革议程，并借助全球化进程推动本国发展。

A. 重塑政治体制

哈萨克斯坦独立之初的政治体制继承自苏联后期一系列改革形成的格局。1990年3月，苏联决定实行总统制。同年4月，作为苏联加盟共和国的哈萨克斯坦也进行相应改革，由哈国最高苏维埃选举时任哈萨克共产党第一书记努尔苏丹·纳扎尔巴耶夫为总统。1991年12月1日，经全民选举，纳扎尔巴耶夫再次当选总统。[①] 苏联解体之后，1993年哈国首部宪法出台。该宪法中保留最高苏维埃作为国家最高立法机关，并规定其由全国选举产生的177名代表组成。但总统与最高苏维埃之间的权责划分并不明确，与最高苏维埃选举相关的政党活动也处于无序状态。此前全国性的哈萨克共产党组织在苏联解体之后也急剧萎缩，不再具备组织领导全国政治经济事务的能力。

1992年至1995年是哈萨克斯坦社会经济最为困难的时期。苏联计划经济体系的骤然解体导致恶性通胀、食品和生活必需品短缺以及数百万人口迁出。作为时任总统的纳扎尔巴耶夫大刀阔斧推行市场化改革，对一系列大型国有企业进行股份制改造，以优惠的合资条件吸引外资企业对其进行管理。当局的经济政策引发当时哈国反对派的抨击，而最高苏维埃则成为反对派进行政治活动的平台。1993年宪法颁布后，新一届最高苏维埃于1994年3月选举产生，且最高苏维埃的反对派社会活动家视1995年底纳扎尔巴耶夫总统首个任期结束为重要政治机遇，积极准备总统选举。类似政策路线分歧如应对不当，可能导致府院争斗，进而引发政局动荡。俄罗斯1993年10月的宪政危机即为前车之鉴。

在这个关键的历史节点上，1995年3月6日，哈宪法法院对1994年3月最高苏维埃选举过程中的违法行为进行调查，并最终裁定此次选举非法。纳扎尔巴耶夫总统应宪法法院要求解散最高苏维埃，并重组政府。随后，1995

---

① 赵常庆编.列国志·哈萨克斯坦.北京：社会科学文献出版社，2004:60.

年 4 月，总统发起全民公决，要求选择是否允许将现任总统任期延长到 2000 年。在这次 91.2% 选民参加的全民公投中，选择同意的选票达到 95.5%。在顺利延长任期之后，首任总统发起修宪，于 1995 年 8 月 30 日颁布新的宪法，并决定于 12 月举行新宪法下的议会选举。因宪法修订期间无法进行议会选举，哈萨克斯坦在 1995 年 3 月至 1996 年 1 月实质上由总统主导立法事务。1995 年 3 月至 12 月，哈国当局立法 140 部，总统签署 60 多项关于批准国际条约的总统令。[①] 与市场化改革相关的一系列重要法令均在此时期顺利通过。哈国首任总统不仅成功避免府院分歧升级，而且充分把握政治机遇，将政治权力制度化，正式确立总统为国家权力的中枢。

1995 年宪法确立了哈国的总统制，明确总统"是确定国家内外政策的基本方向、在国内和国际关系中代表哈萨克斯坦的国家最高官员"，且"共和国总统保证国家权力各分支机构协调一致地发挥作用并保证各权力机关对人民负责"。[②] 最高苏维埃为两院制的上下议院所取代。而原先全国各政党争夺的一院 177 个席位，在新宪法框架下缩减到下议院的 67 个议员席位，且下议院受上议院制约。2000 年第二个任期结束之前，首任总统通过提前进行选举的方式再次稳固了执政地位。

进入新千年，首任总统在稳定政治局面后，逐渐开始以重组和强化执政党的方式完善政治体制。2002 年，哈国颁布《政党法》，2000 年初存在的 100 多个政治团体经注册后形成 12 个政党。其中，以"祖国党"（Otan）为代表的支持首任总统的党派在 2006 年合并为"祖国之光党"（Nur Otan）。2007 年哈萨克斯坦议会通过宪法修正案，废除"总统不得加入政党"的限制，且将原属于总统的总理提名权和组阁审批权移交给议会多数党。同年 7 月，纳扎尔巴耶夫总统当选为党主席，且此后均以该党候选人身份参选总统，实际上奠定了祖国之光党的执政党地位。祖国之光党并不单纯以获得选举胜利

---

① 罗伊·麦德维杰夫. 无可替代的总统纳扎尔巴耶夫. 北京：社会科学文献出版社，2009:32.
② 于洪君，王向雷. 哈萨克斯坦共和国宪法（1995 年 8 月 30 日全民公决通过），外国法译评，1996(1):81.

为目的。作为哈国真正意义上的全国性政党，该党设有包括组织、宣传、反腐败职能的中央机构，深入城市和乡村的基层党支部，培养党政干部的政治管理学院，以及面向青年、妇女、残疾人和儿童的群团组织。该党广泛吸收苏联时代政治骨干、新一代精英和社会贤达，一方面承担在全国范围内贯彻首任总统治国方略的职能，另一方面则成为连接哈萨克斯坦社会民众与国家机器的纽带。[①]

独立近三十年来，纳扎尔巴耶夫总统及其同僚兼顾政治体制的稳定与发展，将总统、议会、政府和司法部门之间的关系制度化，在建立具有广泛代表性的执政党的同时，也在议会为反对派政党留有一部分空间。此后 2011 年和 2015 年两次选举中，纳扎尔巴耶夫总统连选连任。2019 年 3 月 19 日，首任总统宣布辞去总统职务，代理总统托卡耶夫后经同年 6 月举行的总统大选继任。而首任总统纳扎尔巴耶夫继续担任国家安全会议主席和"祖国之光党"主席，维持卸任后哈萨克斯坦政局的稳定和政策路线的延续。

B. 灵活利用国内和国际资源发展经济

哈萨克斯坦有着中亚地区最为丰富的自然资源储备，境内有 90 多种矿藏，石油、煤炭和铀矿储量大。一些类别矿藏储量占全球储量的比例很高，如钨储量超过 50%，铀超过 25%，铬矿 23%，铅 19%，锌 13%，铜和铁各约 10%。至 20 世纪 80 年代中期，哈国的石油、煤炭和部分有色金属都已经得到开发。1991 年，苏联的解体一方面导致工农业生产停顿、大量企业濒临破产、通货膨胀严重；另一方面，哈萨克斯坦并未做好建立独立财政和货币管理体系的准备。至 1993 年末，哈当局通过与英国印钞厂合作，印刷并发行了首批主权货币，逐步建立以本国货币为基础的统一市场。

为应对苏联末期至独立之初经济领域的混乱，哈国当局主要采取两方面措施渡过危机。首先，哈国积极与国际能源公司接触，引资开发里海沿岸石

---

① 强舸，叶尔郎·马季耶夫. 哈萨克斯坦"祖国之光"党的组织体系和发展趋势，俄罗斯研究，2020(2).

油资源。1993 年 4 月，哈当局与美国石油巨头雪佛龙公司签订巨额合同，成立哈美合资田吉兹雪佛龙石油公司。在该合资公司中，代表哈国持股的哈萨克斯坦石油公司（即今日哈萨克斯坦石油天然气公司的前身）最初仅占 20% 股份。作为交换，雪佛龙公司承诺向哈国投资至少 200 亿美元。同时，六家欧美石油公司组成的联合体于 1993 年开始在哈国所属里海沿岸地区开始勘探工作，并于 2000 年发现位于里海的离岸大型油田卡沙干。该油田后续由欧洲石油企业组成的联合体主导开发，由意大利石油公司恩尼（Eni）负责开采作业。哈境内其他重要的油气盆地，如西哈萨克斯坦州、阿克托别州等地辖境内油气资源也于同时期由当局积极吸引西方能源企业开发，为哈国注入经济转型时期弥足珍贵的资本。

其次，当局自 1991 年开始大力推行工农业企业的私有化，且主要面向外国商业机构。1991 年，哈国通过《非国有化和私有化法》，以拍卖、竞标或无偿转让方式改变企业所有制性质。20 世纪 90 年代哈国私有化过程中，重要的大型工矿业企业，包括矿产采掘、冶金和烟草等重要行业均作为私有化的目标对象邀请外资收购改造。例如，独立之初，纳扎尔巴耶夫曾长期工作过的卡拉干达冶金联合体被国际钢铁巨头米塔尔公司（现安赛乐米塔尔钢铁公司的前身）收购。后者投入超过 5 亿美元用于设备和管理的现代化改造。

尽管哈国在 20 世纪 90 年代推行的大规模私有化政策一定程度上以职工福利和企业社会责任为代价，但整体而言，外资提供的流动性和外企引入的现代化软硬件为哈国重建市场经济和恢复经济增长提供了重要支持。至 1997 年秋亚洲金融危机之前，哈国渡过独立以来经济上最困难的时期。而在 2000 年之后，借助石油和大宗商品价格上涨的机遇期，哈萨克斯坦经济快速恢复，GDP 以每年 10% 左右增速维持增长。至 2003 年，其国内生产总值已超过 1991 年独立之前水平。

有别于一般原材料出口国，哈萨克斯坦在经济略有起色时便开始制定中长期发展战略。在经济恢复正增长的 1997 年，纳扎尔巴耶夫总统便指派一大批官员和学者研究世界各主要经济体的发展模式，制定《哈萨克斯坦—2030》

战略。尽管当年遭遇亚洲金融危机冲击，哈国仍坚持执行全方位发展的战略，在经济领域重点关注产业多元化和提高居民生活质量。借 1997 年迁都阿斯塔纳的机遇，哈国在 2000 年以后大规模增加对教育、科技、职业人才培养体系的建设，通过与各国合作推动国内交通和通信基础设施升级。2006 年中哈两国提出的"双西公路"项目、2010 年开办的纳扎尔巴耶夫大学、2014 年中哈产能合作、2018 年成立的阿斯塔纳国际金融中心以及同年筹建的国家科学中心—阿斯塔纳国际大学均为哈国利用自然资源禀赋和国际合作来实现产业结构升级和多元化发展的例证。为配合长期的基建和人力资源投资项目，哈国在 2005 年之后以建立国有控股公司等方式强化中央对经济领域的调控能力，完善各行业法律规范，并出台国内各经济区域发展规划，平衡地区和产业领域的发展。

整体而言，哈国领导层有力地把握了独立之后国内外出现的政治经济机遇，充分利用国内的自然资源和外资的投资意愿，使哈萨克斯坦相对平稳地度过了艰难的 20 世纪 90 年代。在能源和矿产价格回暖的 2000 年初，哈国又积极探索新的发展模式，投资基建和人力资源，谋划可持续的发展道路。

C. 重构国家认同

与欧亚地区大部分国家相似，独立之后的哈萨克斯坦当局立即面临如何处理苏联时期政治文化遗产的问题。但哈国与其他各国开展的文化重构运动的不同之处在于其面临更为复杂的政治和文化条件。首先，独立之初，哈萨克族的人口规模尽管在各民族中排位第一，但仅占总人口约 40%。而广义上的俄欧各族人口之和则占到约 50%，且在地域上集中分布于哈国北部、东北部和西北部主要工矿业城市，在社会阶层中则占据职业人员群体的主体，因而对国家经济生活具有重要意义。其次，伴随着工业化而来的俄苏文化对生活在哈萨克斯坦土地上的各民族文化产生了极为深刻的影响。哈萨克斯坦各族的语言、文字、风俗习惯、高教知识体系与俄语和俄苏文化传统长期融合。在独立之初，大部分哈萨克族，尤其是文化水平较高的精英阶层和职业人士阶层均更习惯使用俄语处理公务。再次，独立之后的哈俄两国有着约 7000 公里的边界线。两国在政治、安全和经济领域有着密切的联系。对俄苏文化遗产的政策会不可避免地涉及对哈国境内俄语使用者历史和当下地位的评价。稍有不慎，这一问题可能引起巨大的社会争议，甚至影响社会秩序的安定。

上述问题集中表现在独立之初哈国关于宪法中俄语地位的争议。1993 年 1 月 28 日通过的首部独立后哈萨克斯坦宪法规定"哈萨克语是哈萨克斯坦共和国国语，俄语是族际交际语"。[①] 但同年出现的赴俄移民潮以及北部、东北部、西北部城市出现的尖锐社会矛盾迫使纳扎尔巴耶夫总统重新调整政策立场。借助前文所述 1995 年出现的政治机遇期，首任总统得以在当年重新修订宪法，并形成哈国第二部宪法。1995 年宪法总则第七条规定："哈萨克斯坦共和国国语为哈萨克语"；"俄语在国家组织和地方自治机构中同哈萨克语一样正式使用"；"国家为学习和发展哈萨克斯坦各民族语言创造条件"。[②] 上述转变侧面反映独立后国家认同问题之复杂。

在事实上承认俄语官方语言地位的同时，纳扎尔巴耶夫总统在 20 世纪 90 年代主要从历史书写、公共纪念和文化工程三方面入手重塑国家认同。在历史书写领域，首任总统在国家独立之后便着手组织哈国科学院和高校相关机构编写哈萨克斯坦史纲。首部重要史纲于 1993 年正式出版，为后续高校和科研机构的哈萨克斯坦历史写作奠定基调。[③] 其次，首任总统亲自以高密度的公众纪念活动和领导人讲话勾勒新时期哈国国家认同的基本框架，阐述重大历史问题上的官方立场和对重要历史人物的权威评价。[④] 再次，通过资助考古发

---

① 于洪君. 哈萨克斯坦共和国宪法（哈萨克斯坦共和国第十二届最高苏维埃第九次会议 1993 年 1 月 28 日通过），环球法律评论，1994(01):98.

② 于洪君，王向雷. 哈萨克斯坦共和国宪法（1995 年 8 月 30 日全民公决通过），外国法译评，1996(1):77.

③ Акишев А.К. (ред.) История Казахстана с древнейших времен до наших дней (очерк). Алматы, 1993.

④ 相关活动及纳扎尔巴耶夫总统的讲话可参见由哈国总统办公厅汇编的一系列首任总统讲话文集，例如努·纳扎尔巴耶夫. 前进中的哈萨克斯坦. 哈依霞，译. 北京：民族出版社，2000.

掘、汇编档案文献、重构博物馆陈列内容和重新定义历史古迹等措施，哈当局试图以哈萨克历史文化传统为核心再造新国家的文化特征。

此外，在语言政策方面，相比欧亚地区一些国家，哈萨克斯坦将俄语置于较高的地位。纳扎尔巴耶夫总统在多个场合提出"三语政策"的概念，强调哈国未来的各族青年必须掌握国语（哈萨克语），应掌握较高水平的俄语和英语，以实现地区和国际层面的交流。为此，首任总统甚至承认未来国内将会有一代人受到语言和教育壁垒约束。但即便如此，哈国当局依然坚定推行青年人掌握三语的目标，以谋求国家的长远发展。

上述四方面措施旨在塑造具有三点特征的哈萨克斯坦国家认同：第一，以主体民族语言、民族史和文化习俗传统为国家历史和文化特征的主体；第二，扬弃苏联政治文化遗产，但尊重俄语和俄苏文化在新文化体系中的地位，以实现民族和睦；第三，强调实现哈萨克族语言和文化传统的现代化，平衡保守与革新，避免民粹主义思潮泛滥。这些特征在纳扎尔巴耶夫总统近年在文化领域的重要讲话中反复阐述。独立近三十年以来，哈萨克斯坦在国家认同领域积极探索，走出了一条有其自身特色的道路。

D. 主动融入全球化浪潮

独立之后，欧美主导的全球化在信息技术革命的支持下将更多国家纳入到这一潮流中。各国经济增长日益依赖于其在全球产业链和价值链中的位置。而对于身处欧亚大陆腹地的哈萨克斯坦而言，融入到以海运为基础的全球经贸体系并非易事。独立之初，哈萨克斯坦高度依赖俄罗斯作为通道，接入欧美日等主要国际市场。因此，与欧美和周边主要国家建立外交和经贸关系对哈国而言极为重要。哈国领导层自20世纪90年代初便积极塑造国内和国际议程的互动，利用国际资源推动国内改革进程，也借助国内计划实现外交目的。其中，20世纪90年代的弃核和迁都两大措施为这一政策思路的典范。

苏联末期，哈境内曾部署全球规模第四大的核武器装备，包括用于洲际导弹和重型轰炸机炸弹的核弹头，以及在1989年引起巨大争议的塞米巴拉金斯克核试验场。1990 年，新当选总统的纳扎尔巴耶夫下令关闭该核试验场，以兑现当局保障居民生命和健康安全的承诺。1991 年 9 月中旬，在苏联风雨飘摇之际，美国务卿詹姆斯·贝克到访阿拉木图，与纳扎尔巴耶夫总统商议核武器的处置问题。两个月后，美国国会出台"纳恩—卢格法案"（Nunn–Lugar Act），拨款四亿美元用于协助苏联削减核武器和生化武器。其中，最初拨款给哈萨克斯坦的部分达到 7000 万美元。当时在哈国高层精英之中，弃核是一个颇具争议的政策选项。但纳扎尔巴耶夫总统力排众议，坚持以弃核为议题，积极与美、英、俄各方磋商。1992 年 5 月 23 日，美国与苏联的四个核继承国（俄、乌、白、哈）签订《里斯本议定书》；协议书要求乌、哈、白尽快拆除战略核武器，并将核弹头运往俄罗斯销毁。1994 年末，哈国正式放弃核国家地位并加入《核不扩散条约》，美、俄、英等国均承诺为哈国提供全面安全保障。

在弃核谈判的过程中，哈国灵活利用这一议题为本国争取西方国家的援助，包括贸易投资相关协定的签署。美国作为中介，为哈国申请世界银行和欧盟的贷款和经济援助，以及北约框架下的军事援助。更重要的是，独立后哈萨克斯坦借助这一进程与西方主要国家建立较为密切的外交互动，既锻炼了新组建的外交部门工作团队，也为后续能源开发、市场化改革、新首都建设、高等教育和职业教育现代化等国内议程奠定了基础。

迁都是让哈萨克斯坦在 20 世纪 90 年代吸引世界目光的另一项举措。这一重大政治决策同样是由纳扎尔巴耶夫总统在百废待兴的 20 世纪 90 年代之初作出。因涉及宪法条款，迁都这一事项需要得到当时的最高苏维埃审定。在 1994 年初最初宣传时，该提议并未得到哈最高苏维埃代表的支持。而上文提及的 1995 年 3 月开始的宪法改革则给予首任总统约 9 个月乾纲独断的历史机遇。1995 年 9 月，纳扎尔巴耶夫总统签署建设新首都阿克莫拉（1998 年改名阿斯塔纳，2019 年 3 月 19 日改名努尔苏丹）的总统令，并最终于 1997 年中期开始首都各重要机构的搬迁工作。

从内政角度来看，迁都的决定具有以下三方面重大意义：第一，在政治和经济上稳定新生国家的北部地区。哈国旧都阿拉木图偏居国家东南一隅，与北部省份首府相距超过 1000 公里，与西部省份首府相距超过 2000 公里，不利于国家各地区的整合。哈国北部、东北和西北各省份主体民族比例较低。在 20 世纪 90 年代初秩序濒临崩解的背景下，这些地区一度出现分离势力。此外，建设新都将带动北部地区各省基建相关上下游产业恢复，吸纳大量就业。因此，迁都至领土的北部是稳定全局、平衡地区发展的必要措施。

第二，迁都有利于摆脱阿拉木图旧的政治关系和城建空间的制约。从表面上看，迁都的重要原因是，位于地震带上的旧都阿拉木图因城南为外伊犁阿拉套山所据，城北多农村，城区南北方向发展空间有限。进一步拓展必然涉及社会成本高昂的拆迁工作，20 世纪 90 年代财政捉襟见肘的哈国当局显然难以承担。而更深层次的制约则在于苏联时期哈国旧都形成的错综复杂的政治关系网络。生于 1940 年的纳扎尔巴耶夫尽管出生在阿拉木图州的切莫尔甘村（位于阿拉木图市西北约 40 公里），但其任职履历主要在哈国中部的卡拉干达州。1979 年底，纳扎尔巴耶夫升任哈共中央委员会书记，开始在阿拉木图市工作；1989 年任哈萨克共产党第一书记，后当选总统。但作为新独立国家的元首，阿拉木图盘根错节的政治关系网络并不利于新总统施展抱负。迁都工程能开辟一条考评和擢升官员的通道，为首任总统建立新国家所需的强力团队另辟蹊径，摆脱旧官僚体制的束缚。

第三，迁都在战略层面有利于以新都为中心、以新生国家为版图重构全国的族群空间结构、经济布局和精神文化版图。在人口层面，迁都与哈国的"回归者计划"相结合，旨在有效吸引哈萨克族新移民定居至新首都附近地区，平衡北方各州人口结构，降低发生社会动荡的风险。在经济层面，苏联时期哈萨克斯坦的能源、交通、通信基础设施实际上以莫斯科和西伯利亚为区域工业中心设计，阿拉木图并非上述领域的枢纽城市。而新都阿斯塔纳更接近领土版图的地理中心，地势相对平坦，适于作为枢纽重构能源、交通和基建管网，并以经济纽带整合全国各区域。在精神文化层面，新都阿斯塔纳位于哈萨克草原中部，有利于借助地理位置建构以游牧生产方式为基础的文化展

图4　北京大学调研团在阿拉木图市向冼星海先生纪念碑致意（摄影：郑豪）

演（即近年来哈国提出的"伟大草原之国"构想），巩固作为新国族主体的哈萨克族语言、历史和文化。

通过迁都，首任总统期望实现的不仅仅是上述三方面目标。哈领导层巧妙地将新都建设与哈国的国际化结合在一起，使国内和国际的议程相互促进，共同推动哈国新政权的巩固和国际地位的提升。哈当局新都建设的规划和一些建筑项目都通过全球竞标的方式开展，邀请欧美日和中东地区的企业参与。一部分地块则直接由各国使馆自行筹资建设。新首都的设计方案以日本设计师黑川纪章的方案为基础。新首都建设中，日本企业承包了机场和机场公路的建设，土耳其企业援建大型商业综合体，阿联酋、沙特和科威特则分别援建了总统府、议会大厦和州政府办公楼，卡塔尔则捐赠了新城区西南部的努尔阿斯塔纳清真寺。迁都工作开始后，纳扎尔巴耶夫总统通过举办各类国际活动邀请各国代表团熟悉国家的新首都。其中知名度较高的是"世界宗教大会"以及为此专门建造的和平和谐宫（参见本书第三编第五章）。该会议每三年举办一次，旨在为全球各主要宗教团体提供相互对话和寻求共识的平台。此类会议也体现出哈国领导层希望将首都打造成欧亚地区乃至世界的枢纽，提升国际知名度，并由此参与到国际化进程中的诉求。

融入全球化更为实质性的举措是通过国际组织推动经济一体化进程。除了上文所述与欧美国家积极开展联系之外，早在 1994 年，在访问莫斯科时，纳扎尔巴耶夫总统便首次提出建立"欧亚联盟"的倡议。之后，在 2000 年俄罗斯发起成立欧亚经济共同体，以及 2015 年改为成立欧亚经济联盟时，哈萨克斯坦均积极参与。在 2016 年末乌兹别克斯坦新领导人米尔济约耶夫上台后，以 2018 年 3 月中亚四国元首及土库曼斯坦议长齐聚的阿斯塔纳峰会为标志，哈国积极推动中亚地区的互联互通和地区合作。此外，哈国自独立以来长期保持与日本、韩国、土耳其和其他中东国家的经贸和投资联系。

对于哈萨克斯坦而言，发展对华关系同样是其融入全球化进程的重要一环。1991 年独立以来，在双方的共同努力下，中哈两国关系快速健康发展。1992 年 1 月 3 日，中国与哈萨克斯坦建立大使级外交关系，成为最早承认哈萨克斯坦独立并与之建交的国家之一。为解决苏联时期遗留的历史问题，中哈两国通过互信对话与平等协商，于 1994 年和 1997 年分别签署《中哈国界协定》和《中哈国界补充协定》，为两国睦邻友好关系的发展奠定了坚实的基础。此后，最初为解决中苏遗留边界问题的中、俄、哈、吉、塔五国谈判机制演变为维护边境地区和平安全的"上海五国"机制。该机制于 2001 年升格为上海合作组织，成为维护地区和平和国际秩序的重要力量。

自 1996 年开始，随着我国市场对能源的需求陡增，能源领域的合作成为中哈双边关系的新亮点。进入 21 世纪之后，中哈双边合作的领域逐渐拓宽到经贸、交通运输、投融资、人文交流等领域。自 2013 年 9 月习近平主席在哈萨克斯坦提出"共同建设丝绸之路经济带"倡议以来，中哈关系迅速发展。哈国 2014 年底提出的"光明之路"发展战略与"一带一路"倡议有着共同的目标和愿景。2019 年 9 月，哈萨克斯坦新总统托卡耶夫访华时，两国元首宣布将发展中哈"永久全面战略伙伴关系"，彰显出两国领导人将世代友好传承下去的决心。

综上所述，哈萨克斯坦自 20 世纪 90 年代以来，经历宪法改革、市场化、弃核和迁都等重大决策，重塑政治体制，重建市场机制，重构国家认同，并充分利用国际资本开发自然资源、升级国家软硬件基础设施。在渡过最为艰难的 20 世纪 90 年代之后，相比其他中亚国家，哈萨克斯坦在近 20 年中逐步积累起产业和人力资源优势，以跻身全球最具竞争力的 30 国行列为目标展望未来。

（2）调研报告内容概要

本报告由三编十五章专题报告组成。第一编"'一带一路'视域下中哈经贸合作：现状、问题与前景"从"丝绸之路经济带"最为核心的经贸合作相关议题切入，通过研究哈国独立后宏观经济发展，探讨哈国经济结构、中哈两国经贸投资、本国金融体系和改革、合规经营和地缘政治影响等方面的问题。与学界普遍评价一致，该编各章认为，尽管当下哈国服务业发展迅速，但该国经济依然以油气和矿产资源采掘业为主，故哈国宏观经济、汇率和外汇储备受国际能源和大宗商品价格影响较大。自独立以来，哈萨克斯坦社会结构相对稳定，总统权力交接并未引发社会动荡。稳定的政治和社会局面是发展中哈经贸、推进落实"一带一路"倡议的基础。针对哈国宏观经济状况和中哈经贸合作中存在的问题，该编各章作者提出以下建议：

第一，国别统筹的需求日益凸显。大量中企在同一市场的细分领域展开同质化竞争，不仅不利于树立中企海外形象，还影响海外各界对"中国品牌"的认知和评价，导致各行业中企的产品和服务难以有效整合。国别统筹需要政府的规划引导和企业的积极配合。更好的国别统筹将有助于发挥各行业中企的协同优势，全面降低海外投资经营的风险，也有利于逐步建设我国国际反腐能力，打造"廉洁丝绸之路"。

第二，工程承包模式由单纯的工程总承包模式（"EPC"，即工程、采购与建造）逐渐转向与管理、融资和投资相结合的"EPC+M+F"或"EPC+M+I"模式。这对中国企业在工程建造、管理和融资能力等方面都提出了更高的要求。建议应加强中资金融企业与工程承包企业之间的互联互通，创新产融结合的方式，借助行业协会和商会等多类型平台促进信息和资源共享。

第三，受限于哈国移动通信和信息化发展阶段差异，中哈两国消费习惯和营销模式差异明显。建议企业应聘请本地咨询机构全面调研哈国市场；而政府应考虑引导高校和科研机构加强对"一带一路"沿线国家社会经济状况的跟踪和深度调研，促进政产学研协同。

第四，哈国金融系统存在一定风险。企业层面，建议中资机构优先考虑中资银行在哈开展业务。政府层面，建议开展中哈之间的银行、证券、保险等金融领域的监管经验交流与合作，分享金融服务和金融监管信息化经验和制度，与哈国监管部门共同完善两国金融服务市场。

第五，中资企业海外合规管理水平逐渐提高，但仍存在一些企业忽视哈国在劳工配给、履约、数据存储、健康安全环境（HSE）等方面的合规要求，且一部分管理人员对企业社会责任的内涵外延理解模糊。建议企业充分利用本地化的咨询和法律服务机构获取地方性知识，政府机构则应支持行业协会和商会发挥协调作用，支持企业完善管理。

第六，面对国际政治主要力量在中亚地区的博弈，建议政府和企业加强与俄罗斯相关机构的协调合作，寻找中、俄、哈三方互利共赢的机遇；建议高校和研究机构加强对俄、美、欧各方非政府组织和商业机构在哈运营情况的研究，为相关政府部门和在哈中资机构提供微观层面的地缘政治参考。

第二编"'一带一路'视域下中哈医疗卫生合作：现状与展望"关注哈国医疗卫生和医学教育现状。当下国内学界关于如何在中亚地区推动"一带一路"倡议下的医疗卫生合作相关研究尚且较为稀缺。该编各章研究了哈国卫生体系组织架构、筹资和人力资源现状，分析了当下哈国居民常见健康问题，并根据实地调研情况概述了哈国医学教育、中医药在哈发展状况、中哈互联网医疗和医疗服务合作现状。该编作者认为，哈国在过去几十年发展中实现了社会经济的较大进步，但在医疗卫生领域，哈国仍面临医疗卫生资金短缺、基层医疗部门人力资源不足、医学教育体系转型缓慢和新技术应用滞后等问题。哈国居民慢性病负担严重，其日益增长的健康需求仍难以得到有效满足。该编作者建议，因居民健康和公共卫生是各国政府普遍关心的议题，中哈两国可以在公共卫生事件应对合作、医疗基建和设备援助、医学教育、"互联网＋健康"发展、中医药国际化和医疗卫生体制改革经验互鉴等方面加强交流，拓宽"一带一路"倡议的合作领域，携手打造"健康丝绸之路"。

第三编"'一带一路'视域下中哈人文交流：国家建构、宗教与艺术"聚焦哈萨克斯坦社会文化领域的一系列议题。因学科范式差异，第三编所辖五章在写作风格上与前两编略有区别，侧重在报道哈国人文现象的基础上展开探讨。该编各章首先关注哈萨克斯坦国家建构进程中的一系列重要议题，包括国家政治文化象征要素的取舍、历史文化主体的塑造和语言政策的演进等。此外，该编还着重研究了东正教会在独立后哈萨克斯坦的发展及现状，以及哈国艺术教育领域和博物馆展览的概况。

该编各章提出如下观点：与大多数 20 世纪新近独立的国家相似，哈萨克斯坦在国家形象塑造中仍面临国族建构难题，突出表现为存在主体族裔认同和公民认同之间的内在张力。这一现象的深层次原因是该国人口的族裔结构以及俄罗斯在历史与当下对该国的巨大影响力。与这一政治文化现象密切相关的是哈国当下推动的"精神文明复兴"计划。该计划旨在塑造21世纪哈萨克斯坦国族文化，强化主体民族历史文化传统在国家认同中的地位，兼顾对哈萨克族传统的扬弃。而"精神文明复兴"计划中最为重要的一环是哈萨克语言文字拉丁化项目。该编对哈萨克斯坦的三语教育政策和当下的拉丁化项目进行了深入研究，认可其长远的积极意义，但同时认为短期内可能对社会造成一定的负面影响。

对东正教会在哈萨克斯坦现状的研究则表明，俄罗斯东正教会通过在哈国投入一定规模的资源以维护其宗教建筑和神职人员网络，且继续维持哈萨克斯坦都主教辖区高级教职人员的任命权。东正教会在哈国主要通过积极参与社会公益来提高信徒凝聚力，扩大在普通民众中的影响力。而在哈国非俄罗斯族中，东正教会的影响力有限。该编对哈萨克斯坦艺术领域的考察主要集中在艺术教育和博物馆展览两方面，指出目前中哈两国在文化产业领域尚有较大的交流空间。

本报告各部分写作分工如下：

第一编：施越指导，郑豪负责第一至三章，史庆负责第四章，林文昕负责第五章。

第二编：常春指导，卢森通、梁春苏、索玲格、杜传超、郑韵婷、史勇平负责各章节撰写。索玲格负责第二编各章节统稿。

第三编：吴杰伟指导，施越负责第一章，胡光玥、李凡、史勇平负责第二章，王硕负责第三章，乌日汉负责第四章，岳嘉宝负责第五章。

施越负责导言、后记撰写和全书统稿。

第一编

"一带一路"视域下中哈经贸合作：
现状、问题与前景

晨曦中的努尔苏丹城（摄影：郑豪）

第一章
中哈经贸概况

1.1　哈萨克斯坦宏观经济

　　本章第一部分首先从经济增长、经济结构、国际贸易与对哈投资、社会稳定四个角度分析哈萨克斯坦的宏观经济发展概况。第二部分从中哈经贸、中国对哈投资以及中企"走出去"的历史三个方面介绍了中哈经贸的概况。第三部分是此次调研的重点企业介绍。第四部分是对中哈经贸中的工程承包模式转变、国别统筹不足和中哈消费习惯差异等问题进行分析，并给出相应的建议。

（1）经济增长

　　作为能源大国，哈萨克斯坦经济受能源价格影响较大。2008年全球经济危机之后，在一系列内因和外因的刺激下，哈萨克斯坦经济短期内经历了一波高速增长，2010年和2011年一度分别达到7.3%和7.4%。2014年以后，受国际原油价格大幅下跌和美国对俄罗斯的制裁等因素影响，哈萨克斯坦经济经历了一次较大范围增长回调。2015年8月，哈萨克斯坦实行浮动汇率制度，坚戈兑美元持续贬值（见图1-1-2）。同期哈萨克斯坦以本币计价的国内生产总值仍然维持正的增速，但增速已降至2015年的1.2%和2016年的1.1%，以美元计价的国内生产总值出现负增长（见图1-1-1）。坚戈的贬值同时带来进口商品价格上涨，使得哈萨克斯坦国内经历较大幅度的通货膨胀，2016年7月哈萨克斯坦通货膨胀率一度高达17.7%。[①]2016年全年食品类价格上涨9.7%，非食品类上涨9.5%，有偿服务类上涨6.1%。[②]

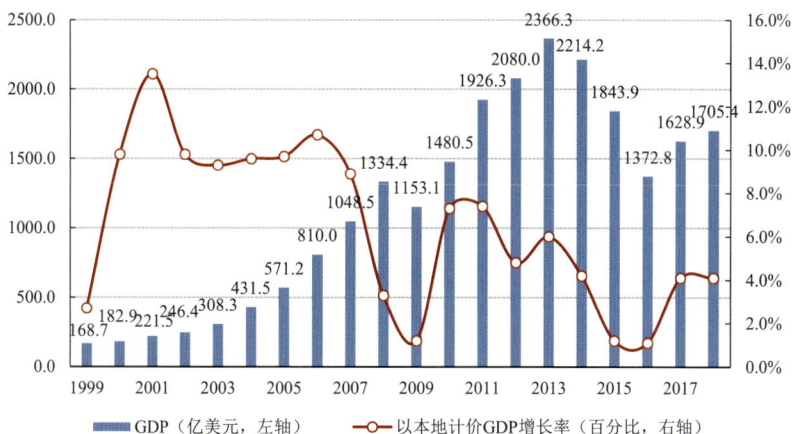

图1-1-1　1999年—2018年哈萨克斯坦GDP及其增长率[③]

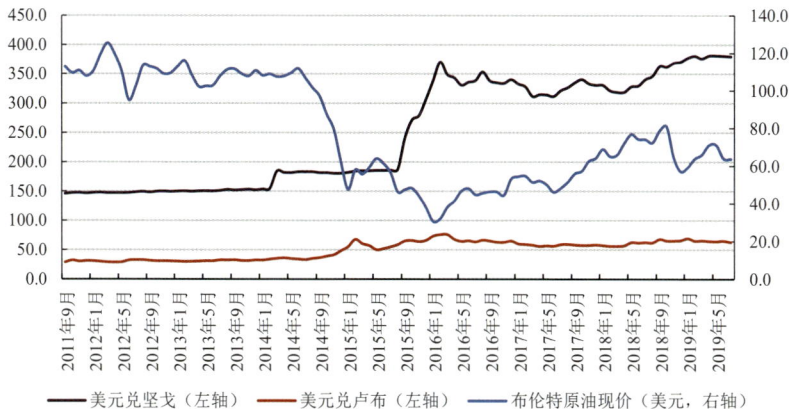

图1-1-2　2011年以来坚戈、卢布汇率和布伦特原油现价[④]

① 哈萨克斯坦国家银行报告.[EB/OL].[2019-09-17]. https://nationalbank.kz/cont/ГО_16_русск. pdf.

② 驻哈萨克经商参处.2016年哈萨克斯坦通货膨胀率为8.5%.[EB/OL].(2017-01-11)[2019-09-17]. http://www.mofcom.gov.cn/article/i/jyjl/e/201701/20170102499790.shtml.

③ 世界银行数据库，参见 https://data.worldbank.org.cn/country/kazakhstan?view=chart. 北京大学调研团整理.

④ 来源：外管局、EIA，通过东方财富 Choice 数据库下载，北京大学调研团整理，下同.

　　针对宏观经济出现的问题，哈萨克斯坦政府一方面实行紧缩的货币政策，将基准利率维持在 10% 左右；另一方面，实行扩张性的财政政策，增加对采掘业的税收，扩大政府开支。同时，持续推进私有化进程。2016 年以后，随着国际能源价格反弹，坚戈汇率趋于稳定，哈萨克斯坦经济触底反弹。2017年和 2018 年，哈萨克斯坦国内生产总值均实现了 4.1% 的增长率（图 1-1-1）。2019 年上半年，哈萨克斯坦经济整体维持了前两年的增长态势，经济增速达到 4.1%，通胀率也控制在 5.1%，固定资产投资增长 11.7%。[①] 随着哈萨克斯坦石油产量恢复至正常水平，国际货币基金组织（IMF）将 2019 年哈萨克斯坦经济增长预期由此前的 3.2% 提升至 3.8%。虽然，经济增长稳定，但是哈经济仍然面临来自原材料商品价格变动和地缘政治局势变化等不确定性因素的影响。

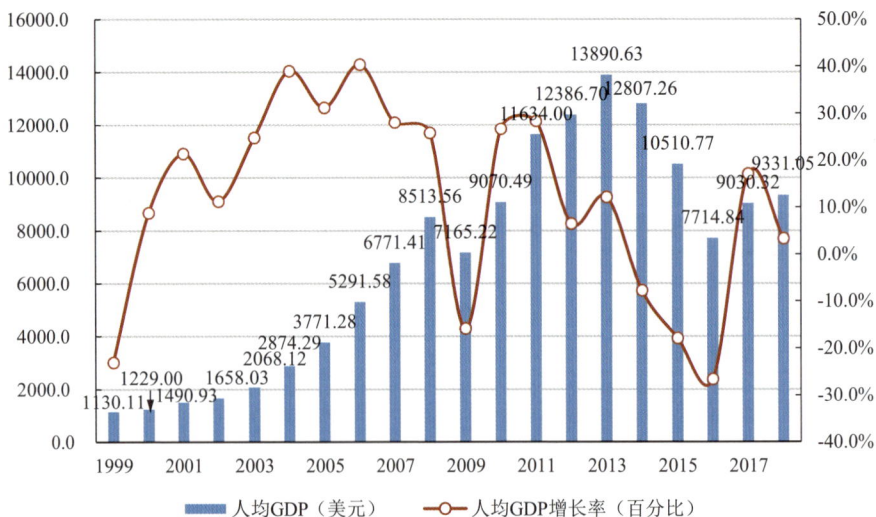

图 1-1-3　1999 年—2018 年哈萨克斯坦人均 GDP 及其增长率 [②]

---

① 驻哈萨克经商参处. 上半年哈萨克斯坦 GDP 增长 4.1%. [EB/OL]. (2019-07-15) [2019-09-17]. http://kz.mofcom.gov.cn/article/jmxw/201907/20190702881865.shtml.

② 世界银行数据库，参见 https://data.worldbank.org.cn/country/kazakhstan?view=chart. 北京大学调研团整理。

（2）经济结构

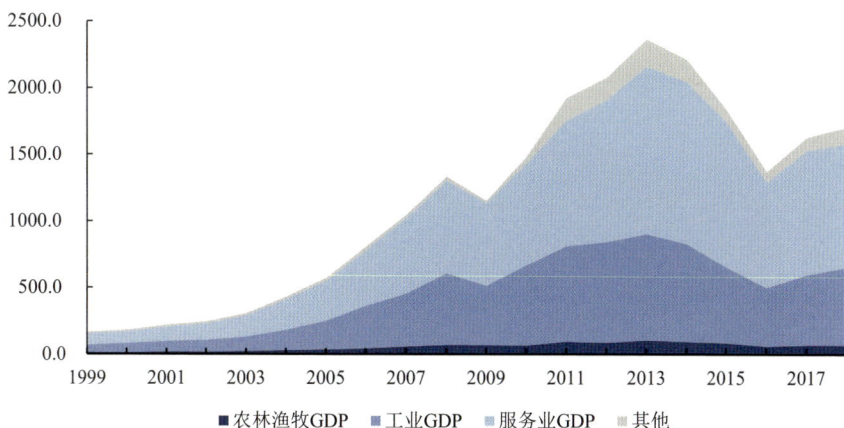

图 1-1-4　1999 年—2018 年哈萨克斯坦各产业占 GDP 比值[①]

在经济结构上，服务业在哈萨克斯坦经济中比重最大（见图 1-1-4），2017 年占比达到 54.48%。从 2002 年首次超过 50% 以来，该比重基本维持在 50% 以上。2008 年金融危机以后，服务业占比略有下降，但该占比在 2011 年之后迅速回升，近年来维持在 55% 左右。

工业在哈萨克斯坦 GDP 组成中排第二，2018 年哈萨克斯坦工业产值为 581.04 亿美元，占国内生产总值的 34.07%。整体来看，哈萨克斯坦工业产值占 GDP 之比保持在 30% 到 40% 之间。采矿业是哈萨克斯坦工业核心，占工业总产值超过 50%。制造业在工业生产中位居第二，占工业生产总值的 34.12%。由于采矿业相对于制造业发展速度更快，哈萨克斯坦制造业占国内生产总值的比值从 2000 年开始持续下降，近十年保持在 11% 左右。

由于采矿业为哈国核心产业，石油又在其中占据主导地位，因此哈萨克斯坦工业产值受能源价格影响较大。2011 年哈萨克斯坦工业产值的 GDP 占比一度达到 40.60%。随着能源价格下跌，其占比也下降，近年来较为稳定。因此，目前经济结构下，哈国国内生产总值总量中，工业产值占比高低与油价涨跌

---

① 世界银行数据库，参见 https://data.worldbank.org.cn/country/kazakhstan?view=chart. 北京大学调研团整理。

关系较为密切。

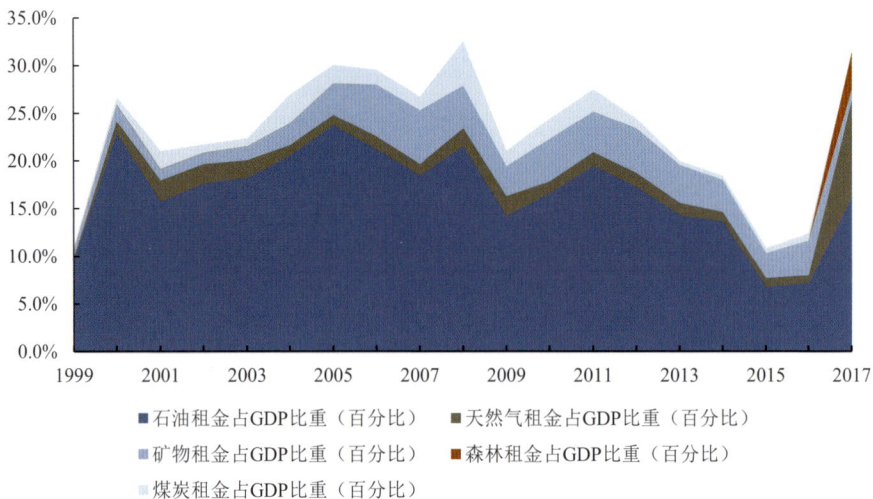

图 1-1-5 1999 年—2017 年哈萨克斯坦各类自然资源租金占 GDP 比值 [1]

石油在哈萨克斯坦采矿业中长期占据着最重要的位置。从自然资源的租金占比来看，21 世纪以来哈萨克斯坦石油租金占比从最初的 80% 以上波动下降至 2017 年的 62.94%。在原油价格处于较低位置的 2016 年，其占比也达到 57.65%。相对于石油的较高占比，矿物租金占比近年来连续上升，2015 年到 2017 年三年间保持在 24% 以上。除此之外，天然气也在自然资源租金中占据一定份额，整体不超过 10%。

整体来看，哈萨克斯坦经济以服务业为主，工业生产较大依赖于石油和矿物为主的采矿业。较为单一的能源经济结构是哈萨克斯坦经济受国际能源价格较大影响的核心原因。

---

[1] 世界银行数据库，参见 https://data.worldbank.org.cn/country/kazakhstan?view=chart. 北京大学调研团整理。

（3）国际贸易与投资

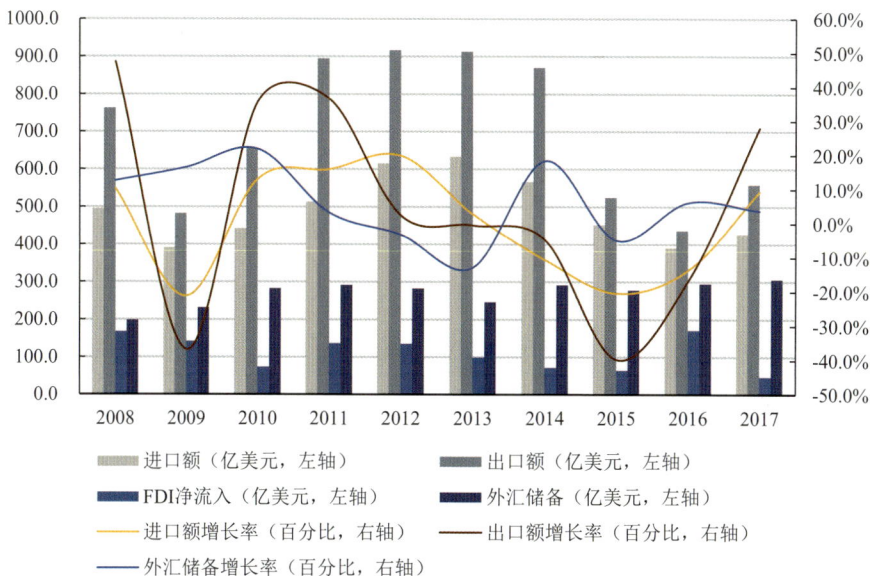

图 1-1-6 2008 年—2017 年哈萨克斯坦进出口额、FDI 净流入、
外汇储备及其增长率 [1]

就国际贸易而言，哈萨克斯坦长期出口额高于进口额，且存在不同程度
的贸易顺差。从图 1-1-6 可以看到，进出口中进口额波动幅度小于出口额，
原因是哈萨克斯坦的出口以能源和矿物为主，其国家价格波动较大。按照欧
亚经济联盟的海关编码统计，2017 年哈萨克斯坦出口商品中能源及矿产品占
比为 68.6%，金属及其制品为 18.1%，剩下是化工产品和农产品及食品，分别
占据 5.1% 和 4.9%（图 1-1-7）。在总出口额中，石油占出口总额的 55%。
相对而言，哈萨克斯坦的进口结构显得较为均衡，进口商品主要以机械设备
为主，其次是化工产品、农产品及食品、金属及其制品（图 1-1-7）。

---

① 世界银行数据库，参见 https://data.worldbank.org.cn/country/kazakhstan?view=chart. 北京大学
调研团整理。

进口

出口

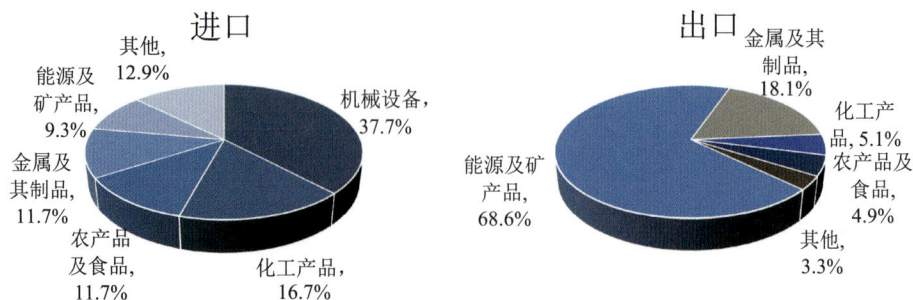

图 1-1-7　2017 年哈萨克斯坦进出口产品组成 ①

在跨国投资上，哈萨克斯坦过去十年都是国际资本流入国。外商直接投资净流入额各年不尽相同，一定程度上呈现逆周期变化。相对于 2016 年而言，近两年外商直接投资净流入额下降较大，外商直接投资进入下行周期。根据世界银行的数据，2017 年为 47.13 亿美元，2018 年为 2.08 亿美元。在对哈外商直接投资中，荷兰长期处于第一名，其次是美国、瑞典、俄罗斯以及中国。这些国家中荷兰和瑞典均是因为具有税收等优势进而吸引到其他欧洲国家乃至世界范围内的跨国企业将其作为 FDI 投资的资金中转站。②

在外汇上，自 2015 年 8 月哈萨克斯坦实行浮动汇率制度以来，本币坚戈受内外因素的影响经历了较大程度的贬值，目前汇率相对平稳（图 1-1-2）。过去十年，哈萨克斯坦维持相对较高的外汇储备，其总额在 200 亿到 300 亿美元之间。近几年，外汇储备更是保持在 300 亿美元左右，具有一定稳定汇率波动的能力。

---

① 来源：欧亚经济联盟海关，商务部《对外投资合作国别（地区）指南：哈萨克斯坦》2018 版，北京大学调研团整理。

② Why the Netherlands is the World's Largest Source of FDI [EB/OL]. (2014-11-10) [2019-10-10]. https://www.taxjustice.net/2014/11/10/netherlands-worlds-largest-source-fdi/.

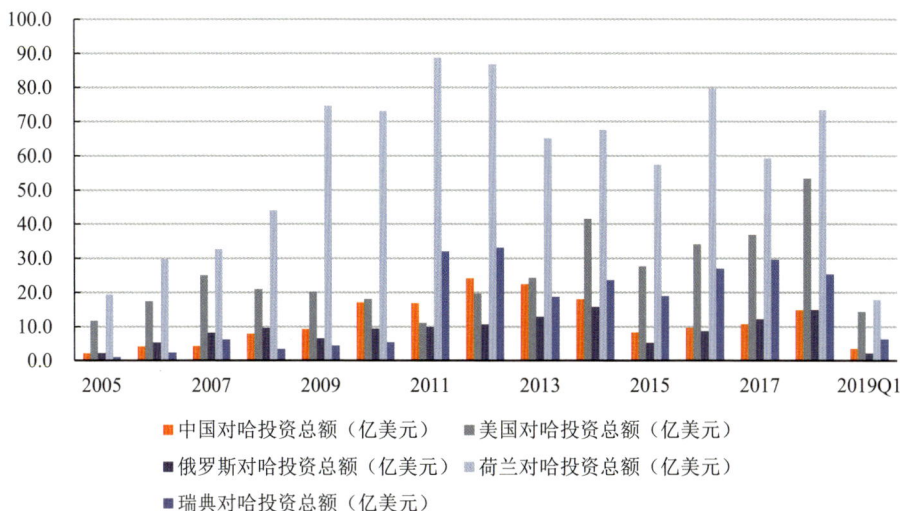

图 1-1-8　2005 年—2019 年中国、美国、俄罗斯、荷兰、瑞典对哈 FDI 投资额[①]

　　总体而言，哈萨克斯坦进出口结构反映了其资源禀赋和经济结构。同时，哈萨克斯坦贸易顺差、外商直接投资净流入和较为充足的外汇储备能够成为长期稳定汇率、促进国际贸易的重要基础。从经贸合作的角度来看，哈萨克斯坦在能源上的比较优势和制造业的欠发达现状与中国恰好形成互补，这是中哈经贸长期发展和"一带一路"倡议落地的基石。

（4）社会稳定

　　哈萨克斯坦的社会发展呈现较为稳定的特征。从人口规模上看，2018 年哈萨克斯坦的总人口数为 1827.65 万人，总人口增长率长期维持在 1% 到 2% 之间。2018 年，劳动力人口为 927.21 万人，且呈现缓慢增长的态势。从城市化程度来看，2018 年哈萨克斯坦的城市人口为 1049.58 万人，城市化率长期保持在 57% 左右。就失业率而言，过去 20 年哈萨克斯坦劳动人口失业率逐年下降，并从 2015 年以来稳定在 5% 以下，就业较为充分。从基尼系数来看，21 世纪以来哈萨克斯坦的基尼系数整体呈现稳定下降的趋势。2017 年，哈萨

---

① 数据来源：https://nationalbank.kz/?docid=158&switch=english，北京大学调研团整理。

克斯坦的基尼系数为 27.5，处于收入较为平均的范围。①

在政治上，2019 年哈萨克斯坦实现总统权力的顺利交接。2019 年 3 月，执政 29 年的纳扎尔巴耶夫宣布辞职，总统职责暂由参议院院长托卡耶夫履行。2019 年 6 月，托卡耶夫以超过 70% 的得票率当选为新任总统，标志着总统权力交接完成。首任总统纳扎尔巴耶夫离任后将继续担任国家安全会议主席及执政党"祖国之光"的主席，这也使得哈萨克斯坦近期政治上不会发生较大的波动。

稳定的社会发展和政治环境使得哈萨克斯坦成为优良的跨境投资目的地国，也是促进中哈经贸和"一带一路"倡议的重要因素。

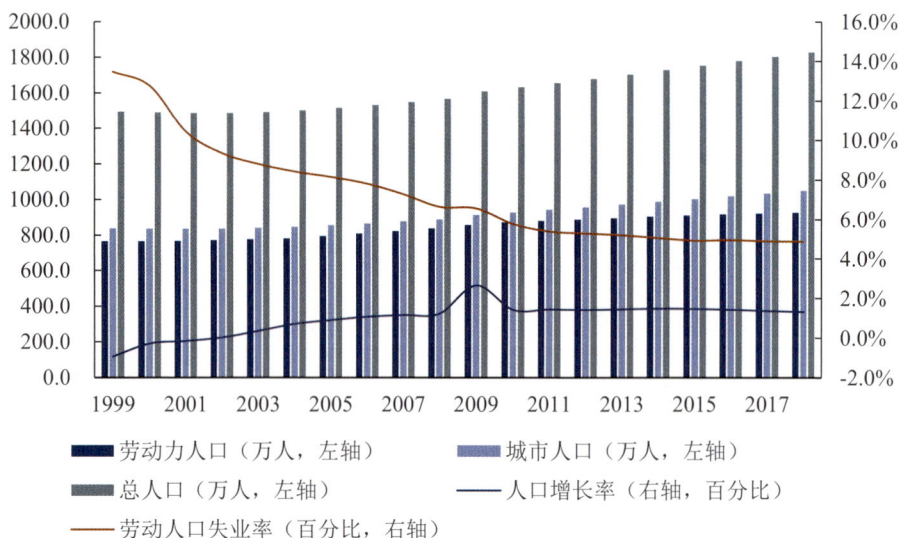

图 1-1-9　1999 年—2018 年哈萨克斯坦劳动力人口、城市化人口、
失业率、总人口及其增长率②

① 国际惯例将基尼系数 0.2 以下视为收入绝对平均，0.2-0.3 视为收入比较平均；0.3-0.4 视为收入相对合理；0.4-0.5 视为收入差距较大，当基尼系数达到 0.5 以上时，则表示收入悬殊。

② 世界银行数据库，参见 https://data.worldbank.org.cn/country/kazakhstan?view=chart. 北京大学调研团整理。失业率数据采用国际劳工组织（ILO）统计标准。

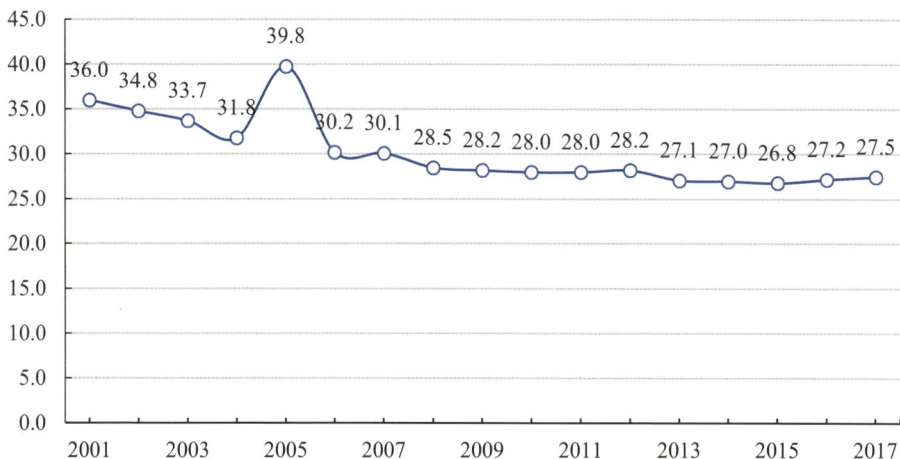

图 1-1-10　2001 年—2017 年哈萨克斯坦基尼系数变化 [①]

（5）小结

整体来看，哈萨克斯坦经济中服务业占主导，工业以矿产采掘业为主。这样的经济结构使其宏观经济受国际能源价格影响较大。随着国际能源价格稳定和内部政策调整，目前哈萨克斯坦进入新一轮的增长期，本国货币坚戈对美元比值趋于稳定。长时间以来，哈萨克斯坦社会结构保持稳定，总统权力的交接并未引发社会动荡。稳定的政治和社会局面是发展中哈经贸、推进"一带一路"倡议的基础。

▌▌ 1.2　中哈经贸概况

整体上，中哈经贸可以分为中哈之间的贸易活动和中企在哈投资经营活动。

[①]　世界银行数据库，参见 https://data.worldbank.org.cn/country/kazakhstan?view=chart. 北京大学调研团整理。

（1）中哈贸易

中国是哈萨克斯坦的第二大贸易伙伴。2017 年在哈萨克斯坦进出口贸易中，俄罗斯以 20.6% 的比例排第一；中国以 13.5% 的比例排第二；意大利排第三。具体而言，中国是哈萨克斯坦第三大进口国，位于俄罗斯和欧盟 28 国之后；同时也是哈萨克斯坦第二大出口国。从贸易总额的变化看，在 1999 年至 2017 年的大部分时间内中哈贸易均成增长态势，仅在其 2001 年互联网泡沫破裂、2008 年金融危机和 2014 年至 2007 年国际能源价格低迷期间出现负增长（见图 1-1-8）。2017 年，随着哈萨克斯坦经济复苏，中哈贸易总额实现了 36.99% 的增长率。中国贸易顺差为 51.86 亿美元。中哈贸易在哈萨克斯坦国际贸易中起着越来越重要的作用。

图 1-1-11　1999 年—2017 年中国对哈萨克斯坦进出口额及总额增长率 [①]

---

① 来源：海关总署，通过东方财富 Choice 数据库下载，北京大学调研团整理。

（2）对哈投资与经营

哈萨克斯坦是中国海外投资重要目的地国。根据哈萨克斯坦国家银行的数据，2018 年中国对哈直接外商投资额为 14.89 亿美元，排名第五。前四名依次是荷兰、美国、瑞典、俄罗斯。中国对哈的投资中主要以石油勘探开发、哈萨克斯坦石油公司股权并购、加油站网络经营、电力、农副产品加工、电信等。具体大项目包括：中哈石油管道项目、PK 项目、ADM 项目、KAM 项目、曼吉斯套项目、阿克纠宾项目、北部扎奇项目、中哈铀开采项目、卡拉赞巴斯油田项目、阿克套沥青厂和鲁特尼奇水电站项目等。[①]同时，中国的金融机构、法律机构也随之"走出去"。目前，中国工商银行、建设银行、中国银行在哈设立分行，中信银行 2018 年联合中国烟草公司控股哈萨克斯坦阿尔金银行（Altyn Bank），国家开发银行在哈设有代表处。法律服务机构主要有德恒律师事务所和丝路律师事务所。

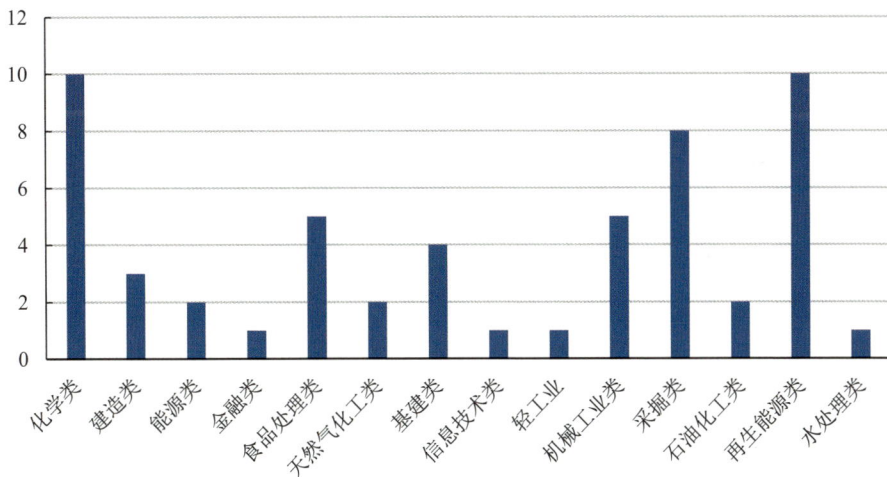

图 1-1-12　中哈产能合作项目行业分布统计[②]

2014 年 12 月，中哈两国总理在产能领域达成共识。2015 年 8 月，两国

---

① 商务部 . 对外投资合作国别（地区）指南：哈萨克斯坦 . 2019-01-29.
② 来源：北京大学调研团整理。

签署《关于加强产能与投资合作的框架协议》（简称"中哈产能合作"），进一步明确两国在产能领域的合作内容，具体包括建材、冶金、有色、油气加工、化工、机械制造、电力、基础设施等。中哈产能合作是具体落实"一带一路"倡议，发挥中哈在制造业、基建和能源上的互补优势的具体方案。从 2019 年中哈产能合作项目清单分析，从项目分布上看，以化学类和再生能源类为主，其次是采掘类、食品处理类和机械工业类（详情见图 1-1-12）。从地域分布上看，阿拉木图州项目最多，数量达 13 个，此外阿拉木图市还有 3 个项目。这凸显了阿拉木图地区作为哈萨克斯坦经济中心的地位。除此之外，资源较为丰富的阿克托别州、卡拉干达州、科斯塔奈州、克孜勒奥尔达州和巴布洛达尔州也有至少四个项目。从项目金额描述性统计上看，中哈产能合作平均项目额为 4.96 亿美元，中位数为 9700 万美元，众数为 5000 万美元，最小的项目为 800 万美元，最大的项目为 30 亿美元。整体来看，项目金额变化较大，少数大型项目大幅拉升了项目平均金额。从实际落地来看，55 个项目中已建成 14 个，累计金额达到 39.45 亿美元，另有 11 个项目在建，总计价值 55.03 亿美元。其余项目仍在磋商，前景有待观测。

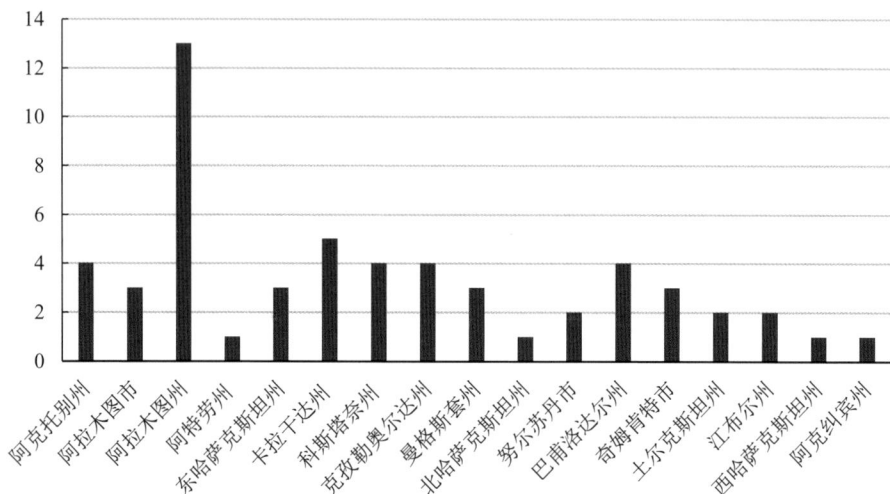

图 1-1-13   中哈产能合作项目地区分布统计①

① 来源：北京大学调研团整理。其中有三个项目覆盖多个地区。

在对哈投资之外，中企还在哈大量进行工程承包。根据商务部数据，仅2017年，中企在哈萨克斯坦工程承包项目金额达22.4亿美元，承包工程派出6864人（见图1-1-7）。根据中国驻哈萨克斯坦经商参处统计的数据，2018年，中方对哈工程承包合同额为43.6亿美元，同比增长86%；完成营业额22.1亿美元，同比下降1.1%。整体来看，从2013年"一带一路"倡议提出以后，中国在哈的工程承包金额有明显上升，并维持相对稳定的状态。外派工程承包人数受项目周期影响，波动较大，在2013年达到高值13588人（见图1-1-14）。中企承包的工程主要以基础设施为主，包括石化、电力、矿山、水泥厂等，同时还包括化工、公路、汽车组装、市政基础设施等在建项目。

图1-1-14　2002年—2019年中国对哈工程承包金额及派遣人数[1]

（3）中企"走出去"历史

中企"走出去"赴哈萨克斯坦投资经营可以大致分为三个阶段，分别为1993—2006年，2006—2013年以及2013年至今。

---

[1] 来源：商务部、《中国统计年鉴》，通过东方财富Choice数据库下载，北京大学调研团整理。

中企"走出去"到哈萨克斯坦经营的第一阶段是在中哈建交后。早在1991年7月，纳扎尔巴耶夫总统就对中国进行友好访问。1991年12月27日，中国政府承认哈萨克斯坦独立，两国于1992年1月3日正式建立大使级外交关系并互设大使馆。建交当年，哈萨克斯坦时任总理捷列先科、外长苏莱曼诺夫和中国国务委员兼外长钱其琛对两国进行了互访。1993年，哈萨克斯坦首任总统纳扎尔巴耶夫再度访问中国，1994年4月时任总理李鹏访问哈萨克斯坦。两国高层频繁互访和政治快速升温促成了第一批中企赴哈萨克斯坦经营，其中典型的代表是中国银行。中国银行于1993年在阿拉木图开设分行（哈萨克中国银行）。目前，中国银行已在哈开设亚联、阿克纠宾和努尔苏丹三家分行。

在第一波中企"走出去"的浪潮中，中石油是其中影响力最大的。1997年6月中石油获得哈萨克斯坦阿克纠宾油气股份公司60.3%的股份，同年还获得乌津油田的开发权。同年9月24日至25日，时任总理李鹏在访哈期间出席了中石油与哈能源矿产部签署中哈能源合作的协议，探讨建立中哈石油管道项目。第一阶段前期中企在哈经营的业务并不多，以设立机构为主。在第一阶段中期，以中石油为代表的少量中国能源企业开始参与到哈萨克斯坦石油等矿产开采中。与此同时，在第一阶段的后期，随着中国制造业崛起并加入WTO，中哈贸易额飞速增长，2005年双边贸易总额达到68亿美元。

中企"走出去"的第二个阶段开始于2005年7月时任国家主席胡锦涛访问哈萨克斯坦。胡主席访哈之后，8月22日，中国石油天然气集团公司于同年8月22日宣布，已通过其全资公司中油国际出价41.8亿美元收购哈萨克斯坦石油公司。2006年1月9日至12日，时任国家副主席曾庆红访问哈萨克斯坦，中哈双方发表联合公报。中国表示将继续为哈萨克斯坦的工业发展提供必要的帮助，重点为经贸、能源、交通、电信、金融等领域合作。[①] 这其中就包含中企在哈建设和经营的部分明星项目，如巴甫洛达尔电解铝厂、玛伊纳

---

① 中华人民共和国和哈萨克斯坦共和国联合公报 . [EB/OL]. (2006-01-11) [2019-09-17]. http://www.gov.cn/gongbao/content/2006/content_212159.htm.

水电站等。同年 3 月，国务院下发了《关于中国—哈萨克斯坦霍尔果斯国际边境合作中心有关问题的批复》，标志着霍尔果斯口岸跨境经济贸易区和投资合作中心正式开始建设。2006 年 12 月中信资源以 19.1 亿美元获得卡拉赞巴斯油气田的控制权和作业权。

中企"走出去"的第三个阶段发轫于 2013 年 9 月国家主席习近平访问哈萨克斯坦并于纳扎尔巴耶夫大学提出建设"丝绸之路经济带"的合作倡议。在前两个阶段的基础上，"一带一路"倡议激发了中企"走出去"的热情。一方面，金融危机后中国大量刺激政策形成了丰富产能，"走出去"成为中企释放产能的一个有效方式。另一方面，改革开放以来中国积累了大量基础设施建设和施工经验，质量、效率和口碑在世界范围内都有很强的竞争力。借助"一带一路"倡议，中企能够将这方面的经验转化为新的业务增长，缓解经济"新常态"和结构性调整带来的经营压力。同期，国家层面又成立了亚投行和丝路基金，再加上中国金融机构响应国家号召，"一带一路"倡议相关项目受到资本的青睐。多方面因素推动中企赴哈萨克斯坦开展业务步入新的阶段。2015 年 8 月，国家主席习近平在人民大会堂会见了哈萨克斯坦首任总统纳扎尔巴耶夫，双方元首共同见证在两国总理的沟通洽谈基础上签署的《关于加强产能与投资合作的框架协议》。整体而言，尽管在第三阶段能源和矿产采掘仍然是重点，但各领域的合作已经趋于多样化，例如农业领域中哈巴克图·巴克特口岸农产品"绿色通道"正式开通，物流领域哈萨克斯坦国家铁路公司和连云港港口控股集团、中国远洋海运集团在北京正式签署哈萨克斯坦"霍尔果斯—东大门"经济特区无水港项目的股权转让协议，金融领域中信银行控股阿尔金银行等。

▌▌ 1.3 哈萨克斯坦经贸领域调研情况

调研团访哈前后与在哈期间共实地调研九家在哈经营的中资企业和机构。其中采掘和基建类企业三家，银行保险等金融机构三家，高科技制造企业一家，

图 1-1-15　北京大学调研团参访阿尔金银行（摄影：郑豪）

律所、商团两家。在调研基础上，结合文献、互联网等其他资料来源，北京大学哈萨克斯坦调研团中哈经贸调研小组分别选择工程承包和矿产采掘类中中色股份、金融机构中的阿尔金银行、高科技制造业 W 公司和 H 律所在哈经营情况进行简要分析。

（1）金融机构——阿尔金银行

阿尔金银行前身为 1998 年汇丰银行在哈萨克斯坦设立的分支机构，2014年由当地大商业银行哈萨克人民银行（JSC "Halyk Bank"）全资收购。2018年 4 月 24 日，中国的大型股份制银行中信银行完成对阿尔金银行多数股权的收购工作，成为首家在"一带一路"沿线国家收购银行股权的中资银行。交易完成后，中信银行联合中国烟草总公司下属双维投资有限公司持有该银行50% 以上的股份。收购时阿尔金银行的惠誉评级为 BBB-，为哈萨克斯坦商业银行中的最高评级。阿尔金银行目前在哈银行中排名中游，拥有 6 家营业网点及 1 个私人银行中心，共有 493 名员工，资产达 79.28 亿。本次收购总价值约为 5 亿人民币，收购内容包括部分楼宇资产、全部牌照及客户关系。交割后，阿尔金银行未改名，只是将标志换成了中信银行标志。阿尔金银行组织架构较为完善，目前仍有 20% 员工为其汇丰银行时期的员工。

在中信银行控股后的一年里，阿尔金银行净利润约为 2 亿人民币，远远超过了原定 3 年不亏本的预期。2019 年前三季度盈利更是超过了去年全年。阿尔金银行对公业务资产端业务主要以投资贷款、国债（利息 7%）以及央行存款为主。2018 年对公业务和零售业务对利润的贡献占比 7：3，计划 2019 年后达到 6：4，最终达到 5：5。受哈国监管体系的要求，阿尔金银行对公业务中单一客户授信比例不超过 25%（即 3000 万美元）。零售业务资产端包括房贷、网银消费贷、信用卡，分别占比约 25%、60% 和 10% 以上。阿尔金银行的零售业务还包括：推出人像打分系统并成为哈国第一家开发手机银行的银行、建立信用评分卡制度并实行客户的差异化管理、推出网银消费贷并将年龄下限设置为 27 岁。零售业务年化利率约为 15%。由于母公司中信银行严格的风险管理理念、完善的公司治理体制和成熟的管理团队等多方面原因，整体而言，阿尔金银行的不良贷款率为 0.54%，在全哈商业银行中位列倒数第三。

中信银行的母公司中信集团在哈拥有多年经营历史，业务范围涵盖石油、能源、工程承包等，其在我国是横跨多个领域全金融牌照的综合性央企。中信银行收购阿尔金银行也是中信集团整体战略中的一部分，具体原因包括以下三个方面：一是践行我国"一带一路"倡议和哈方"光明之路计划"；二是哈萨克斯坦的经济比较稳定，哈萨克斯坦货币坚戈币值也相对稳定；三是中信集团在哈业务范围涵盖石油、沥青生产、公路建设、农业等方面，其金融板块可配合集团"走出去"总体战略。

（2）工程承包和矿物采掘——中色股份

中国有色金属股份有限公司（下文简称"中色股份"）在哈有 14 年经营历史。该公司在哈的第一个项目是 2005 年巴甫洛达尔 25 万吨／年电解铝厂项目，实现了哈电解铝制造零的突破。该电解铝项目于 2007 年完成第一期投产，于 2010 年 3 月完成第二期投产，工程承包方式是"EPC"模式。项目后续情况是哈方业主在中方工程基础上改造，得以继续提升产能。

第二个项目是哈国巴甫洛达尔 28 万吨 / 年石油焦煅烧项目，旨在获得电解铝厂阳极碳素原料。中色股份称该项目"麻雀虽小，五脏俱全"，其烟气净化、脱硫除尘等设备均来自中国，性价比较高，且曾接受时任总统纳扎尔巴耶夫视察。该项目工程款项虽然仅 8000 万美元，但具有承上启下的意义。一方面是因为第一个电解铝项目的出色完成开拓了市场口碑，使中色股份得以在哈继续开展工程承包项目，并为后续 2014 年巴夏库和阿克托盖两个项目中标作铺垫。另一方面，对于哈方而言，该项目在工程环节上成为巴甫洛达尔炼油厂和电解铝厂之间的结合点，实现了工业废料的循环利用。

第三个项目是巴甫洛达尔炼油厂延迟焦化项目。哈国原经营主业为加工俄国进口石油，由中色负责改造工程，帮助其达到欧盟油品相应标准（欧 V 标准）。延迟焦化项目的难点在于 4 个焦炭塔（原件为苏联时期设备，单个重达 250 吨）的更换。为此中色股份采购国产某企业的 650 万吨重量级吊车。目前整个独联体地区仅有 2 台如此规格的吊车，运输该吊车各部分零件就需要 30 多台车辆。此外，该项目难度在于时间极短（生产中的工厂仅有 1 个月的检修时间供项目团队拆旧换新），同时施工空间狭小。

第四个项目是巴甫洛达尔石化厂硫化装置的改扩建项目，该项目于 2015 年 11 月签订 EPC 总承包合同。在与同一工业区的罗马尼亚公司进行时间赛跑的过程中，中色股份以最终更快完成任务。

第五个项目是巴夏库 3000 万吨 / 年铜矿选厂项目。该矿含铜品位不高，但探明储量大，年处理量达到 11 万吨。项目由国内 K 银行提供贷款。

第六个项目是阿克托盖 2500 万吨 / 年铜矿选厂项目。该项目难点在于：第一，物质条件艰苦：地理位置偏远，道路状况差，有许多"弹坑路"，人员、设备进出困难；第二，安装精度要求高：业主方采购了一台半自磨机和两台球磨机，要求 2-3 个月内成功完成一次性吊装、浇筑混凝土工作；第三，冬季极寒天气增加了施工的难度：哈萨克斯坦每年施工期只有半年，而许多工程操作例如混凝土浇铸需要保证一定温度，最终该项目创下"零下30度条件下一次性混凝土浇筑连续操作57小时、完成4300立方米"的纪录。巴夏库和阿克托盖项目间接带动了200多家中国设备商的出口，也促进了劳务输出。

在施工密集期，最多有4个项目（约4500名中国劳工）同时进行，极大地考验和锻炼了公司的资源整合能力与协调能力。尽管上述项目主要为工程承包，但随着与哈国业主合作的深入，中色股份逐渐扎根哈国市场。目前中色股份在哈尚有包括重型基建设备在内的总价值超过一亿美元的设备和投资。

就中企"走出去"模式变化问题，中色股份表示多元融资确实是工程承包全行业大势所趋。当前许多业主并无资金，仅具有合作的概念和愿望，因此项目最终系由各方共同促成，此一情况呼唤着新的服务理念和新的合作模式（"EPC+F"、政府和社会资本合作的"PPP"等）。借此模式业主可出售概念，承包商则协助进行项目融资。目前中色越来越多地采用"EPC+M"等模式，协助参与融资、管理和运营，敢于投资科克赛正是基于长期合作所奠定的彼此间的深度了解。

（3）金融机构——G银行

G银行哈萨克斯坦分行系于1993年李岚清副总理访哈后为响应国家政策而成立。目前除在阿拉木图设点以外，还设置了亚联分行和阿克纠宾分行等三家网点机构。成立以来，G银行哈萨克斯坦分行从服务中国个体工商户及中资企业扩大至服务当地龙头企业。目前全分行145名全体职工中，除了12名中方员工以外，均为当地员工，其中90%为女性。阿尔金银行在哈目前经营的业务包括存款、贷款、汇款业务、跟单业务，是哈萨克斯坦强制存款保障系统成员银行。

G银行在哈业务首先包括向自然人提供坚戈、人民币、美元存款服务。利率水平取决于存款金额和期限，在存款期末计算利息。银行规定存款到期后自动转存，储户无须提交新的申请。存款展期的期限和条件与原合同相同，但利率除外。在此情况下，存款利率由银行按展期日存款种类的现行利率水平确定。公司存款方面，G银行哈萨克斯坦分行按规定利率吸收坚戈、美元和人民币存款。银行对存款的期限和利率水平逐笔进行审议。

其次是贷款业务。G在哈业务分为自然人贷款（2016年4月22日停止）和企业贷款。公司贷款分为两类：贷款和授信额度。前者系指银行一次性向借款人发放一定期限的资金。后者系银行向借款人提供在规定期限和规定限额内取得资金的权利。贷款的用途主要包括补充流动资金、开立信用证或保函及贸易融资。贷款利率主要根据银行与企业的合作历史、贷款期限、担保情况逐笔个案确定。

再次，G银行在哈也提供境内坚戈转账汇款、人民币国际转账汇款和现金汇款等业务。汇出汇款和接收汇款需提供身份证明文件（针对哈居民自然人）或护照、签证、移民卡、居住地登记（针对外国公民）。根据总行通知，自2014年8月26日起阿尔金银行暂停办理个人向中国大陆汇出人民币业务。[①]

（4）金融机构——Z保险

Z保险公司是2000年之后成立的三大政策性金融机构之一，负责向中企提供出口和涉外投资的保险产品。在WTO框架下，出口信用保险是唯一通行的"补贴手段"，故我国成立该公司以支持外贸。Z保险为对接需求在国内不同省份设置有分支机构；其国外分支机构包括于伦敦设立的代表处，以及于俄罗斯、迪拜、南非、印尼等地区设立的覆盖全球的6个工作组。虽具有政策性保险公司的属性，Z公司也具备完善的"董监高"内部治理架构，同时在人事、业务和行业上分别接受中央、财政部和银保监会的领导与监管。

Z保险保障范围主要为法律风险、经营管理风险、政治风险和信用风险。2010年起，Z保险在各国官方出口机构中排名第一，且其保额逐步增加。2018年，Z保险提供的保额突破6000亿美元。同时，Z公司的赔付金额也相

---

① 来源：G银行官网，北京大学调研团整理。

应逐年增加，并于 2017 年达到 14 亿美元，2018 年达到 19 亿美元。在 2018 年 Z 保险提供的保障中，有 1506 亿美元的保额系为保障 "一带一路" 沿线国家的相关风险，且这一部分的增长率为 16%，覆盖面不断扩大，通关时间也在大幅缩短。Z 保险提供的产品呈现多样化，整体上可以分为贸易险和项目险，根据时间期限亦可以分为短期、中期和中长期保险。其中短期险主要服务于一般贸易，中期和中长期保险主要服务于成套设备、工程承包和船舶等项目。

具体到哈萨克斯坦业务，Z 保险在哈不设固定办事处，其业务由俄罗斯工作组覆盖。Z 保险在哈实现了全险种覆盖，但是整体体量不大。业务内容主要为项目险并涉及采掘业，亦包括部分通信设备行业相关项目。Z 保险在哈最大项目为中亚天然气管道项目，其系单体投资额最高的投资保险项目。

（5）高科技制造企业——W 公司

W 公司系全球著名的通信设备制造商，涉及通信技术研发、通信基站设备、手机、电脑、服务器、数字化解决方案等多个领域。哈萨克斯坦是 W 公司最早"走出去"的地区。W 公司在哈代表处设有 17 个实体部门，涵盖售前、售后、平台、企业 BG（Business Group），总员工数量为 250 人。其中，自有员工 150 人，其中 30 人由国内派出，当地外包 100 人。W 公司分别于努尔苏丹市和阿拉木图市设有两个办公室，工作重心在阿拉木图。W 公司在哈业务具体分为企业业务、运营商业务和消费者业务三个部分。企业业务采用"3+1"模式，即"能源、交通、政府＋销售"。消费者业务主要是终端业务，包括手机、电脑、平板等。W 公司在哈业务营收为每年 2 亿美金，相较 W 公司整体而言占比很小。W 公司在哈业务定位为："无需做大、只需生存，与哈萨克斯坦经济共同向前"。

（6）法律服务——H 律所

H 律所系我国顶尖综合性事务所之一，其在国内设有 33 家分所，海外设有 7 家分支机构。H 律所于 2018 年 3 月在阿拉木图设立分所，同时于阿斯塔纳国际金融中心设有办公室。此外，H律所于2019年年初在乌兹别克斯坦首都塔什干设立了代表处。H律所阿拉木图办公室共计14名工作人员，其中包括两名中方合伙人及两名中方律师，以及两名拥有12年以上执业经历的哈方高级律师，其中一名系从加拿大留学归来的哈萨克斯坦公民。H律所财税团队有4名组成人员，大多具有中国留学经验。H律所现主要为哈本地中资企业提供法律服务，共拥有20余家顾问单位。H律所目前大部分客户为国有企业。

为服务中国"一带一路"倡议，H律所正在发展商事调解中心业务，目前主要从事前期调解。该调解中心系由北京市法学会批准并经国务院司法改革办公室确认。目前该中心与包括哈国最高法院和仲裁庭在内的司法机构签署有合作协议。

▌▌▌ 1.4 重点问题分析

（1）工程承包模式转变

工程承包由单纯的"EPC"模式工程建造逐步向"EPC+M（Management）+F（Financing）"或"EPC+M（Management）+I（Investment）"转变。后者的特征在于围绕工程建造提供运营管理、资金融通、项目投资等全方位服务，其典型代表为中色股份。该公司在哈经营系以工程承包业务开始，目前已经累计完成6个项目。前期项目均是以"EPC"模式建造完成，完成后以"交钥匙"的方式交付哈方业主运营管理，中色股份自身不参与后续运营。由于中色股份在前期合作中出色地完成了项目，其质量、技术和时效令哈方业主十分满意，故哈方有意邀请其参与科克赛铜矿后续运营开发。2019年4月，在哈方业主科克赛新开铜矿井项目中，中色股份将该地前期项目的资金作为新矿井的投资资本，持有该井接近20%的股份，实现由"EPC"向"EPC+M+I"的转变，与业主共同成长。在访谈过程中，北京大学调研团还了解到，随着"一带一路"倡议的提出，金融机构亦响应国家战略，资金因此成为中企"走出去"

承包工程的软实力的一部分。中色股份在业务中发现，在对外承包工程中，哈方业主不仅青睐中企的工程建造能力，更希望中企能够为其对接中国金融机构的资金。如在项目启动之初，业主仅拥有某地矿物的开采权，既缺乏工程建造能力，也缺乏资金和运营能力。此时中企如能以"EPC+M+F"的方式参与项目开发并提供管理和融资的"一站式"服务，则便具备了相当大的竞争优势。

工程承包模式的转变一方面体现出近年来中国的综合实力的提升："中国制造"不仅在工程建设、商品和劳务上有着竞争优势，在管理、资金和投融资服务上的优势也逐步显现。另一方面，这一转变也为中企在海外同他国同行企业竞争提供了更高层次的竞争性优势，中企能够借此机会进一步扩大海外影响、扎根当地，实现产业链纵向延伸，与业主和目的国经济共同成长。

（2）国别统筹不足

"一带一路"倡议背景下，中企"走出去"存在国别统筹不足的问题。国内经济增长放缓和结构化调整、产能过剩和激烈的同业竞争、"一带一路"倡议的提出和中美贸易战等内外因素使越来越多的中企将目光转向海外，大量企业"一窝蜂"地涌向某个地区或国家，而缺乏国别统筹。中企大规模"走出去"固然值得鼓励，但也需警惕目的地过于集中，使短期内一个地区出现大量同质化企业，或引发恶性竞争、低价甚至亏损中标，导致"囚徒困境"和"赢者诅咒"，重蹈当年"南北车"海外恶性竞争的局面。过度竞争长期而言则有损于中企中企"走出去"，不仅不利于树立中企海外形象，而且会影响"一带一路"倡议落地和实施效果。

国别统筹不足亦会导致品牌管理问题：部分企业"野蛮生长"，可能会破坏中企品牌和国家形象。当前"一带一路"倡议正处于从"大写意"向"工笔画"转型的阶段，"中国形象"和"中国品牌"需要企业和政府长期不断运营和维护。在对象国民众眼中，我国企业在海外的经营行为关乎作为整体的中国品牌和中国形象，对后续项目的落地合作有着直接影响。

国别统筹不足可能还会导致中企之间的资源难以实现横向整合。随着中国经济崛起和高质量发展，中国已不仅在产品制造和工程建造上具有优势，在资金、金融服务上也积累了成功经验。在"一带一路"倡议中，更好发挥各领域中企的协同优势和服务机制显得尤为重要。更好的国别统筹不仅使得"1+1"大于 2，还将有助于中企全面降低海外投资经营的风险。

（3）中哈消费习惯差异

中企在哈经营需要注意中哈消费习惯的差异。北京大学调研团此次调研发现，由于移动通信、互联网发展程度、信息化程度和物流等基础设施的差异，中哈两国消费者在消费习惯和消费方式上存在显著差异。以手机等"3C"（计算机类、通信类和消费类）产品为例，结合对本地商铺的调研和 W 公司访谈，团队发现哈萨克斯坦仍然以线下消费和购物为主，线上的购物仅占很小的比例，而且主要集中于以阿拉木图为代表的大城市。电子类产品仍然以线下卖场为主，产品依赖于经销商分销。

哈萨克斯坦电子商务起步相对较早，其第一家线上商店成立于 2000 年。近几年，哈萨克斯坦互联网和电子商务有所发展，其中互联网使用率从 2014 年的 70.5% 增长到 2018 年的 76.4%。截至 2019 年 7 月，哈萨克斯坦拥有 1700 多家线上商店和 B2B 交易市场。2018 年，哈萨克斯坦电子商务市场规模整体比 2017 年增加了 1.5 倍左右，约有 7 亿美元规模。其中，在线销售的产品包括预付费的手机和电话卡、多媒体设备、书籍、计算机硬件设备、化妆品以及服装等。[①]

目前，哈萨克斯坦的电子商务企业中的外国企业以速卖通（AliExpress）、亚马逊和亿贝（eBay）为主，在线购物仅占哈萨克斯坦提供的所有互联网服务的 10% 至 12%。大多数国际快递服务公司都在哈萨克斯坦设有代表处。从

---

① Kazakhstan - eCommerce [EB/OL]. (2019-07-01) [2019-10-10]. https://www.export.gov/article?id=Kazakhstan-eCommerce.

图 1-1-16 努尔苏丹市"可汗之帐"购物中心内某 3C 产品商场（摄影：郑豪）

2018 年 1 月 1 日起，哈萨克斯坦规定在国外网上商店购买的商品最高限额为 1000 欧元和 31 公斤。与此同时，自 2019 年以来，该限额已降至 500 欧元，重量不超过 31 公斤，预计未来还将降低至 200 欧元，或不利于国外电子商务企业发展。①

此外，在阿尔金银行和 G 银行调研过程中，团队了解到哈萨克斯坦消费者使用金融信用服务较少。笔者推测存在以下两方面原因：一是哈萨克斯坦信息化水平有待提高，金融缺乏数据支撑；二是哈萨克斯坦人口较为分散，线下金融服务的可得性仍有待提升。除物流交通欠发达以外，支付手段不完善和不安全也是限制电子商务发展的核心原因之一。外部资料亦显示，哈萨克斯坦在线销售仍然以货到付款和银行转账为主，较少使用银行信用卡、借记卡或移动支付。②

（4）其他问题

北京大学调研团还了解到中企在哈经营中存在以下困境。首先，中国公民获得劳务签证较为困难。哈萨克斯坦对外企在哈经营劳务雇佣规定了本地劳工占比的最低限制，根据企业类型的不同分别适用 90% 和 70% 最低占比。同时，中国公民较难获得劳务签证。雇佣本地工人会面临沟通和培训问题，而考虑到中国外派劳务又难以获得签证，两方面的因素使得工程进度难以掌控，影响中企在哈经营。

其次，法律规定外国公民不能拥有土地。哈萨克斯坦规定外国公民、企业不能拥有本国土地，这对在哈经营农业的中企和有土地、房产等抵押物的中企造成经营上的限制。虽然可以通过合资或者代持的形式绕过法律规定，但这也可能增加企业的长期经营成本，限制企业投资。

---

① Kazakhstan - eCommerce [EB/OL]. (2019-07-01) [2019-10-10]. https://www.export.gov/article?id=Kazakhstan-eCommerce.

② Kazakhstan - eCommerce [EB/OL]. (2019-07-01) [2019-10-10]. https://www.export.gov/article?id=Kazakhstan-eCommerce.

值得一提的是，上述劳动力配比及土地困境并非赴哈投资中的特殊问题，而是所有境外投资过程中普遍存在的问题。

（5）政策建议

针对中企在哈工程承包模式的转变，调研团提出如下建议：第一，加强金融企业与工程承包企业的互通互联。可以考虑更大程度发挥行业协会、在哈商会在沟通信息上的优势，借助相关机构开展定期跨行业的信息和资源共享。第二，发挥大型国有金融机构的领头作用，与合适的工程承包企业结成战略同盟。在项目立项和尽调时，相关工程企业可以为项目可行性提供专业性的建议，提高信息的透明程度，减少不确定性和业主融资成本。此外，与金融机构的联合，也能提高中企整体的对外竞争力，提高中标概率，最终实现业务、金融机构、工程承包公司多赢的局面。第三，可以考虑由国资委等相关国企管理部门牵头，建立金融、工程承包等相关行业国企间沟通协调机制。第四，可以考虑针对哈萨克斯坦互联网、电子商务、移动支付和金融信息化欠发达的限制，鼓励中国相应领域的优秀企业输出中国相关领域的建设经验和现有产品。中国在这些领域的领军企业在世界范围内都具有技术竞争力，输出其现有产品不仅能获得新的增长，同时亦能增加中哈经贸中的高科技元素。

针对国别统筹不足的问题，调研团提出两方面建议。一方面，政府部门或相关第三方可以考虑对"一带一路"走出去企业从管理水平、公司治理、业务资质、公司商誉和企业社会责任多个方面建立一套完善的认证体系。这一认证既起到增强企业品牌的效果，亦能发挥管理"走出去"企业质量的作用，有助于树立良好的海外形象。另一方面，政府相关部门、行业监管机构、行业协会和相关国别研究机构可以考虑以国别为单位建立高层次的信息互通和共享机制，减少企业的盲目性。

针对中哈消费习惯差异的问题，调研团提出两方面建议：在企业层面，企业"走出去"之前可以聘请国内本地和哈国当地相关科研和咨询机构对哈国进行全面调研，确保更准确细致地掌握当地国情。政府层面，可以考虑增加对高校和相关科研单位国别和区域研究方面的支持，引导相关机构深度调研并跟踪"一带一路"倡议中重要国家的国情和社会发展，以"政产学研商"合作的方式，综合促进中企"走出去"。

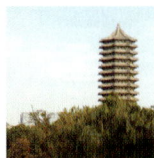

第二章
阿斯塔纳国际金融中心：现状与前景

▌ 2.1 中心概况

北京大学调研团在哈期间实地调研了阿斯塔纳国际金融中心（Astana International Financial Center，简称"AIFC"）。在 2019 年 9 月 10 日至 12 日哈萨克斯坦总统托卡耶夫首次对中国进行的国事访问中，两国发布的共同声明第四方面即涉及"拓展两国金融领域合作"，并明确提及"双方支持阿斯塔纳国际金融中心发展运行"。[①] 随后，全国人大常委会委员长栗战书于 9 月 23 日与哈国总理马明（Askar Mamin）共同出席中国建设银行阿斯塔纳分行开业仪式和阿斯塔纳国际金融中心介绍会。哈国高层极为重视阿斯塔纳国际金融中心在新时期哈国国家战略中的地位。本章首先根据调研情况、互联网信息和年报等文件，对 AIFC 的概况进行简单介绍。之后，结合相关法律法规对 AIFC 的机构职能以及政策优惠进行详细剖析。最后，对 AIFC 相关问题进行重点分析。

---

① 中华人民共和国和哈萨克斯坦共和国联合声明（全文）. [EB/OL]. (2019-09-12) [2019-11-27]. http://www.xinhuanet.com//world/2019-09/12/c_1124990997.htm.

（1）简介

阿斯塔纳国际金融中心最初系于纳扎尔巴耶夫总统 2015 年"百步计划"战略中提出。作为当时的五项改革制度之一，该金融中心计划的目标系于首都努尔苏丹世博园地区划出一片区域，在哈萨克斯坦宪法框架下建立一个以英美法律体系为基础，集金融、债券、资产管理、伊斯兰金融和金融科技发展等功能为一体的国际金融中心。"百步计划"提出的前一天（2015 年 5 月 19 日），时任哈萨克斯坦总统纳扎尔巴耶夫签署了建设阿斯塔纳国际金融中心的总统令。

AIFC 的建章立制工作紧随其后。2015 年 12 月 7 日，哈萨克斯坦通过了哈萨克斯坦共和国《关于阿斯塔纳国际金融中心的宪法规定》（The Constitutional Law of the Republic of Kazakhstan On ASTANA International Financial Center，简称《AIFC 宪法法规》），以宪法的形式确立了 AIFC 的定位、规划和职能等。2015 年 12 月 28 日，AIFC 管理局（AIFC Authority，简称"管理局"）宣布成立。2017 年 1 月 28 日，阿斯塔纳金融服务管理局（Astana Financial Services Authority，简称"金管局"）宣布成立。同年 2 月，AIFC 成立了专业发展局（Bureau for Continuing Professional Development）和外籍雇员中心（Expat Center）。2017 年 12 月，AIFC 法院（AIFC Court）和国际仲裁中心（AIFC International Arbitration Center）宣布成立。2018 年 7 月 5 日，在阿斯塔纳迁都 20 周年时点上，AIFC 宣布开业。同时开业的还有 AIFC 所属机构阿斯塔纳国际交易所（Astana International Exchange，简称"交易所"）。目前中心所辖区域为 2017 年阿斯塔纳世博会的南侧园区。

调研团在哈期间了解到，目前 AIFC 吸引了来自 26 个国家的 232 家公司以及 28 家券商。中国建行、国家开发银行、中金公司在此均有投资。根据全球金融中心指数排名，AIFC 位列第 51 位，在中亚位居第一。

（2）目标与定位

AIFC 的国家定位极高。其发展的重点是国际化和金融服务，并承担着吸引国际资本发展本国经济的重任。《AIFC 宪法法规》规定 AIFC 是首任哈萨克斯坦总统明确的在阿斯塔纳城市内部有准确边界的领土，准许在其范围内实行特殊的法律体制。其总体目标是建立成为领先的国际金融服务中心，具体包含五个方面。第一，通过为投资金融服务创造有利条件促进对哈萨克斯坦共和国经济的投资。第二，发展哈萨克斯坦证券市场确保与国际接轨。第三，发展哈萨克斯坦保险、金融、伊斯兰金融、金融科技、电子商务和项目创新市场。第四，基于国际化的实践发展专业化金融性服务。第五，成为国际认可的金融中心。

在实地调研过程中，调研团从 AIFC 咨询办公室了解到，AIFC 将在三方面起到重要作用：（a）为哈萨克斯坦的自然资源开发项目提供融资大门，这些资本部分来自中国和俄罗斯；（b）对接"一带一路"倡议；（c）借助阿斯塔纳国际交易所推进国有企业的私有化。

▌ 2.2 机构与职能

（1）整体架构

AIFC 的最高权力机关是 AIFC 管理理事会（AIFC Management Council，简称"理事会"），理事会主席由哈萨克斯坦现任总统担任，包含 12 名成员，成员由总统任命。目前，理事会主席是哈萨克斯坦总统托卡耶夫，副主席是总理马明。理事会成员中，来自哈萨克斯坦政府部门的有哈萨克斯坦第一副总理、财政部部长斯马伊洛夫（Alikhan Smailov）、国民经济部部长达连诺夫（Ruslan Dalenov）和哈萨克斯坦国家银行总裁多萨耶夫（Erbolat Dossaev）。AIFC 总裁（Governor）克利姆别托夫（Khairat Kelimbetov）也是

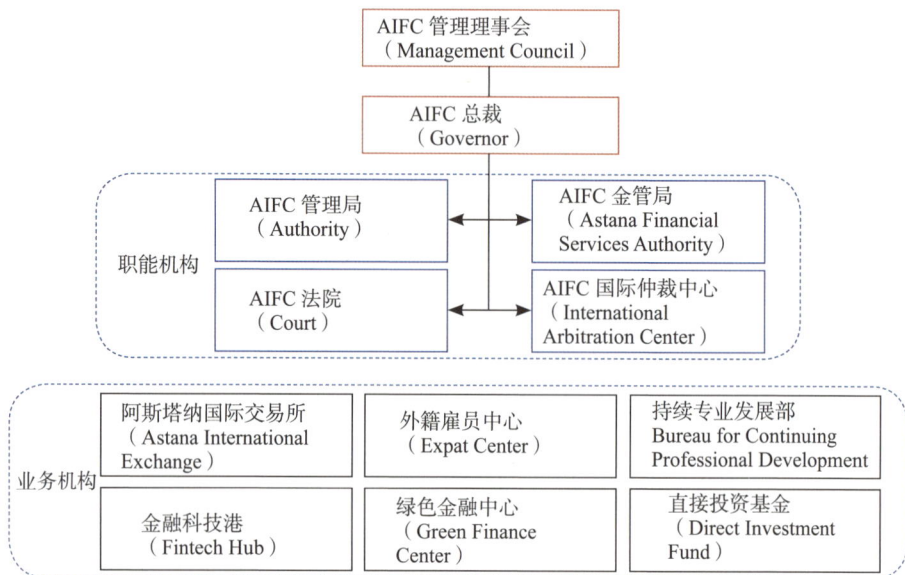

图 1-2-1　AIFC 组织架构 [①]

理事会成员。此外，理事会中还有一些由外国金融和商界精英组成的成员，比如摩根大通国际董事长弗兰克尔（Jacob Frenkel）、俄罗斯联邦储蓄银行（Sberbank of Russia）总裁赫尔曼·格列夫（Herman Gref）、燕基科斯（Yandex）公司总裁阿尔卡季·沃罗日（Arkadiy Volozh）、花旗银行企业投资部公共部门全球主管董事总经理莫纳科（Julie Monaco）、欧洲复兴开发银行总裁苏玛·查克拉巴蒂（Suma Chakrabarti）和伊斯兰发展银行集团总裁班达尔·哈贾尔（Bandar Hajjar）。

　　理事会的核心目标是制定 AIFC 的发展战略以及为 AIFC 创造建立国际领先金融服务中心的适当条件。理事会具体拥有以下各项职权：决定 AIFC 发展战略；批准 AIFC 年报；《AIFC 宪法法规》授权范围内批准与 AIFC 职能相关的法规；决定中心机构的架构；任命金管局的管理层、决定 AIFC 实体的设立、成立、范围和功能、废止或者重组；理事会章程（Regulations of Council）所规定的其他事宜。理事会章程由总统批准。理事会的经费来源主要包括政

----

① 来源：AIFC 官网（https://aifc.kz/），北京大学调研团整理。

府根据《哈萨克斯坦预算法》进行的财政定向转移、AIFC 入驻单位缴纳的费用和付款以及《AIFC 宪法法规》未禁止的其他来源。

从组织架构来看，AIFC 由总裁（Governor）和各类机构组成。AIFC 管理理事会下设 AIFC 总裁，其职责是监督 AIFC 各机构及机构官员之间的协调，以确保实现 AIFC 发展目标。AIFC 总裁由哈萨克斯坦总统任命，理事会赋予其具体权力。任职至今的首任总裁克利姆别托夫于 1969 年出生在阿拉木图一知名历史学者之家，1993 年毕业于莫斯科大学计算数学和控制论系。1996 年起他进入起草哈国发展战略的团队中；1998 年即担任哈总统办公厅社会经济局局长；1999—2001 年任战略规划署主任，期间赴美国乔治敦大学外交学院进修；之后历任财政部第一副部长（2001—2002）、经济和预算规划部长（2002—2006）、"祖国之光"党副主席（2006）、国家主权财富基金（Samruk-Kazyna）董事长（2006—2008，2008—2011）、总统办公厅主任（2008）、经济发展和贸易部长（2011—2012）、总理（2012）、央行行长（2013—2015）等职。2015 年 12 月，他由首任总统任命为 AIFC 总裁。克利姆别托夫为哈国经济领域核心技术官僚。选定克氏出任 AIFC 总裁也反映了哈国高层对该中心的高度重视。

AIFC 各类机构可以分为职能机构和业务机构两大类，其中职能机构包括管理局、金管局、AIFC 法院和 AIFC 国际仲裁中心。业务机构包括交易所、外籍雇员管理中心、继续职业发展部、金融科技港、绿色金融中心和直接投资基金等。

总体而言，AIFC 是一个围绕总统权力设计的金融特区。总统通过对理事会和总裁任命以及理事会章程的审批来实现对 AIFC 的直接掌控。从理事会非哈萨克斯坦成员的组成上看到其希望吸引欧美、俄罗斯和伊斯兰世界经济金融资源的初衷。

（2）AIFC 管理局

AIFC 管理局（AIFC Authority）是 AIFC 负责除金融监管的日常运营项目

的管理性机构。AIFC 管理局系由哈萨克斯坦国家银行作为单一股东发起设立的股份有限公司。

AIFC 管理局的治理结构包含股东大会（单一股东）、董事会（Board of Directors）和管委会（Management Board）三个主体，理事会决定三个主体各自的权力。同时，理事会还负责规定 AIFC 管理局董事会和管委会成员的数目、选举程序和成员任期，以及董事会和管委会的薪酬制定程序。根据《AIFC 宪法法规》，AIFC 管理局的经费由理事会拨付，可以投资长期资产以保证中心机构和所属单位的运行。董事会是管理局的管理机构；主席则是 AIFC 总裁，目前由克利姆别托夫担任。此外，管理局董事会还有包括管理局管委会主席库赛诺夫（Nurlan Kusssainov）出任的执行董事、两名非执行董事和五名独立董事共计八名成员。管理局管委会（共 6 名成员）负责整个管理局日常管理。

AIFC 管理局主要职责是为 AIFC 其他机构及其所属单位、入驻单位以及雇员活动提供条件，并且在其职能范围内代表他们的利益。根据《AIFC 宪法法规》，这些职责具体包括：与金管局协商一致，向理事会提议 AIFC 除金融监管以外的发展策略；向理事会汇报发展战略执行情况，并向理事会提交 AIFC 年度报告供其批准；以理事会允许的理由和方式对 AIFC 入驻单位采取相应措施；起草理事会决议草案，将草案与阿斯塔纳金融服务管理局协调一致，并提交公开辩论，同时提交理事会申请通过；以监管规定的形式对金融服务和相关活动监管之外的问题采取措施；编制和批准中心的年度和中期预算；向理事会提出关于设立中心目标所需的附属机构和其他机构，包括废除或重组的建议；出于形成协议和合同的目的，在其他中心机构相关权力范围以外，以协议形式建立并确保发展与其他国际和区域金融中心、发展机构和其他组织的关系以实现中心目标；向 AIFC 入驻单位或机构的员工提供签证支持以吸引劳动力；理事会决定的其他权力。

（3）AIFC 金管局

金管局是 AIFC 进行金融服务和相关活动监管的法律实体，负责 AIFC 中所有金融与非金融服务的参与企业的注册工作。金管局的监管覆盖到金融服务的基础领域，包括资本市场、银行业和保险业、伊斯兰金融、金融科技、资产管理和私人银行。金管局的预算独立，主要由国家财政转移拨付给理事会，再由理事会拨付金管局。其日常管理由董事会负责。董事会一共有十名成员，其中包括一名董事会主席、一名首席执行官、一名副主席以及七名非执行董事。

金管局的首要任务是通过制定必要的金融监管制度规定以提供合适且鼓励创新的营商环境。其具体职责包括：起草 AIFC 机构有关的金融服务和相关活动的监管草案，提请公共辩论和相关权力机构通过；以法案的形式批准与 AIFC 金融服务和相关活动的监管规定；负责 AIFC 入驻单位的注册、认证和许可；维护 AIFC 入驻单位的注册工作；对 AIFC 入驻单位的运作进行控制和监督，并采取相应措施；拥有理事会决议规定的其他权力。

（4）AIFC 法院

由于 AIFC 实行与哈萨克斯坦其他地区所不同的英国普通法体系（Common Law），因此 AIFC 单独设立有独立于哈萨克斯坦司法体系之外的法院。AIFC 法院由一名大法官和八名法官组成，由哈萨克斯坦共和国总统根据中心总裁的建议任命或者解雇。法官的任职要求和相关程序、法院的运营等相关问题需满足理事会《关于阿斯塔纳国际金融中心法院的决议》[①]。从组成上看，AIFC 法院包括初审法院和上诉法院两个部分，上诉法院的裁决应被视为终局，不可上诉的，并对所有自然人和法人具有约束力。

根据《AIFC 宪法法规》，AIFC 法院不受理刑事和行政诉讼，但享有三方面问题的专属管辖权：第一，AIFC 入驻单位、中心机构和（或）其外籍员工之间产生的争议；第二，在 AIFC 运营中产生并受 AIFC 法律约束的争议问题；第三，双方通过协议将争议约定交由中心法院审理。AIFC 法院应适用

---

① AIFC Court Regulations [EB/OL]. (2017-12-05) [2019-09-17]. http://laws.aifc.kz/files/3c79917a4b9e44f2/3. Legislation - AIFC Court Regulations 2017.pdf.

图 1-2-2　阿斯塔纳国际金融中心法院（摄影：郑豪）

AIFC 现行法律，并考虑法院关于已生效的具体裁判及其他普通法司法管辖区的法院裁判。AIFC 法院的裁决在哈萨克斯坦共和国应同哈萨克斯坦共和国法院裁决的方式和条件一致，但应按照《AIFC 宪法法规》规定的程序翻译成哈萨克语或俄语。相应的，哈萨克斯坦法院的裁决应当根据哈萨克斯坦共和国法律在 AIFC 辖区内执行。此外，AIFC 享有解释 AIFC 行为规则的专属权限。

整体而言，哈萨克斯坦赋予了 AIFC 法院对 AIFC 运营中所产生民事争议的司法管辖权，这一权力依照英美普通法的相关原则运行，审判结果在其他地区具有法律效力。但是，哈萨克斯坦法院体系仍然保留了对 AIFC 范围内刑事案件和行政诉讼案件的司法管辖权。调研团了解到，成立一年多以来，AIFC 法院已审理一件案件。

（5）AIFC 国际仲裁中心

除法院之外，AIFC 还设立了国际仲裁中心，其旨在依据双方之间的仲裁协议对纠纷进行仲裁。与 AIFC 法院类似，国际仲裁中心的设立和运作应符合理事会《关于国际仲裁中心的决议》等相关条例。[①] 目前该中心设有一名主席和一名执行官兼登记员。根据《AIFC 宪法法规》，哈萨克斯坦共和国的国际仲裁中心的裁决应按照受哈萨克斯坦共和国仲裁员承认并符合仲裁裁决程序和条款。将国际仲裁中心的裁决翻译成哈萨克语或俄语时应按照 AIFC 规定的方式进行。仲裁裁决应根据哈萨克斯坦共和国法律在中心辖区内予以承认和执行。

---

① AIFC Arbitration Regulations [EB/OL]. (2017-12-05) [2019-09-17]. http://laws.aifc.kz/files/e9b389d57ee14d7a/3. Legislation - AIFC Arbitration Regulations 2017.pdf.

图 1-2-3 阿斯塔纳国际金融中心国际仲裁中心（摄影：郑豪）

（6）阿斯塔纳国际交易所

阿斯塔纳国际交易所（Astana International Exchange, AIX）是依照股份公司制运作的法律实体，旨在为 AIFC 提供金融工具交易支持。[1] 交易所的成立旨在使国有企业公众化并给予公众投资机会。股东包括高盛、上海证交所、丝路基金和纳斯达克。其中纳斯达克为其提供股票交易的技术支持。[2]

目前，该交易所的主要功能是承销哈国国债和为哈国国企私有化提供平台。2018 年 11 月，交易所上市了其成立以来的第一支股票——哈萨克斯坦国家原子能工业公司（Kazatomprom）。哈萨克斯坦有着丰富的铀储量，开采量居世界第一，占全球铀市场 20% 的份额。[3] 目前在该交易所发行股票的还

---

[1] 中心法规第一条规定。

[2] 驻哈萨克经商参处. 纳扎尔巴耶夫出席阿斯塔纳国际交易所开市仪式 . [EB/OL]. (2018-11-14) [2019-09-17]. http://kz.mofcom.gov.cn/article/jmxw/201811/20181102806620.shtml.

[3] 驻哈萨克经商参处. 纳扎尔巴耶夫出席阿斯塔纳国际交易所开市仪式 . [EB/OL]. (2018-11-14) [2019-09-17]. http://kz.mofcom.gov.cn/article/jmxw/201811/20181102806620.shtml.

有欧亚资源集团旗下的哈萨克斯坦铬业公司（KazChrome）和舒巴尔阔勒煤炭公司（Shubarkol Komir JSC）等6家哈国和国际企业。此外，大部分企业选择在此发行债券，包括哈萨克斯坦电信公司（KazakhTelecom）、哈萨克斯坦铁路公司（Kazakhstan Temir Zholy）、玛依纳水电站（Moynak Hydropower Plant）、哈人民储蓄银行（Halyk Savings Bank of Kazakhstan）、阿特劳炼油厂（Atyrau Refinery）等。哈萨克斯坦财政部的外币债券（Eurobonds）也被列入阿斯塔纳国际交易所的上市名单。① 另有几家公司已在交易所发行非公开配售债券。交易所中央证券存托所（AIX CSD）有两家托管银行成员，它们在存托所（AIX CSD）开设了超过6万个投资者账户。②

阿斯塔纳国际金融中心的工作人员称，该交易为对接"一带一路"倡议开设有专门的"一带一路"板（BRI Board），便于企业在"一带一路"框架下进行项目融资。尽管目前交易所官方网站的主题内容依然以英文信息为主，但其也专门制作了与英、哈、俄三语对应的中文页面。为更好地服务于中国投资者，该交易所从2018年4月开始每月刊出一期中文版"投资时讯"，介绍哈国宏观经济概况与重要投资信息。

（7）继续职业发展部

继续职业发展部（Bureau for Continuing Professional Development）是AIFC下属专门金融人才培养的部门，旨在通过利用国内和国际高等院校和培训机构的教育资源，以金融中心为平台，为哈国培养财会、金融、法律、人力资源、信息技术、工商管理等领域人才。调研团了解到，继续职业发展部的具体使命和愿景系旨在通过不同的社区（如大学及学院、专家、学者、商业中心、政府或半官方机构），为哈萨克斯坦培养超过5000名未来领袖。

---

① AIX 上市名录企业列表 . [EB/OL]. [2019-09-17]. https://www.aix.kz/cn/listings-cn/listed-companies-cn/.

② 阿斯塔纳国际交易所 (AIX). [EB/OL]. [2019-09-17]. https://www.aix.kz/cn/about-aix-cn/overview-cn/.

图 1-2-4 阿斯塔纳国际金融中心继续职业发展部（摄影：郑豪）

目前该部下设有三个中心，包括培训中心（有超过 1000 名学生）、中介中心（参加会议累计超 8000 人次）以及职业中心（候选人库有 6572 人）。培训中心设有 200 余门课程，主要通过与相关国际协会合作开设，如英国特许证券与投资协会（CISI）、特许金融分析师协会（Chartered Financial Analyst Institute）、美国项目管理协会（Project Management Institute）、人力资源认证协会（HR Certification Institute）等。AIFC 目前有 500 名资产管理人，数十名金融分析师。

团队实地调研了该培训部门。调研当天未开设专业金融方面的培训；但有两间教室在教授中学生和大学低年级学生英语。以"East Room"命名的教室，墙上贴有我国清华大学、复旦大学和西南财大的标志。负责人穆勒达舍夫（Ruslan Muldashev）介绍，AIFC 继续教育发展局培训中心与这三所大学相关机构已签署合作备忘录（MOU），但尚无实质性的合作项目。贴标是为了对应教室名称中的"East"，预示未来与东方国家大学等教育机构的进一步合作。该教室中，正在学习的学生大多为 18 岁左右。课程内容为修习信息技术相关专业英文词汇和一般的英语培训。该课程与阿斯塔纳信息技术大学合作，为有志于考入该大学或已经在该大学入学的学生提供英语培训，以便更好适应该大学的英语授课环境。课程收费较高。学生的地域分布广泛，并不局限于努尔苏丹市本地居民。

（8）伊斯兰金融

关于伊斯兰金融规定的特殊性问题，穆勒达舍夫指出，伊斯兰教法在抵押、信托、存款、保证、保险等方面均有特殊规定，如房地产抵押额并非按照根据合同确定的市场平均价格而确定，而会根据具体市场价格变动而变动。因此银行和储户更类似于买卖关系，分享收益而不收取利息。哈萨克斯坦有大约 5 家国家伊斯兰金融公司。AIFC 则有专门的伊斯兰金融管理组织和架构。

▌▌2.3　政策优惠

（1）税收优惠

《哈萨克斯坦税法典》是调节税收的基本法律，于 2001 年 6 月公布并经多次修改。最新《税法》于 2017 年 12 月 25 日由首任总统纳扎尔巴耶夫签署通过，于 2018 年 1 月 1 日正式生效。

对于 AIFC 入驻企业而言，在 2066 年 1 月 1 日以前，哈萨克斯坦免除提供以下四方面服务的入驻单位的所得税，包括：伊斯兰银行服务，再保险和保险经纪服务投资基金资产管理服务、会计、存储和保证投资基金证券的发行、配售、流通、回购和赎回相关事项，经纪和（或）做市和承保业务；由中心法规规定的其他金融服务。此外，哈国对从事相关服务的员工免征个人所得税，对于在 AIFC 获得的包括股票投资、股权转让和股息在内的资本利得免征个人所得税。对于入驻单位，免征财产税和土地税。

在 AIFC 以外地区，企业所得税、个人所得税、土地税和财产税按照以下方式征收。《税法》规定，扣除相应收入额和支出额，以及扣除按《税法》规定程序结转的亏损后得到的纳税人应纳税收入，如未另行规定，应按照20% 的税率对其征税。企业所得税税基抵扣项目包括在用建筑、设施、机械和设备。[①]《税法》取消了中小企业预付企业所得税的规定，如果企业出现亏损可以在十年内摊销亏损，即在缴纳企业所得税时进行抵扣。根据哈萨克斯坦税法，自然人个人所得税税率为10%，源于哈萨克斯坦境外的红利收入按5%交税。《税法》为鼓励有效利用土地，对不同的土地征收累进的土地使用税，税率从 0.1% 至 0.5% 不等，按照财产和固定资产（包括非物质资产，运输工具除外）的平均价值缴纳。法人财产税按照税基乘以 1.5% 的税率。[②]

（2）签证优势

作为 AIFC 入驻单位或机构雇员的外国人和无国籍人士及其家属（配偶和未满 18 岁的子女）可以获得有效期最长为五年的入境签证。同时，如果 AIFC 管理局提出请求，AIFC 相关工作人员及配偶可以在哈国境内办理签证延期手续。OECD 国家、阿拉伯联合酋长国、马来西亚、新加坡共和国和摩纳哥公国以及由哈萨克斯坦共和国政府确定的国家公民有权获得自哈萨克斯坦共和国入境之日起最多 30 日内免签入境。

入驻金融中心的企业有招聘尚未持有哈国境内相应行业执照的外籍和无国籍雇员的权利，且此类雇员无需在哈境内申请相应行业的执照。但招聘此类人员的入驻企业需向中心报备证明雇员专业资质的文件并存档备查。确认外国人和无国籍人士专业资质材料清单由金融中心金管局制定。

---

① 宋国明 . 哈萨克斯坦矿业投资环境分析 . 国土资源情报 , 2013(03): 2-8.
② 中国驻哈萨克斯坦大使馆经济商务参赞处 . 哈萨克斯坦共和国的贸易与投资环境 . 全球化 , 2013(08): 106-115.

2.4 相关问题分析

（1）AIFC 与"一带一路"倡议

本团在调研期间就"一带一路"倡议向咨询办公室工作人员埃塞特先生进行深度调研。埃塞特先生在阿斯塔纳金融中心工作 1 年。通过对比 2016 年前后的陆运和海运时间差异，埃塞特先生强调"一带一路"基建及物流对于贸易效率有着显著的正面影响。哈萨克斯坦地理位置决定了其货运路线是"一带一路"上中国至高加索东欧地区的最短路线。中欧班列上的大部分货物自中国从东向西运输，装箱数量也在逐年上升。其中，霍尔果斯口岸通过换轨处理轨距不同的问题。目前，中国是哈萨克斯坦的第二大贸易伙伴。

自 2015 年，中国赴哈萨克斯坦直接投资逐年上升，2018 年已经升至 15 亿美元。5 大中国赴哈投资领域中，化学与医疗行业累计投资 149 亿美元，冶金为 73 亿美元，基建为 37 亿美元，电力为 17 亿美元，农业为 1 亿美元。2016 年，中国赴哈累计投资额达到 210 亿美元；2017 年，两国贸易额超过 100 亿美元；2018 年，双方签署了总值达 280 亿美元的 51 个产业项目的合作协议。而 AIFC 为企业投资哈萨克斯坦及中亚打开了金融大门。这一方面是因为 AIFC 本身致力于发展成为区域金融中心，另一方面则在于丝路经济是 AIFC 发展成为国际贸易、经济及基础建设融资方面专业中心的重要依托，也是区域投资项目的加速器。埃塞特先生告诉调研团，目前 AIFC 已完成 500 余个投资项目，并且"一带一路"倡议下，AIFC 下设融资促进办公室、建立了数据库，且正在发展人民币结算区，旨在最大限度地降低赴哈投资的交易成本。

（2）AIFC 未来发展

2019 年 9 月，哈萨克斯坦现任总统托卡耶夫在访华期间出席中哈企业家委员会[①]第六次会议暨圆桌会议并发表讲话。托卡耶夫表示 AIFC 拥有 250 多家注册企业，正在成为该区域重要的金融机构，并且邀请中国企业家们积极参与阿斯塔纳国际金融中心证券交易所的金融活动。[②]

AIFC 国际化的发展理念和大胆尝试确实体现了哈萨克斯坦成为中亚地区金融中心的决心。作为中亚五国中政治最为稳定、经济最为发达的国家，哈萨克斯坦确实有着建立区域金融中心的条件和优势。哈萨克斯坦也给予了 AIFC 强有力的优惠政策，较之于中国改革开放之初的经济特区政策更为前卫和大胆，并希望通过强有力的税收优惠、签证优惠和国际化的法律体系快速聚集起人气和资本。但是，无论地理位置、人口规模或区位优势，哈萨克斯坦与改革开放之初的中国还是存在一定的距离，使其发展难以达到预期速度。

笔者认为，AIFC 作为金融中心，至少需要有三方面的优势。第一，较为完善的法律制度；第二，优质项目和融资需求；第三，较为充足的资金。目前，AIFC 已经搭建起了初步的法律制度，但是仍存在与其他地方法律衔接的问题，尤其是发生冲突和争议时如何解决。在现行框架下，还需要进一步完善 AIFC 相关法律。在项目上，AIFC 希望将其国有机构通过交易所进行私有化，国有企业是短期内交易所挂牌企业的来源。由于市场活跃度不高，长期来看，国际交易所要想吸引他国的项目赴哈上市尚有很大难度。三方面中，受限于地理位置和气候，资金也是较难实现突破的一点。目前，AIX 希望引入各国券商以活跃市场。团队在调研过程中自中国某券商相关工作人员处还了解到，哈萨克斯坦的未上市资产存量中存在一定体量的优质资产，具有一定的投资吸引力，但是否足以吸引其设立分公司还有待进一步观察。各方面的困难使得 AIFC 发展存在许多不确定性。正如哈萨克斯坦总统战略研究所前研究员 A

---

① 中哈企业家委员会成立于 2013 年 9 月 8 日，是中国同中亚国家成立的首个双边工商界合作机制，中国贸促会和"萨姆鲁克—卡泽纳"基金会分别承担委员会中、哈方秘书处工作。详情见：习近平和哈总统出席中哈企业家委员会成立大会. [EB/OL]. (2013-09-08) [2019-11-27]. http://www.gov.cn/ldhd/2013-09/08/content_2483540.htm.

② 中哈企业家委员会第六次全体会议在北京举行. [EB/OL]. (2019-09-11) [2019-09-17]. http://kz.mofcom.gov.cn/article/todayheader/201909/20190902898412.shtml

先生在接受本调研团访谈时所说："AIFC 若是能实现其设定目标的 20%，哈萨克斯坦人民就很满足了！"

就"一带一路"倡议而言，中国作为产能、技术和资本输出国，在哈项目投融资上可以借助 AIFC 优势，包括信息优势、法律优势、税收和签证优势。一方面可以利用 AIFC 语言和人才优势，完善项目评估，管理项目风险；另一方面，税收上的优惠也能增加金融机构在哈投资积极性。

第三章
哈萨克斯坦金融风险分析

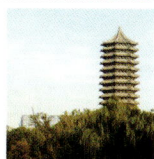

3.1　前言与简介

本章是调研团在哈调研和访谈金融机构的基础之上，单独对潜在影响到中企在哈经营的金融风险进行的重点分析。本章首先介绍了哈萨克斯坦银行体系构成。在此基础上，结合哈萨克斯坦国家银行（National Bank of Kazakhstan，以下简称"国家银行"）、世界银行、国际货币基金组织和互联网公布的数据和资料对哈萨克斯坦金融风险进行剖析。最后，针对哈国的金融风险，对中企在哈经营提出相应的建议。

（1）前言

银行体系是哈萨克斯坦金融体系的核心。相较于保险和证券行业，银行业不仅关系到哈萨克斯坦普通居民的生活，而且还影响到中企在哈的经营。中企"走出去"到哈萨克斯坦开展业务势必需要使用哈萨克斯坦银行体系作为货币存储和支付的工具。因此，以银行为核心的哈萨克斯坦金融体系的风险与中企在哈的稳健经营直接相关。2018年4月，由中国国家开发银行贷款支持中国施工单位承建的阿斯塔纳轻轨项目的开户行——阿斯塔纳银行突然倒闭，导致大量项目款冻结、项目失去资金支持。中方施工单位面临无法收回项目款的重大风险。[①] 抛开项目开户行选择和风险管理的问题，这起事件一方面暴露出哈萨克斯坦金融风险较大的问题，另一方面提醒中国警惕哈萨克斯坦金融风险有可能对中企在哈经营造成影响。有鉴于此，调研团以访谈和相关资料为基础展开对哈萨克斯坦银行业金融风险的分析。

（2）简介

哈萨克斯坦金融体系始建于独立之后。目前，哈萨克斯坦的银行体系架构由 1993 年 4 月 13 日颁布的《哈萨克斯坦共和国国家银行法》和 1995 年 8 月 31 日颁布的《哈萨克斯坦共和国银行与银行经营法》奠定。通过这两项法律，哈萨克斯坦形成了以国家银行为"一级银行"、以商业银行和其他性质的银行为"二级银行"的金融体系。

国家银行向总统汇报，承担着央行和金融监管的职能，既负责发行货币、制定货币政策和管理外汇，同时还负责对金融业、养老金制度、小额信贷和催收公司等进行监督。2019 年 5 月，国家银行提议修改立法，剥离其监管职能，同时建立一个新的独立金融监管机构，负责金融市场监管和发展。国家银行提出此项建议的理由是消除其内部的利益冲突，改善金融监管并防止违规行为，国家银行专注于货币政策调节。[②] 目前尚无进一步消息。

二级银行开展商业银行的存贷等业务。截至 2019 年 9 月哈萨克斯坦共有 28 家二级银行（见表 1–3–1），在 2014 年年底尚有 38 家。[③] 其中一家为国有银行，14 家银行外资持股 30% 及以上，另有 12 家外资银行的子公司。团队在调研 G 银行时了解到，外资银行在哈开展业务需以子公司作为独立法人开展。

---

① China's 1.9 Billion Silk Road Rail Project Goes off Track [EB/OL]. (2019-06-03) [2019-09-17]. https://www.bloomberg.com/news/articles/2019-06-03/china-s-1-9-billion-silk-road-rail-project-goes-off-track.

② Kazakhstan - Banking Systems [EB/OL]. (2019-07-01) [2019-09-17]. https://www.export.gov/article?id=Kazakhstan-Banking-Systems.

③ 国际部. 哈萨克斯坦. [EB/OL]. (2016-06-16) [2019-09-17]. http://www.cbrc.gov.cn/chinese/home/docView/79260A74FCC74B8C8B08008334D4BC77.html.

表 1-3-1　哈萨克斯坦二级银行列表

编号	名称	编号	名称
1	Home Credit and Finance Bank, Subsidiary Bank Joint Stock Company	15	Industrial and Commercial Bank of China in Almaty, JSC
2	Altyn Bank, JSC (Subsidiary Bank of China Citic Bank Corporation Limited)	16	Islamic Bank Zaman Bank, JSC
3	Al-Hilal Islamic Bank, JSC	17	Kaspi Bank, JSC
4	Asia Credit Bank, JSC (renamed from Joint Bank Lariba Bank, JSC)	18	Nurbank, JSC
5	ATF Bank, JSC	19	Shinhan Bank Kazakhstan
6	Bank Center Credit, JSC	20	Subsidiary Bank Alfa Bank, JSC
7	Bank Kassa Nova, JSC (Subsidiary Bank of Forte Bank, JSC)	21	Forte Bank, JSC
8	Bank RBK, JSC (renamed from Kazakhstan Innovational Commercial Bank, JSC)	22	Tengri Bank JSC, (former Subsidiary Bank of Punjab National Bank Kazakhstan, JSC)
9	Capital Bank Kazakhstan, JSC	23	Ziraat International Bank Kazakhstan, JSC
10	Citibank Kazakhstan, JSC	24	First Heartland Bank, JSC (renamed from Bank ExpoCredit, JSC)
11	Eurasian Bank, JSC	25	Subsidiary Bank of National Bank of Pakistan in Kazakhstan, JSC
12	First Heartland Jýsan Bank, JSC (renamed from Tsesnabank, JSC)	26	Subsidiary Bank of Sberbank of Russia, JSC (renamed from TEXAKABANK, JSC)
13	Halyk Savings Bank of Kazakhstan, JSC	27	Subsidiary Bank of Bank of China in Kazakhstan, JSC
14	House Construction Savings Bank of Kazakhstan, JSC	28	Subsidiary Bank VTB, Kazakhstan, JSC

注：截至 2019 年 9 月，根据哈萨克斯坦国家银行官网整理。

截至 2019 年 4 月，共有 20 家外资银行在哈萨克斯坦设立代表处。[①]2005 年，哈萨克斯坦立法规定应平等对待外国投资者和本国投资者，因此当年哈萨克斯坦取消了外国资本参股银行的限制。[②]

3.2 金融风险

（1）风险概况

与中国一致，哈萨克斯坦国家银行对于银行业的监管也是基于巴塞尔协议 Ⅲ 的框架。根据国家银行公布的数据，截止到 2019 年第一季度，哈萨克斯坦二级银行共有风险加权资产 16.66 万亿坚戈，相应的监管资本为 3.87 万亿坚戈，一级监管资本为 2.99 万亿坚戈。整体上看，哈萨克斯坦银行业的金融体系较为脆弱。国际货币基金组织 2019 年 4 月发布的《中亚区域经济展望》认为其存在贷款审核能力弱、报告标准差、支付文化差和关联交易问题。标普在 2018 年 12 月的评估中也认为哈萨克斯坦银行系统风险存在上升的趋势。

从资本充足率来看，哈萨克斯坦的银行业经营非常不稳定。2008 年金融危机以前，哈萨克斯坦银行业自由资产比例较低，对国际资本依赖很高，金融危机使得其国际资金来源枯竭。[③]金融危机爆发以后，其二级银行体系资本充足率急剧下降，整体近乎破产（见图 1-3-1）。哈萨克斯坦政府采取了注资和参股等救助方式救助二级银行，银行体系慢慢走出危机。虽然金融危机以后，哈萨克斯坦二级银行体系的资本充足率较金融危机前有了较大提升，

---

① Kazakhstan - Banking Systems [EB/OL]. (2019-07-01) [2019-09-17]. https://www.export.gov/article?id=Kazakhstan-Banking-Systems.

② Kazakhstan - Banking Systems [EB/OL]. (2019-07-01) [2019-09-17]. https://www.export.gov/article?id=Kazakhstan-Banking-Systems.

③ 马媛. 国际金融危机对哈萨克斯坦经济的影响. 新疆社会科学, 2009(6):36-40.

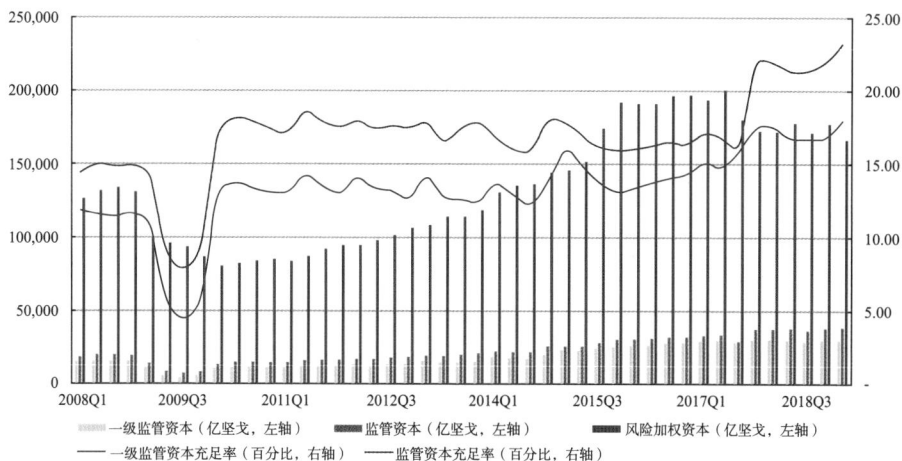

图 1-3-1　　2008 年—2019 年哈萨克斯坦二级银行体系资本、
资产与资本充足率 [①]

但整体波动非常剧烈（见图 1-3-1）。2015 年以前经济形势较好时，二级银行的资本充足率相对平稳；2015 年后，哈萨克斯坦国内经济形势恶化，银行业资本充足率随之出现较大下滑。针对这一情况，哈政府又采取了新一轮的救助行动，但是 2019 年 6 月，托卡耶夫总统表示政府将不再救助银行体系。托卡耶夫总统称："政府不应该救助银行，不应该卷入银行贷款问题"。[②] 国际货币基金组织在 2019 年 4 月的《中亚区域经济展望》中表示，哈萨克斯坦在处理不良贷款方面进步不大，进一步削弱了金融部门的健康。

---

① 来源：哈萨克斯坦国家银行，北京大学调研团整理。

② Nariman Gizitdinov and Tony Halpin. Kazakh Leader to Wipe Out Debt of the Poor, End Bank Rescues [EB/OL]. (2019-06-26) [2019-09-17]. https://news.yahoo.com/kazakh-leader-wipe-debts-poor-090015422.html.

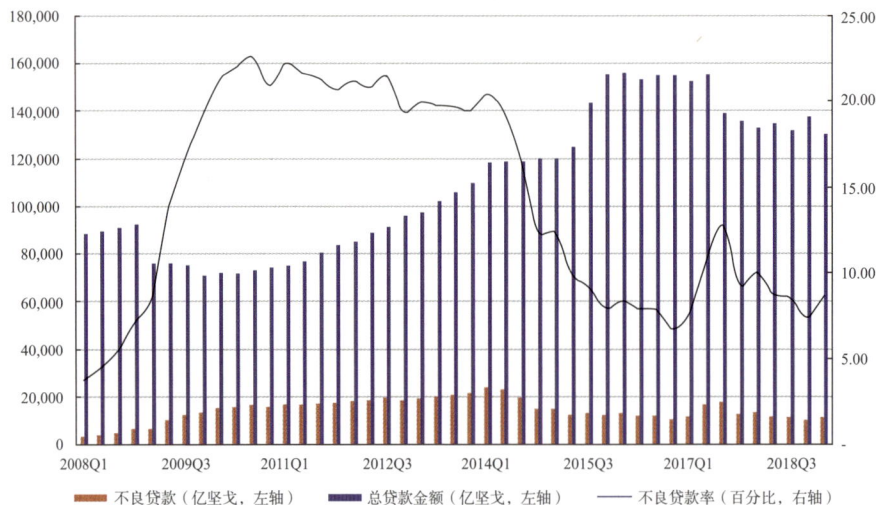

图 1-3-2　2008—2019 年哈萨克斯坦银行体系不良贷款、
总贷款余额和不良贷款率①

　　从不良贷款率上看，哈萨克斯坦二级银行整体的不良贷款率波动较大且相对较高。2008 年金融危机以后，哈萨克斯坦银行的不良贷款率急剧上升并长期超过 20%，哈政府不得不救助银行。2015 年，国家银行对商业银行设置了不良率限制，2015 年 1 月 1 日起不能超过 15%，一年之后不能超过 10%。同时，国家银行通过采取核销部分坏账、将不良贷款转让给子公司及成立银行资管公司管理不良贷款等方式对不良贷款和坏账进行清理。②一系列措施使得哈萨克斯坦二级银行不良贷款率有所下降。2017 年，由于过去隐藏的不良贷款获得承认，不良贷款率再次急速上升。在长达十年的救助过程中，政府花费大约 180 亿美元。即便如此，目前哈萨克斯坦银行业不良贷款率仍然较高。2019 年一季度，哈萨克斯坦银行业不良贷款总额为 1.22 万亿坚戈，总贷款额为 13.04 万亿坚戈，不良率为 8.61%。目前哈央行正在对二级银行的资产质量

① 来源：哈萨克斯坦国家银行，北京大学调研团整理。
② 张栋，张银山 . 2015 年哈萨克斯坦金融形势透视 . 欧亚经济，2016(4):42-65.

进行统计。①

（2）内在原因

信贷市场是典型的信息不对称市场，逆向选择非常普遍。根据信贷配给理论，银行需要依据贷款人信息对其信用风险进行评估，对风险可接受的贷款人银行依据其风险收取不同程度的利息。因此，信用风险管理是商业银行风险管理的核心，也是商业银行核心竞争能力的体现。

哈萨克斯坦银行业长期不佳的表现本质上是其二级银行信用风险管理差所致。哈国家银行《2015—2017 金融稳定报告》指出，银行信息汇报差和贷款质量差是导致银行信贷风险增加的两个重要原因。银行信息汇报差不仅表现为二级银行向国家银行汇报不充分、进而妨碍经营质量监管，还表现为抵押品的错误估值和利息收入的虚假填报。评估贷款质量的一个重要因素是数据，如现金流量表和资产负债表数据，抵押品赎回和出售给第三方的现金流量以及法律费用等。贷款质量差则主要体现在指令性贷款、关联贷款以及信贷审核不严格和贷款决定随意性大等方面。总的来看，哈萨克斯坦信贷风险高和不良贷款率高一方面与哈萨克斯坦商业银行经营能力和监管能力不足有关，另一方面，也与哈萨克斯坦金融信息化程度和数据可获得性较差有关。这两重原因使银行业金融风险难以在短期内得到显著改善。

2017 年 2 月，时任总统纳扎尔巴耶夫表示：充斥坏账、无法给国家带来经济效益的银行必须被兼并。②2018 年 4 月 18 日纳扎尔巴耶夫点名指出阿斯塔纳银行、哈萨克商业银行和进出口银行经营存在重大问题。随后，阿斯塔纳银行被吊销牌照，哈萨克商业银行（Kazkommertsbank, 简称 KAZKOM）被哈萨克人民银行并购。哈萨克斯坦银行业进入并购整合期。标准普尔（Standard

---

① Nariman Gizitdinov and Tony Halpin. Kazakh Leader to Wipe Out Debt of the Poor, End Bank Rescues [EB/OL]. (2019-06-26) [2019-09-17]. https://news.yahoo.com/kazakh-leader-wipe-debts-poor-090015422.html.

② 哈萨克斯坦总统纳扎尔巴耶夫：充斥坏账、无法给国家带来经济效益的银行必须被兼并 . [EB/OL]. (2019-06-03) [2019-09-17]. http://finance.jrj.com.cn/2017/02/03144222021683.shtml.

& Poor's）分析师阿萨图洛夫认为，在竞争日趋激烈和客户更信任大银行的背景下，不排除部分小银行自行合并或退出市场。资产质量问题和资本金不足可能是银行业合并的最大动因。政府是银行业合并的重要推动力量，如果没有政府推动或吊销执照，未来两年内银行也不会出现实质性合并。[①]

3.3　相关建议

（1）中企层面

对于中企，调研团建议中企在哈经营或者与哈国企业合作时充分考虑哈萨克斯坦银行体系金融风险。中资企业一方面要谨慎选择在哈期间开户银行和资金往来银行，可以优先考虑中资银行或者经营状况良好的本地银行。由于我国政府强有力的管控且多数银行属于国有或者地方国有银行，监管水平和资本实力较为充足，国内银行业多年以来未曾出现较大风险，这使得部分中企低估或者忽视所在地的金融风险问题。然而，对于在哈经营的中企，此问题要引起足够的重视，避免因金融风险导致"劳无所获"。另一方面，对于一些由中国金融机构提供资金、中国建筑承包公司承建的项目，在项目架构设计和谈判过程中应尽可能考虑将资金的流转在中国完成。同时，在对哈投资时宜充分利用信用保险等手段保障企业资金回笼安全，确保企业经营性现金流不会因为意料之外的金融风险而出现紧张或者中断。

（2）政府层面

对于政府，在推进中哈"一带一路"项目实施落地工作过程中，如涉及与哈萨克斯坦金融机构的相关业务过程，中国政府及中国企事业单位应充分考虑到哈萨克斯坦银行体系金融风险为项目带来的不确定性，避免因其金融

---

① 哈萨克斯坦银行业或将出现新一波兼并潮，数量有望缩减三分之一 . [EB/OL]. (2019-05-26) [2019-09-17]. http://dy.163.com/v2/article/detail/EG3QK08Q05316JSU.html.

机构的风险导致项目实施受阻或者停止的情况发生。同时，针对哈萨克斯坦金融风险监管不足的问题，中国政府可以将中国的银行和保险业等金融领域的监管制度和方法向哈方推广，推动两国在金融监管、风险处置和防范上的交流与合作，推动金融监管的国际化。除此之外，近些年，无论是在金融科技还是金融信息化、智能化及相关信息化系统建设上，中国金融体系都取得突飞猛进的成就，建成一批包括征信中心和中国银行保险信息技术管理有限公司等在内的信息共享平台和数据管理平台。中国政府相关部门可以考虑推动两国金融监管部门在相关领域展开产品开发、建设和运营经验交流，推动中国金融信息管理制度、管理理念和建设成果的国际化。这样不仅可以帮助哈萨克斯坦提高金融风险监管能力，同时也可以扩大中哈经贸合作的范围、深化两国合作的重要作用。

第四章
中资企业在哈投资经营的现状及问题

　　根据当地调研信息，哈萨克斯坦官方公布的注册企业中有 1066 家属于中资企业（截至 2019 年 9 月）。其中，规模以上企业所属行业类别以采矿业、制造业、燃气供应业、建筑业、交通运输业、住宿和餐饮业、信息技术服务业、农业为主，具体业务内容涉及油气和矿产开采、银行、保险、基础建设、医药制造、电子设备制造、农副产品加工等。本次参访企业（包括在京参访的两家企业及在哈参访的五家企业）具体业务内容包括矿产开采、银行、保险、土木工程、通信设备产业及法律服务；涉外业务类别覆盖对外贸易、境外投资与对外承包工程；所有权类别以国有企业为主、私营企业为辅，此外还包括一家中国企业商会。受访企业及单位均具有"走出去"中国企业服务内容上的代表性。本章报告分为"受访中资企业在'一带一路'倡议中的作用""受访中资企业在哈合规管理现状""受访中资企业在哈文化建设现状"和"相关问题及建议"四个部分。本章信息主要来源于现场采访资料整理及相关公开信息。

‖‖ 4.1 中资企业在"一带一路"倡议落实中的作用

在经历了 1993 年、2006 年为起点的两波"走出去"热潮后，2013 年提出的"一带一路"倡议使得更多的国有企业及民营企业走出国门，走向哈萨克斯坦。本节将具体围绕主要受访企业在"一带一路"倡议中发挥的作用展开。

（1）中信集团与阿尔金银行

中信集团在哈投资内容覆盖众多行业，堪称"一带一路"产业合作的典范，具体如下：

——2006 年 12 月，中信资源有限公司收购卡拉赞巴斯（Karazhanbas）油田，目前产量每年 210 多万吨，为全哈第八大油田。

——2008 年金融危机爆发，中信集团、中信资本控股有限公司与萨姆鲁克—卡泽纳（Samruk-Kazyna）国家主权基金共同成立中信集团—卡泽纳直接投资基金，在一级市场以私募股权（PE）方式投资哈萨克斯坦项目及中国项目，一期规模 2 亿美元，二期投资由韩国 SK 集团、中信集团以及卡塔尔基金会（Qatar Foundation）共同投资，规模达到 10 亿美元。

——2010 年，由于卡拉赞巴斯油田主要出产重油，中信建设有限公司与哈萨克斯坦建筑服务公司、哈萨克斯坦里海沥青公司签署合同共同建设阿克套沥青厂。

——中信建设有限责任公司于 2016 年起先后参与哈萨克斯坦多条公路建设。

——2019 年，中信环境技术有限公司在卡拉赞巴斯建设油田水处理厂。卡拉赞巴斯主要出产重油，需要通过注水注气方式进行生产，生产过程会产生含硫、含盐污水，影响本地环境。鉴于此，中信集团建设该厂。该厂处理后的水可以再次利用、补充本地工业用水。此外，该厂的建立也使得本地区无需长期向伏尔加河购买水资源。

2018 年中信集团对阿尔金银行的收购本身亦反映了中央企业整体布局哈萨克斯坦、服务"一带一路"的目标。该收购始于 2014 年，经若干次谈判和两次集团党委会后，最终以 4.86 亿投资规模收购：中信银行获得 50.1% 股份，中国双维投资公司获得 9.9% 股份，哈萨克斯坦人民银行持股 40%。正如中信银行董事长的评价，这一收购既践行了国家"一带一路"倡议和哈方"光明之路"计划，也使得中信集团最大的子公司中信银行能够全面服务于集团在哈石油、沥青生产、公路建设、农业项目中遇到的问题，成功配合了"一带一路"倡议与集团本身的"走出去"战略。

（2）G 银行

G 银行是改革开放以来第一批"走出去"的中国企业，也是受访企业中率先赴哈投资的企业。1979 年 6 月 3 日，经党和国家领导人邓小平批准的 G 银行卢森堡分行开业。这是新中国成立后 G 银行设立的第一个海外分行。目前，G 银行已在 57 个海外地区有分支机构，且均为自行筹建的分行而非并购当地银行。G 银行哈萨克斯坦分行于 1993 年成立，分行主要业务是对公业务，主要服务中资企业、中哈合营企业、民营企业及当地龙头企业。服务领域覆盖能源、油气、基础设施建设、经济、农业、科技、交通领域等等。

G 银行深耕哈萨克斯坦 26 年，对"一带一路"倡议下中哈合作前景给予较高评价。首先，中哈经济互补性较强，为"一带一路"下的深化合作打下了经济基础。一方面，哈萨克斯坦领土面积达到中国的四分之一，矿产资源丰富，个别矿山储量排在世界前列，能够支持中国实现资源进口渠道多元化。另一方面，哈萨克斯坦相关领域技术储备较为薄弱，资金总量小，作为内陆国也需要出海口（如中国连云港）。而哈萨克斯坦鼓励农业出口，小麦、牛羊肉、蜂蜜等均有销往中国，且绿色环保。其次，两国高层政治互动频繁：2013 年习近平主席访问哈萨克斯坦期间，双方即达成了能源合作的意向。2014 年 12 月，李克强总理访哈期间提出"国际产能合作"倡议。在两国政府相关部门推动下，双方签署了《中华人民共和国政府与哈萨克斯坦共和国政府关于加强产能与投资合作的框架协议》，由中国国家发展和改革委员会与哈萨克斯坦投资和发展部共同设立中哈产能与投资合作协调委员会，负责框架协议的执行。在 2013 年"丝绸之路经济带"倡议最初提出之时，中哈两国市场主体积极探索可能的合作领域。随着越来越多考察团的来访与深入调研，中国在顶层设计上不断充实外交框架，"一带一路"倡议逐渐惠及哈萨克斯坦群众。

（3）中色集团与中色股份

中色集团对海外市场的开拓始于上世纪八十年代。起初，中色集团主要在中东地区开展业务。后该集团发现仅仅依靠单一地区业务不利于企业全球化发展，遂逐渐将业务扩展至东南亚、中北亚（蒙古和哈萨克斯坦）及南亚等地区，实现了地域上的多元化。中色股份在 2018 年《工程新闻记录》（The Engineering News-Record, ENR）评选中名列全球第 85 位。目前，中色股份已

图 1-4-1 北京大学调研团参访中色股份北京总部（摄影：郑豪）

在哈完成 6 个项目，承包合同额逾 20 多亿美元，实现当地纳税逾 1.7 亿美元。此外，中色股份对科克赛（Koksay，位于哈萨克斯坦阿拉木图州，靠近中哈边境）铜矿项目投资 1.6 亿美元，并在项目公司中拥有 19.4% 的股份。中色股份通过在哈萨克斯坦设立的一个代表处（2005 年）以及于 2013 至 2014 年间收购的二家公司实现长期经营。中色股份具体业务情况参见本编第一章。

中色股份在哈萨克斯坦的投资本身是"一带一路"倡议的集中体现。首先，在项目合作高度方面，该公司的阿克托盖项目在李克强总理和马西莫夫总理（Karim Massimov）的见证下签署，同时进入《中哈产能与投资合作清单》。其次，在中资企业合作方面。中色股份与中资企业和金融机构有固定的合作模式，在"一带一路"框架下，中国金融机构给予了许多支持，这也是中国企业在国际市场的一个重要优势。再次，因哈萨克斯坦国内市场有限，目前中色股份在哈项目产品多销往外国市场，如位于哈国东南部的阿克托盖项目的精炼铜矿粉出口中国，东北部巴甫洛达尔哈铝项目的铝锭出口俄罗斯和欧洲。这些策略都体现了哈萨克斯坦的区位优势。

（4）W 公司

作为目前全球信息和通信技术（ICT）解决方案开发和实施的领导者，W 公司自上世纪 90 年代布局海外以来已于全球 180 多个国家设有分支机构，海外营业额达到全球营业额的 60%。在业务方面，虽然哈萨克斯坦是 W 开辟的第一批海外市场，但在去年 W 全球 1000 亿美元的营收中，哈国业务营收为 2 亿美元，占比仅有 2‰。因此，W 哈萨克斯坦公司的定位是无需做大、只需生存，且能够与该国经济共同发展。尽管如此，由于中哈政治关系稳固，哈萨克斯坦市场在 W 全球市场的地位不容小觑。

W 公司的愿景是构建通信和数字化的万物互联世界。为实现这一愿景，必须同时保持技术的战略领先与产品的广泛存在，兼顾掌控技术制高点和维持市场占有率。W 公司并非进行全产业链投资，其专业方向明确，具体包括：

第一，为哈萨克斯坦通信运营商提供解决方案。2013 年 9 月习近平主席访问哈萨克斯坦期间，W 公司同哈电信部门签署合作协议，承诺为哈萨克斯坦建成覆盖全境的 4G 网络。W 公司还参与了哈萨克斯坦政府"村村通"计划，该计划要求 150 人以上村庄均覆盖通信网络。

第二，为企业提供综合信息解决方案。目前，政府、金融企业、油气企业利用通信设备较多。W 公司的方案涉及金融服务器及存储设备，以及油气管道各个压气站的通信，包括卫星通信、监控及问题反馈机制等。

第三，深耕当地消费者业务市场。在哈萨克斯坦经营之处，W 公司在消费领域的份额不到 1%。而在 2017 年，W 公司在哈国移动电子市场份额已经超过 14%。目前 W 公司的市场地位已经超过三星，且存在日益提升的势头。

在 W 公司的带动下，能源、通信、工程等领域的中企随着"一带一路"倡议进驻哈萨克斯坦，通过与当地企业创办合资公司、设立代表处等方式展开合作。"中国梦"与哈萨克斯坦强国富民的发展战略不谋而合。

（5）H 律所

H 律所阿拉木图办公室虽然于去年刚刚成立，但是其负责人律师已于中亚工作 13 年，见证了中国企业"走出去"的起伏变迁。自 2018 年阿拉木图办公室成立以来，H 的各分支机构合作更为紧密，以全流程服务于中国全球企业并保证质量控制。例如，在需要商事调解或模拟仲裁之时，由于中资律所自身的分支机构易于管理和协调，故在商务及公共活动的完成效率上远高于外资律所。

目前，该律所的阿拉木图办公室除了经营法律咨询业务外，还作为"一带一路"国际商事调解中心负责企业海外纠纷的前期调解工作。2016 年，最高人民法院司法改革办公室将其确定为多元化纠纷解决机制改革项目子课题单位。[①] 阿拉木图的调解中心是全球范围内继俄罗斯调解中心后的第二个"一带一路"国际商事调解中心。由于这一调解与司法程序（包括最高院和仲裁

---

① 一带一路国际商事调解中心——中心简介 . [EB/OL]. [2019-09-09]. http://www.bnrmediation.com/Home/Center/index/aid/150.html.

天山山麓的"苹果城"阿拉木图（摄影：郑豪）

组织）对接，故一旦调解协议签署，即无需再提起仲裁，法院和仲裁庭可以根据调解结果执行。此外，H律所与哈萨克斯坦国际商事仲裁中心签署合作合同，互相充当彼此的调解员和仲裁员。根据《纽约公约》，哈仲裁中心的裁决在中国也可以执行。调解中心目前聚焦于调处中资企业之间的民商事纠纷。在目前包括油田、公路、水泥厂等在内的"走出去"项目中，投资者、业主、分包商等主体可能均为中资企业，彼此的纠纷无论是交由当地的法院审理还是由仲裁组织裁决，于各方都有不利之处：哈萨克斯坦司法机构不使用中文，而中企对哈萨克斯坦法律亦缺乏足够了解和信任。目前，H律所通常建议在海外投资合同的条款里约定纠纷解决方式。毫无疑问，这一调解中心的设立将为中资企业海外利益的保护提供支持。

4.2 中资企业在哈合规管理现状

合规是企业"走出去"行稳致远的前提。合规管理能力是企业国际竞争力的重要方面。为此，发展改革委、外交部、商务部、人民银行、国资委、外汇局、全国工商联于2018年底正式发布《企业境外经营合规管理指引》（简称《合规管理指引》），并于2018年底正式发布。根据《合规管理指引》第三条，合规是指"企业及其员工的经营管理行为符合有关法律法规、国际条约、监管规定、行业准则、商业惯例、道德规范和企业依法制定的章程及规章制度等要求"。根据《合规管理指引》的有关规定，具体合规内容包括但不限于符合市场准入、行业监管、合同管理、项目履约、劳工权利保护、环境保护、数据和隐私保护、捐赠与赞助、反腐败、反贿赂等方面的具体要求。[①]

结合在哈受访企业的具体业务，本节将分为三个方面展开讨论。首先，本节将总结哈营商环境的总体状况及企业的直观评价。其次，本节将分析企业外部经营与内部管理两个方面的主要合规问题。此外，本节还将单独探讨

[①] 发展改革委、外交部、商务部、人民银行、国资委、外汇局、全国工商联.企业境外经营合规管理指引.2018-12-26.

合规管理中的跨文化管理现状。这一议题普遍为受访企业高度重视。

（1）哈萨克斯坦营商环境总体状况及企业评价

根据世界银行《营商环境报告（2019）》，[①] 哈萨克斯坦 2018 年营商环境位于世界第 28 位，较 2017 年上升 8 位，位于中亚乃至整个亚洲的前列。具体指标方面，其保护少数投资者权益位列世界第 1、合同履行位列第 4、产权注册位列第 18、建筑许可处理位列第 35、企业设立位列第 36、破产处理位列第 37、税收位列第 56、获得贷款位列第 60、获得供电位列第 76、跨境贸易位列第 102。

由于哈萨克斯坦在近 20 年来不断融入国际市场，在哈企业的运营成本存在变化。例如，阿拉木图两居室租金在 2006—2008 年为每月 1500–1800 美金，物价水平亦相对较高。但此后由于经济疲软、卢布贬值，而哈国货币坚戈的币值受卢布币值及国际原油价格影响较大，故同样发生贬值。2015 年 8 月，哈萨克斯坦央行宣布实施浮动汇率制度。此后，坚戈对美元汇率波动更为剧烈（相关汇率变化情况可参见本编第一章）。2016 年至今，阿拉木图两居室房租价格维持在每月 500–600 美金，物价水平也相应下降。

工资水平方面，目前哈萨克斯坦的工资平均水平较低，大多数公司普通工人月工资折合人民币为 2000 元左右，而中资企业雇佣的本地员工工资普遍达到 3500 至 4000 元。但在员工（尤其是产业工人）工作质量方面，受访企业多认为本地员工劳动技能水平较低且劳动积极性不高。

受访企业对哈萨克斯坦法治建设的整体评价较为正面，总体认为哈国商事法律制度相对健全。目前，哈萨克斯坦的法律均能在其司法部官方网站查阅到哈、俄、英三语版本。[②] 在争议解决方面，其法院案件管理制度也相对健全，且均设置有网上立案诉讼系统，即可通过互联网提交诉状和证据；执行

---

① World Bank. Doing Business 2019. Washington: World Bank, 2019.

② Legal Information System of Regulatory Legal Acts of the Republic of Kazakhstan [EB/OL]. [2019-09-09]. http://adilet.zan.kz/eng/index/docs.

亦可由私人执行机构完成。故仲裁裁决和法院判决的执行效率均较高。

但是，负面评价则反映哈国存在执法随意性较大、各地适法不一以及腐败问题，具体包括：第一，执法随意性较大，一些情况下对中方企业存在歧视。有企业反映，哈方业主对中、哈承包商采用双重标准。如在实际操作中，哈方业主会以拒绝办理中方签证为筹码，极力推荐自己熟悉的供应商。同样的巡检，如果业主发现其推荐的哈方承包商存在问题则加以隐瞒，但对中方承包商的相应问题则会更加严格。

第二，各州适法不一。哈萨克斯坦系单一制国家，理论上地方法律应严格按照国家法律制定与实施。但实践中，各州、市对国家法律条文的理解不一，使得中方在哈人员必须通过电话或当面问询，徒增营商成本。

第三，腐败问题较为突出。腐败问题是受访企业反映的普遍问题，包括但不限于人员货物过境、企业公共关系处理中的腐败惯例及索贿现象。

（2）受访中资企业在哈经营管理中的主要合规事项

与大部分发展中国家一致，哈萨克斯坦法律除对石油和天然气、矿产、电信等行业设置较为严格的市场准入外，对创新行业设置投资优惠制度，同时设立有不同类型的经济特区。外籍劳工的工作许可方面，存在包括劳务配比及许可费用在内的重重障碍。许可费用高达每人3000美金，此外还包括学历、工作年限等基本要求，且办理周期通常达半年。哈萨克斯坦对自然环境的保护要求亦较高，油田、矿产开采排放如不达标，将面临罚款直至停产的行政处罚。即便如此，受访中资企业普遍在哈施行了全方位、全流程的合规管控，主要合规事项如下：

A. 全球管理体系的地方匹配

不同中资企业通过各自路径实现了其全球管理体系与哈萨克斯坦当地法律习惯的匹配。对于所有"走出去"企业而言，遵守各国法律是它们的第一要务，其次是企业全球政策的本地有效性，再次则体现为"本土化"的管理方式。

具体而言，G 银行与 W 公司系较早进入哈萨克斯坦的中国企业。凭借长期的企业社会责任建设及丰富的跨文化管理经验，两家机构将企业价值观融入了当地员工的工作及生活实践；而刚刚进入哈萨克斯坦的中信银行则通过收购当地银行并完全保留其组织架构及人员安排，实现了企业的"本土化"管理。

B. 履约合规

履约合规对于海外项目工程承包至关重要。中色股份在材料运输、建设标准对接等方面均遵守了当地甚至国际标准。例如，在一次吊车运输作业中，由于吊车超出了海关要求的尺寸，最终将其拆卸，并用平板车将拆卸部分通过公路运输至目的地。尽管这样的拆卸—运输—组装流程可能带来更多风险（如巨型设备不宜过度拆卸、公路运输事故发生率高），但满足了当地的通关合规要求。中色股份石油焦项目中运输则使用了近 1000 个火车皮，总计 3 万吨陆运量。再如，在建设标准方面，由于中国国标与当地标准不一致，中色股份亦常遇到审批问题。对此，中色股份在电解铝厂生产、环保指标均达到了哈萨克斯坦国家验收的最高标准，在阿克托盖铜选厂项目也执行了严苛的欧洲标准，充分满足当地合规要求。

C. 数据合规

虽然哈萨克斯坦的数字经济并未完全开发，但其《个人资料及保护法》等法律均规定有"数据本土化"要求，即针对数据的跨境传输施加一定的条件限制，如必须本人知情同意等。除个人信息外，电信运营商被禁止将其用户的信息传送到国外，除非该运营商为哈萨克斯坦境外的用户提供服务。对此，中国企业严格遵守了这些规定，所有企业严格保护当地劳动者及客户的个人信息，涉电信行业企业只帮助运营商建立数据中心并提供设施，不介入当地具体数据信息。

D. 人力资源合规

在人员入境方面，据受访企业反映土耳其等其他国家在哈公司也面临"签证难"的问题，但程度不及中资企业严重。哈萨克斯坦对其配额并无严格的执法控制，且土耳其公民可获得在哈一个月的商务免签，这成为土耳其公司项目竞标中的优势。尽管中资企业在签证方面存在种种困难，其员工甚至可能被无理由拒签，但它们依然在哈萨克斯坦法律框架内行事。例如，一些企业的项目同时覆盖哈萨克斯坦及俄罗斯，企业可以聘用俄罗斯籍员工，既在一定程度上利用欧亚经济联盟避开关税壁垒，又可使得设备从哈萨克斯坦自由进入俄罗斯用于在俄项目。

人员日常成本方面，哈萨克斯坦法律要求企业强制缴纳的社会福利类税费占工资总额比例不高。其中，企业应缴纳社会税占比 9.5%，社会保险缴款占比 3.5%（可从社会税中扣除），强制医疗保险占比 1.5%。大部分受访中资企业除按时、足额缴纳社会福利类税费外，还为职工购买附加的医疗及人寿保险，如牧人保险（Nomad Insurance，系哈萨克斯坦当地较为知名的商业保险）。

E. 健康、安全和环境合规

健康、安全和环境合规（英文缩写为"HSE"）同样系跨国企业合规的常规要求。受访的在哈企业均严格遵守这一方面的合规要求。例如，某企业的 HSE 合规包含了合规风险预警、政策制定、培训、执行等多个方面，具体包括：

——风险预警方面，该企业投入了大量人力和物力，如为每 50 名工人配 1 名安全员，并定期进行安全检查，同时统一制作安全服、鞋、帽、目镜等装备，并为每位工人提供两套装备以备更换；

——政策制定方面，该企业详细规定超过 1.4 米高度就必须系安全绳；遇极寒天气必须严实着装（虽然不利于灵活操作）；工地实施禁烟，并对酒精零容忍，同时规定了严格的处罚制度；

——培训方面，该企业要求所有人员在进场前需通过安全培训，且每天召开安全会议；

——执行方面，该企业设置有检举和处罚机制，等等。

总体而言，受访中资企业在哈合规管理制度建设与实施流程较为完善，部分环节甚至高于当地法律法规要求的标准。

4.3 中资企业在哈文化建设现状

近年来，"走出去"中资企业文化建设，包括"本土化"管理及社会责任履行等方面逐渐成为热门话题。在当今国内外形势下，这一问题将直接关系到中国及中国企业的国际形象，以及中国企业在境外的健康可持续发展。2012年，商务部、外交部、国家发展和改革委员会、国务院国有资产监督管理委员会、原国家预防腐败局、中华全国工商业联合会共同发布《中国境外企业文化建设若干意见》，提出"加强境外企业文化建设，是我国加快转变'走出去'发展方式的迫切需要，提高中华文化影响力和软实力的重要途径，推进和平发展的重要保证"。[1] 理论上，企业"本土化"管理与企业社会责任履行属于广义的合规管理，或可以作为企业合规管理的必要前提。据此，本节将围绕受访中资企业"本土化"管理及企业社会责任履行情况展开介绍。

（1）受访中资企业"本土化"管理现状

《中国境外企业文化建设若干意见》第九条重点强调"加强与当地融合"，要求"将企业经营管理与当地社会发展结合起来，持续优化和丰富企业价值内涵。努力适应所在国（地区）当地社会环境，尊重当地宗教和风俗习惯，积极开展中外文化交流，相互借鉴、增进理解，与当地人民和谐相处。探索适应国际化经营需要的跨文化、信仰、生活习俗的管理理念，积极推进经营思维、管理模式、雇佣人才、处理方式的'本土化'，注重增进当地员工对

---

① 商务部、外交部、国家发展和改革委员会、国务院国有资产监督管理委员会、原国家预防腐败局、中华全国工商业联合会. 中国境外企业文化建设若干意见. 2012-04-09.

中资企业的了解和理解，最大限度地降低跨国经营中的价值观冲突"。①

虽然地理距离较近，但中亚与中国的文化差异较大。中亚本土企业受俄苏文化影响较深，强权管理色彩浓厚，高级管理人员对待下属严苛。此外，两国居民的宗教信仰及生活态度等均存在差异。对于大多数中方管理人员，若无长期的切身经历将无法深刻感知文化差异。很多企业管理者依赖于翻译，但通过翻译过来的意义、语境和情感均有不同，势必给海外投资造成障碍。此外，两国在商务文化上也存在差异，如哈萨克斯坦并没有中国的商务宴请文化，而中国在私人关系处理上较为内敛。

受访中资企业在"本土化"管理方面亦根据实际情况总结出不同经验。中色股份的业务以项目施工为主，在哈方员工管理方面并不直接使用中方人员进行管理，而是通过收购当地公司、培训当地高管，再由受过培训的当地高管管理哈方员工。而对于中方人员，企业会随时提醒他们尊重当地风俗习惯，例如对于出境施工的人员会进行出国教育，再如在工地之外不可穿着工服等。由于基层员工之间沟通存在着语言隔阂，企业在某项目工地设有中国、土耳其、哈萨克斯坦三种餐饮风格的食堂，它们被承包给餐饮服务商以促进竞争，进而提供不同特色、品种丰富的美食供员工选择。此外，企业还经常举办美食节，并在节假日安排具有当地民族特色的演出。截至目前，该企业员工依然使用微信、WhatsApp 等通信工具保持与哈方人员的沟通交流。

受访企业普遍尊重民族习惯与文化差异。宗教习惯方面，中资企业重视哈员工的饮食禁忌和节庆风俗。男女平等方面，哈萨克斯坦重视妇女地位，G银行组织男员工于妇女节向每位女员工赠送鲜花和礼物。团队建设方面，有的企业不仅会组织全部门的周年庆祝活动及答谢客户活动并邀请哈方监管机构、中方使领馆、合作伙伴，举办专门的"员工日"，进行素质拓展、文娱体育等团队建设活动，并会在特定节日举办庆典。当地沟通方面，部分企业亦会前往哈萨克斯坦老兵协会走访慰问。员工家庭照顾方面，除婚假、丧假、

---

① 商务部、外交部、国家发展和改革委员会、国务院国有资产监督管理委员会、原国家预防腐败局、中华全国工商业联合会．中国境外企业文化建设若干意见．2012-04-09.

产假对员工个人提供帮助外，企业还会在儿童节为有子女的员工准备礼物，甚至组织家庭带领儿童参观海洋馆、马戏团，充分给予哈方员工中资企业的"大家庭"氛围。

此外，受访中资企业的"本土化"不仅体现在雇佣大量本地员工，更在于同时融合两国文化和习惯。一方面，为更好服务当地市场，许多中方员工身兼数职。G 银行中方员工因工作原因无法根据中哈两国的法律进行休假，因此在企业总体把控的基础上错开安排休假时间。另一方面，企业也将中方企业文化带入当地，让哈方员工了解中国企业文化及总部的管理模式。例如，W 公司、G 银行、阿尔金银行等每年定期组织针对本地员工赴中国总部培训，培训内容包括中国历史、企业历史、中国传统文化、风俗礼仪等。再如 G 银行于今年组织"一带一路"研讨班，以总部名义邀请中亚五国分支机构人员和同行企业高层组成 30 人团（哈萨克斯坦 10 人，其余四国每国 5 人）赴北京、上海、杭州进行为期近两周的交流，并提供高规格一对一服务，让受训企业高层切身体会"一带一路"包含的共同发展理念。这一活动不仅可以在国家层面增进双方理解，实现互利共赢，而且促进了地方官员与企业的关系，进而促进业务发展。此外，这一活动也为中亚五国提供了相互交流的平台。

在企业的"本土化"管理中亦涌现了许多感人的故事。如 2016—2017 年间，G 银行一名抚养两名幼儿的哈国单身母亲因病需进行脑部手术，家庭经济面临较大压力。G 银行遂为该员工提供部分医疗款项，其他员工也积极帮助其筹集医疗费用。该员工术后一度用眼困难，本可以申请病假，但坚持要求做基础服务工作。由于经济拮据，家庭很少去商场买东西，甚至无力购买诸如冰激凌之类的非必需食品。近年她的儿子终于参加工作，家庭经济条件得以改善。在另一案例中，某员工自该公司在哈成立以来即担任普通司机，近 24 年间先后服务六任总经理直至退休。由此可见该名员工的企业忠诚度之高。

总体而言，受访中资企业高度尊重本地习惯，重视企业的本地化合规运营，竭力避免与哈国劳工的文化冲突，且有些情况下甚至会牺牲企业利益迁就本地员工。个案显示，某女职工休产假一年有余而未返回公司工作。其休假时间虽已远超哈萨克斯坦有关产假最长期限的规定，但企业仍未解除聘任合同。某具有丰富全球管理经验的企业表示，"本土化"管理对企业而言是手段而非目的。刻意强调尊重民族特性或特别要求中方员工适应当地文化，未必符合企业的经营目标。因此，优秀的企业需要在遵守当地法律的基础上，准确衡量所需人才的价值，并通过建立企业文化、搭建管理架构吸引、选择人才，通过雇主和雇员之间的双向选择，最终实现可持续的海外经营。

更为关键的问题在于，当代跨国公司的"跨文化"理念本身源于西方殖民历史，如 1857 年印度起义正是以东印度公司"跨文化"管理不善为导火索。此后大英帝国采取直接与间接统治相结合的策略，以回应早期帝国的同化政策。"跨文化"一词实际暗示不同地域人群塑造的文化天然互斥，与西方文明等级观及社会进化论紧密相联，其背后暗示了文化的不平等。我们应在批判吸收西方国家所谓"跨文化"历史进程中的经验和教训、加强自身"本土化"管理的同时，在对外宣传上也要避免陷入其修辞和思维的陷阱。

（2）受访中资企业在哈企业社会责任履行情况

《中国境外企业文化建设若干意见》第八条强调"履行社会责任"，指出"境外企业要认真履行社会责任，造福当地社会和人民，树立中国企业负责任的形象。努力为当地社会提供最好的商品和服务，促进驻在国家和地区的社会繁荣。及时向社会公布企业信息，保证经营活动公开透明。积极参与当地公益事业，为当地社会排忧解难。做好环境保护，注重资源节约，将企业生产经营活动对环境的污染和损害降到最低程度。积极为当地培养管理和技术人才，促进当地就业"。[①]

国际上，"企业社会责任"（或称"负责任的商业行为"）的定义亦在不断更新。2011 年经济合作与发展组织（OECD）修订《经合组织跨国企业准则》（OECD Guidelines for Multinational Enterprises），联合国人权理事会

---

① 商务部、外交部、国家发展和改革委员会、国务院国有资产监督管理委员会、原国家预防腐败局、中华全国工商业联合会.中国境外企业文化建设若干意见.2012-04-09.

一致通过落实 2008 年联合国"保护、尊重和补救"框架的《工商业与人权指导原则》（United Nations Guiding Principles on Business and Human Rights），国际社会对于什么是"负责任的商业行为"达成了一致和统一。其他国际标准，包括 ISO26000 社会责任指南、修订后的国际金融公司业绩标准、修订后的《经合组织理事会关于官方支持的出口信贷以及环境和社会尽职调查的共同安排的建议》在内的其他国际标准也对其有所规定。

据此，企业社会责任包含两方面内容：（a）企业可以为经济、环境和社会进步作出积极贡献，以实现可持续发展；（b）企业应避免不利影响，并在不利影响发生时予以应对。风险尽职调查是避免和处理不利影响的核心——企业应通过这一过程识别、预防和减轻实际和潜在的不利影响，并说明如何处理这些影响。受访的中资企业绝大多数在企业社会责任方面构建了比较完善的机制，如将每年的一部分预算划拨给各地子公司用于企业社会责任支出，具体社会责任项目由项目部与在地人员对接实施等。在哈萨克斯坦，较为特殊的情况在于：由于哈萨克斯坦油气、矿产资源较为丰富，而油气、矿产开发地可能受到高失业率、环境污染和基础设施不良的影响。而按照合同规定，许多从事采掘业的企业必须将其资本支出的一部分用于社会责任项目。这些资金由哈萨克斯坦地方当局管理，作为区域发展预算的一部分。[①] 项目通常通过生产共享协议（Production Sharing Agreements）得以实现。一般认为，石油企业每年必须将 1% 的开发支出用于社会项目。在这一方面，某中国能源采掘企业在这一方面即作出较多贡献，如捐赠机场大巴、每年资助员工赴中国留学等等。

此外，中色股份在开展工程承包项目的同时，亦积极为项目所在地的周边环境贡献力量。首先，中色股份阿克托盖铜选厂的建成为附近的阿克托盖镇带来了积极影响。该项目在建设中施行封闭管理，员工本极少外出前往镇上，但连接厂区与小镇的公路则由铜选厂专门出资修建，极大促进了两地人员的

---

① Organization for Economic Co-operation and Development (OECD). Responsible Business Conduct in Kazakhstan. Paris: OECD, 2014.

交流。阿克托盖项目吸收了大量当地的未就业居民前来工作，大大提高了当地的家庭收入。当地镇长亦对中国公司维修房屋、修建道路、赞助学校等行为表示赞扬。2018年3月11日，东哈萨克斯坦州阿亚古兹地区遭受融雪所造成的山洪袭击，100多户居民房屋遭受不同程度损坏，近百人流离失所。中色股份向受灾地区捐赠物资，为一户单亲困难家庭捐赠了一处平房住宅、一台冰箱及必要的生活用品，此次捐助总价值为500万坚戈，约合10万元人民币。此外，在巴甫洛达尔州社会救助和就业管理部门的帮助下，中色股份还资助了当地的自闭症儿童康复中心，企业员工们不定期到访看望中心的儿童。

G银行则将社会责任分为三部分：第一，企业稳健经营发展，为哈国提供就业岗位，促进社会稳定；第二，企业按时缴纳税款；第三，树立企业形象，包括对外捐助、对内关怀员工。

W公司的企业社会责任履行范围则更加广泛，包括资助儿童基金会、资助远程教育项目、资助IT人才培养、资助相关信息技术大学、赞助哈萨克斯坦竞技运动协会、向当地政府单位赠送产品、赞助室内足球联赛、赞助学生参与其"未来种子"计划赴中国培训等等。该公司自成立以来始终强调企业社会责任的履行，并将其与企业自身的可持续发展紧密挂钩，且特别注重当地人才的培养。在具体宣传上，企业社会责任的关键领域由该企业总部统一协调。例如，W公司注重高新技术人才培养，每年出资供专业人才赴总部培训、竞赛，引导其为全球通信技术的未来发展作出努力。公司还定期帮助相关高等院校制作网课、改善其教育基础设施，其经费使用直接面向高校学生。

在坚戈贬值的背景下，中信银行收购并控股哈萨克斯坦阿尔金银行。这一收购项目本身即体现了对哈金融市场的支持。此外，中资企业在收购过程中不仅没有裁员或降低工资，反而全线涨薪10%。最终，500余名员工全部由当地居民构成。近年，该企业邀请21名员工分三批赴总部培训，以进行文化交流，并开展一系列公益活动。

然而，据富有经验的当地活动家表示，大部分中资企业履行企业社会责任的积极性仍然不高。它们没有通盘的计划和方案，更不会将企业社会责任与自身业务相结合。绝大部分企业"没有想过做一件能够惠及所有在哈中资企业的好事"。结合本次调研结果,当下中企履行企业社会责任的主要问题具体反映在缺乏全盘规划与统筹协调、对企业社会责任观念模糊以及缺乏宣传手段三个方面:

第一,我国企业缺乏对企业社会责任的全盘规划与统筹协调。在 8 小时工作时间之外,企业及员工很少将非工作时间投入到企业文化建设中。这与其他国家在哈企业形成鲜明对比。例如,美国著名能源企业雪佛龙公司在阿拉木图通过宣传艾滋病知识、投入巨资于医疗设备并与慈善基金会展开合作,共培训了 200 名医生和护士,目标系减少新生儿发病和死亡率。美资企业往往由一个机构牵头、围绕一个主题来共同推进一项社会责任活动,且目光长远、影响面广泛。中资企业则缺少此类统筹协调。

第二,我国企业对企业社会责任这一概念的内涵外延理解不一。例如,部分企业将应该依据当地法律或交易习惯履行的义务视为企业社会责任。虽然法定义务与社会责任本身存在部分内容上的交叉,但如果不同中资企业对同一概念的理解存在明显差别,在宣传方面则难免引起当地政府及居民的困惑。

第三,我国企业对已履行的企业社会责任宣传力度明显不足。对于已经完成的企业社会责任活动,部分中资企业没有进行广泛而全面的宣传。部分企业帮助郊区居民修筑从村庄通往主干道的公路,但考虑到展示中国国旗等国家形象标志需要相关部门审批,故仅放置公司标志。事实上,企业完全可以采取放置带有两国国旗元素的标志或通过树立"中哈友谊"纪念装饰等方式更好地彰显"一带一路"倡议的共商、共建、共享精神。

4.4 相关问题及建议

本次参访时间位于"一带一路"倡议提出的六周年前夕。直至 2013—2016 年,赴哈萨克斯坦投资的企业,仍以国有企业为主。在经历数轮"投资热"

的沉淀后，赴哈中资企业的合规管理意识逐渐提升，对外投资模式开始转变，但也暴露出诸如海外贪腐等问题。

（1）合规管理意识逐渐提升

受访中资企业均为"走出去"中资企业中合规管理水平较高的企业，这一定程度上反映出中国全球企业的整体合规意识已经开始提升。然而，受访企业对在哈中资企业并未给出整体正面评价，有企业人员甚至直接评价其为"鱼龙混杂"。近年来，当地中资企业争议解决案件数量增多，破产、清算、资产重组等案件大量增加。市场的淘汰直接反映了"走出去"企业前期准备的不足。

在"一带一路"倡议框架下，赴哈中资企业确实存在"走出去"的过热现象。赴哈中资企业普遍缺乏对于投资环境、项目背景、法律风险等方面的调查，亦没有对当地合规要求、企业实际状况及两者差距的准确评估。较小公司存在使用劳务中介代理劳务签证等情况。这除了企业自身原因外，也与地方性知识（Local Knowledge）的欠缺有关。

首先，中资企业易盲目地将国内成功经验照搬到国外，一定程度上造成"水土不服"。中国本土企业往往认为商业的成功需要寻找对口官员作为"靠山"，而法律问题较为次要。但在哈萨克斯坦，与对口官员交涉可能同时涉及沟通障碍、人事变动和腐败等问题。在出现纠纷时，如无法有效利用法律条款解决纠纷，则容易造成经济与名誉上的损失。

其次，地方性知识提供能力严重匮乏。以当地商会为例，目前商会翻译的法律、法规涉及道路交通安全及劳动用工方面，尚未涉及民商事法律以及具体经济部门法律（如石油业相关法律）。所聘请的、能够为当地企业进行合规培训的企业多为四大会计师事务所的咨询公司。中资咨询公司目前尚无能力提供当地知识咨询，遑论直接介入处理当地纠纷。这导致大部分企业只能"摸着石头过河"。大浪淘沙后，只有极少数企业能够凭借前期积累的经验取得成功。针对这一问题，当地部分中资律所已经通过雇佣本地律师的方式，开始尝试提供全流程的法律风险管控服务。

而上述问题更为深层的原因在于中资企业与当地政府、行业协会和社会机构沟通渠道匮乏。理论上，与当地各方面机构沟通可以由中资企业商会协助，但当地华商总会成立时间较晚（2016年），且目前会员企业数量仅为30家，经费来源不足。这就直接导致该商会无法完全发挥应有的功能，包括帮助中小企业获得地方资讯、与地方政府联络、组织培训、提出华商总体诉求、参与当地的中国文化影响力建设等。相较之下，当地美国和日本企业商会开展了大量的活动，例如开展针对政府和民众的公关活动、建立创新企业孵化器等。

（2）对外投资模式开始转变

近几年，中国企业对外投资模式开始发生整体转型，即从过去的工程承包转变为直接投资，或由过去的绿地投资转变为跨境并购。这一总体特征在赴哈投资企业中同样存在，但在哈萨克斯坦的转变有其独特的历史地理因素。

直至今日，中国赴哈投资额占哈萨克斯坦外资总额的比例并不高，荷兰、瑞士、美国、俄罗斯等均领先于中国（参见本编第一章）。由哈国总统主持哈萨克斯坦外国投资者委员会（Kazakhstan Foreign Investment Council）只包括一家中资企业。事实上，在与外国企业的竞争过程中，中国企业不仅面临美国、俄罗斯企业的竞争，还面临韩国、土耳其企业的压力。由于运输成本、用工成本低（如取得签证较容易），且进入哈萨克斯坦市场时间较早，已积累一定经验优势，其竞标项目成本较中国企业更低。然而，即便存在后发劣势，部分中国企业仍然凭借自身实力，逐渐取得某些细分市场的优势地位，且在一定程度上促成了对外投资模式的转变。

以中色股份对外工程承包企业为例，在其阿克托盖项目最初竞标中，中国企业与某土耳其公司均参与了投标，土耳其公司具有报价更低的优势，因此最终获得中标。但土耳其公司在开工2年后甚至未能完成基本的建设任务，项目最终无法如期完成。此时哈方业主主动联系中国企业，而中国企业在随后的23个月（当年冬季遭遇极寒天气）保质保量完成了全部任务。这一项目的顺利进行为该中国企业后续在哈业务的承接打下了坚实基础。目前,该企业开始投资阿拉木图州科克赛铜矿。而第一个铜矿项目的款项成为了科克赛项目资金的部分来源,部分设备亦可以转为租赁利用。此外,该中国企业十分注重长期合作关系,与业主方在吉尔吉斯斯坦、俄罗斯等国均有合作。

再以某中国集团企业为例,该集团业务范围覆盖建设、能源、金融多个领域。赴哈投资早期,该集团企业以建设及能源项目为主,同样面临着与哈方合营的困难。在合营企业三级机构(即股东大会、董事会及管理委员会)的管理实践中存在着诸多问题。首先,由于中哈双方股权比例均为50%,故当双方存在争议时则产生决定权困境,导致决策效率低下。其次,由于合营企业董事会及管理委员会实行轮换制,而每次管理轮换都将面临一次团队大换血,尤其是总经理的轮换调任将导致整个管理团队的频繁变动,不利于工作保持延续性。再次,"萨姆鲁克—卡泽纳"国家主权基金的采购规则本意是通过一定的制度安排保护哈萨克斯坦民族产业。但受当地大环境的影响,相关规则在实践中往往为腐败所扭曲,使得该采购规则成为内部人谋利的工具,难免给企业带来重大损失。实践中因滥用规则选错承包商导致工期拖延的案例时有发生。[①] 针对此类投资模式上的困境,该集团在后续投资过程中逐渐采取跨境并购的方式,即通过股权收购直接控制当地业已经营成熟的企业,并保证该企业的内部组织架构甚至名称不变。这样既使得中国企业能够迅速获得投资回报,也使得这一收购不对当地市场及就业环境造成较大的影响。

总体而言,目前中国企业凭借前期与哈贸易、在哈工程承包或关联企业赴哈投资的市场铺垫、经验积累及口碑推广,不断深耕哈萨克斯坦市场,并制定了在哈长远的投资经营计划。相较之下,部分中国企业如在没有前期业务经验的情况下仍首先采用绿地投资的方式,则将面临重重困难。在"跑马圈地"后,企业接下来重点关注的问题应在于如何继续做大中国企业市场。以人民币国际化为例,为使哈本土商行持有人民币头寸,应提高经常项目和

---

① 高喜章. 中国在哈合营企业存在的经营管理问题与对策建议. 市场周刊:理论研究, 2015(6):15-17.

资本项目的人民币需求。这需要一定层面的统筹来培养交易相对方，并与哈方配合支持坚戈国际化。中国企业间如能打通信息壁垒、展开更多合作，无疑将带来更大的规模效应。

（3）海外贪腐问题日益严峻

"一带一路"倡议提出以来，习近平主席曾多次强调"加强国际反腐合作，让'一带一路'成为廉洁之路"。[①] 2019 年 4 月 26 日，习近平主席在"一带一路"国际合作高峰论坛开幕式上发表主旨演讲，提出"共同以零容忍态度打击腐败"，同时发起了《廉洁丝绸之路北京倡议》。[②] 由于缺乏犯罪现场及物证，腐败案件（即贪污贿赂案件）的侦破难度较其他刑事案件更高。又由于发生地点位于中国境外，这类案件的侦破尤为困难。除当地官员索贿的情形外，最典型的海外腐败行为包括向当地官员输送利益以换取商业机会，或通过非公开手段促成商业机会以收取中间费用。考虑到哈萨克斯坦的整体营商环境，这一问题显得格外突出。

本次参访过程中，受访企业大多提到哈国某地轻轨项目的教训。项目出现重大挫折的直接原因在于数亿美元项目款因开户行倒闭不翼而飞。本项目业主方包括中哈两方，中方业主除某中央企业外，还包括由该公司前任总经理某甲创建的公司，另包括数家中国承包商。此外，本次项目主要由某国有银行出资贷款给哈方业主，收款银行为哈国当地某私人银行。轻轨项目使用的贷款虽为商业贷款，但由哈萨克斯坦提供主权担保，故未购买保险。项目实施过程中，哈方业主首先使用自有资金。2018 年夏天，中方某国有银行拨给当地私人银行第一期资金，但一周后当地银行即宣布破产。事实上，项目业主事先与该国有银行签订合同，要求款项必须存于这一私人银行。尔后，

① 习近平. 要让"一带一路"成为廉洁之路. [EB/OL]. (2017-05-14) [2019-09-09]. http://www.xinhuanet.com//world/2017-05/14/c_129604269.htm.

② 习近平. 齐心开创共建"一带一路"美好未来——在第二届"一带一路"国际合作高峰论坛开幕式上的主旨演讲. [EB/OL]. (2019-04-26) [2019-09-09]. http://www.xinhuanet.com/2019-04/26/c_1124420187.htm.

该私人银行因多次违约、违规、违法被哈央行吊销执照。目前，此项目尚处于停工阶段，款项赔付期望不高。这不仅导致中方承包商的垫资损失，而且极大地影响了中国企业的海外形象。根据《阿斯塔纳时报》（The Astana Times）的报道，该项目预算已经削减至 14.5 亿。时任哈萨克斯坦副总理卡瑟姆别克（Zhenis Mahmudovich Kassymbek）认为项目的拖延在于中方银行的延期支付。[①]

据知情人士透露，项目失败的客观原因在于水土不服，即中方企业对于当地税务、履约等合规问题均不了解，以及哈银行监管体系的不完善（见本编第三章）；而主观原因则与牵线人某甲密切相关。某甲在前期业务运作后，仍然希望掌握项目运营的控制权，进而导致业务团队与实际施工团队发生分歧，影响工程进度。

在哈萨克斯坦整体营商环境下，这一案件并非个案，而是具有相当的代表性。放眼中国企业全球投资的失败案例，类似情形亦不在少数。这类案件暴露出的问题在于：中国应如何在"一带一路"中精准反腐？事实上，反腐败的合规要求不仅可以使得海外中资企业有理由拒绝当地官员的索贿、减少企业支出，甚至减少中资企业间竞争带来的内耗，还可以避免因不合法、不合规导致的项目失败，以及最终造成的中资企业乃至国家的名誉损失。值得对比的是美国联邦调查局指控哈萨克斯坦的美国石油经纪人詹姆斯·吉芬（James Giffen）违反《反海外腐败法》（Foreign Corrupt Practices Act）一案。该案中，吉芬被控先后向哈萨克斯坦政府包括前石油部长在内的高级官员行贿总计达 8400 万美元。该案最终于 2010 年结束，吉芬相关罪名成立。由于美国强大的国际刑事司法协助能力，部分哈国政府官员在起诉时甚至成为了联邦调查局的线人。[②]

---

① Satubaldina A. Nur-Sultan cuts budget on LRT construction by $350 million. The Astana Times, 2019-08-14.

② Yeager M. G. The CIA made me do it: understanding the political economy of corruption in Kazakhstan. Crime, Law and Social Change, 2012, 57(4):441-457.

此外，海外反腐还与西方国家无端指责中国的"债务陷阱"以及美国"长臂管辖"问题紧密相连。2019年5月8日，美国国务卿蓬佩奥在访问伦敦时称，中国以腐败的基础建设换取政治影响力，施行以贿赂推进的债务陷阱外交。[①]随着中国资本全球化进程的加速，国内立法也在顺应趋势逐步扩大域外效力。例如，2018年3月1日实施的《企业境外投资管理办法》开始对中国企业控制的境外企业行为加以规范，如第41条规定"倡导投资主体创新境外投资方式、坚持诚信经营原则、避免不当竞争行为、保障员工合法权益、尊重当地公序良俗、履行必要社会责任、注重生态环境保护、树立中国投资者良好形象"；2018年3月20日实施的《中华人民共和国监察法》设"反腐败国际合作"专章，规定中华人民共和国监察委员会根据双边、多边反腐败国际条约健全机制，组织协调有关方面加强与有关国家、地区、国际组织在反腐败执法、引渡、司法协助、被判刑人的移管、资产追回和信息交流等领域合作。[②]时下，受制于美国诸多的长臂管辖规定，中国企业境外合规，尤其是境外反腐的意义变得格外重要。如果国家层面本身规定有诸多针对中国全球企业海外责任的制度要求，那么在规范中国企业海外行为、保障企业海外利益、维护企业及国家形象的同时，这未尝不是对其提供了一种保护。

---

① 德国之声中文网. 美："一带一路"腐败 中：我们听累了. [EB/OL]. [2019-09-09]. https://www.dw.com/zh/%E7%BE%8E%E4%B8%80%E5%B8%A6%E4%B8%80%E8%B7%AF%E8%85%90%E8%B4%A5-%E4%B8%AD%E6%88%91%E4%BB%AC%E5%90%AC%E7%B4%AF%E4%BA%86/a-48675703.

② 吴建雄. 监察体制改革试点视域下监察委员会职权的配置与运行规范. 新疆师范大学学报（哲学社会科学版），2018, 39(05): 44-53.

▌▌附录：哈萨克斯坦重要经济法律问题简报 ①

（1）外商投资管理与主要在哈外资企业

监管哈萨克斯坦投资的主要国家机构是工业和基础设施发展部下设的投资委员会。该委员会负责接受和登记投资者有关投资优惠的申请，并负责根据 2015 年《企业法》（取代原先的《投资法》）同投资者谈判和签订投资合同。能源部负责执行涉及石油、天然气和铀的底土使用合同（其他固体矿物合同签订已被废止）。

此外，哈还设有由哈萨克斯坦共和国总统主持的外国投资者委员会（FIC），其第 32 届全体会议将于 2019 年 7 月 4 日在努尔苏丹市举行，会议主题是"人力资本的发展"。根据其所属外国成员倡议，还成立有作为代表外国投资者委员会成员官方秘书处（KFICA）。目前该委员会的成员包括 35 家公司：亚洲开发银行、哈萨克斯坦安赛乐米塔尔（Arcelor Mittal）、阿纳多卢集团（Anadolu Group）、贝克麦肯锡、哈萨克斯坦卡美科公司、雪佛龙、花旗银行、中国石油天然气集团公司、德勤、德意志银行、欧洲复兴开发银行、恩尼（Eni）集团、欧亚能源集团（ERG）、安永、欧亚开发银行、埃克森美孚哈萨克斯坦公司、通用电气、摩根大通、卢克石油海外控股有限公司、麦德龙现金与运输哈萨克斯坦公司、三菱公司、菲利普莫里斯哈萨克斯坦公司、波尔制药公司、俄罗斯联合铝业公司、俄罗斯联邦储蓄银行、壳牌哈萨克斯坦开发有限公司、桑内拉电信（Telia Sonera）、道达尔哈萨克斯坦、嘉能可、可耐福、普华永道、俄罗斯管材冶金集团（TMK）、丸红等。② 主要为美、欧、俄、土、日公司。

---

① 本篇报告主要依据《商务部哈萨克斯坦投资指南（2018 年）》、贝克麦肯锡的哈萨克斯坦法律报告 "Doing Business in Kazakhstan (2019)"、哈萨克斯坦政府各部门官方网站信息（如司法部官方网站刊载的法律英文译本）及个人先前的研究成果整理，截稿时间 2019 年 9 月。

② Foreign Investors' Council chaired by the President of the Republic of Kazakhstan: KFICA Members list [EB/OL]. [2019-09-09]. https://fic.kz/eng/kfica/members.

（2）哈萨克斯坦投资基本法律环境

为了促进哈萨克斯坦经济的工业化和多样化，《企业法》建立了投资福利和优惠制度，支持在某些领域的直接投资。这些领域包括生产特定类型设备、药品和食品、冶金、农业和建筑。所有符合资格的领域均由政府批准。

——为确定合格的投资优惠，投资项目分为以下类别：

- 普通投资项目，旨在创建新的生产设施，及扩大和／或现代化现有的生产设施。

- 优先投资项目，由当地实体在某些特定领域实施，预计投资不少于500亿坚戈（约1330万美元）用于新建生产设施；或 (ii) 预计对扩大和／或现代化现有生产设施的投资不少于12万6250亿克朗（约3330万美元）。

- 特别投资项目，由哈萨克斯坦的一个法律实体实施，该实体 (i) 已注册为一个经济特区的参与者；或 (ii) 曾拥有免费仓库；(iii) 与政府签订有汽车工业装配协议；(iv) 率先从事政府批准的各类活动。

特殊投资项目对投资项目所需进口原材料免征进口关税和增值税。投资合同须经委员会登记有效。政府还为在某些部门开展活动的实体采取了一些财政支助措施，包括贷款利率补贴和银行贷款国家担保。

（3）经济特区制度

2011年7月21日，时任总统纳扎尔巴耶夫签署修订后的《特别经济区法》，该法于当年8月16日正式生效。根据该法，哈萨克斯坦的总统根据政府的建议可设立经济特区，以加速哈萨克斯坦各区域的发展，并吸引对这些区域的投资和技术。

经济特区制度一般向在经济特区境内从事某些合格投资的公司提供税收优惠（包括安装计算机软件、创新信息技术和生产纺织品和针织产品）。这些优惠一般包括：

- 免除公司所得税

- 免除土地和财产税

- 对进口到经济特区的某些符合条件的货物免除关税和征税

但底土资源使用者、生产免税货物的机构等没有在经济特区享受优惠的资格。

目前哈萨克斯坦共设有 10 个经济特区，其中工业生产型 7 个，分别为阿斯塔纳－新城经济特区、国家工业石化技术园经济特区、阿克套海港经济特区、南部经济特区、巴普洛达尔经济特区、萨雷阿尔卡经济特区、塔拉兹化学园区；服务型 2 个，霍尔果斯－东大门经济特区和布拉拜经济特区；技术型 1 个，位于阿拉木图的创新技术园经济特区。

（4）土地使用制度

《土地法》允许土地私有制，允许外国个人和外国法人取得关于土地的特定权益。承认下列土地权益：所有权、永久土地使用权、临时土地使用权和地役权。

外国法人和外国公民可以拥有工业用地和居住用地，并可以租赁其他各类土地。然而，只有哈萨克斯坦公民和当地法人才能拥有耕地，外国法人不能租用耕地，外国人和获得哈绿卡的人无权购买耕地，只能租用。

土地使用者可以出卖、抵押或者以其他方式处分从国家取得的土地使用权（对耕地有限制）。土地使用权可以抵押或者以其他方式设定权利负担。但是，在任何情况下，土地使用权下的土地所有权属于国家，未经国家同意，土地所有权人不得出售或者以其他方式处分。然而，土地使用人可以从国家"买断"其土地使用权，然后有权在未经国家事先同意的情况下处置其对该地块的权利（尽管必须将处置情况告知国家）。土地使用权人清算的，其合法继承人应当保留土地使用权至期满。土地使用权人必须根据土地使用协议（通常按季度）向国家缴纳租金。正常情况下，租金是根据国家登记处制定的费率来确定的，这取决于土地的类别和价值。

外国公司可以拥有非住宅、住宅楼和公寓。外国公民可以拥有非住宅物业（某些战略目标除外），持有哈萨克斯坦居住证的公民可以同时拥有非住宅和住宅物业。不动产（包括建筑物、公寓）的使用权，包括建筑物、公寓的一年以上的使用权和租赁权及相关交易，必须向司法部登记机关办理登记。

（5）油气生产及运输制度

石油、天然气等底土资源是国家的专有财产。但是，石油和天然气资源的使用权可以根据与能源部签订的底土使用合同授予当地和外国的个人和法人实体。授予的程序包括拍卖或与国家石油天然气公司直接谈判。

规范哈萨克斯坦石油和天然气产业的主要立法是《底土及底土使用法》。多年来，哈萨克斯坦管理自然资源开发的法律发生了重大变化。1999 年、2004 年、2007 年、2008 年、2010 年和 2017 年对旧的底土法和石油法进行了重大修订。2010 年通过的《底土及底土使用法》取代了旧的底土法和石油法。2017 年 12 月 27 日，哈萨克斯坦通过了新的《底土及底土使用法》。该法对土壤利用区的管理作了一些重大的改变，涉及授予、转让、终止底土使用权、管理机构之间的权力分配、业务活动的管理和其他事项的程序。之前签发的底土使用合同和许可证仍然有效，但《底土及底土使用法》的某些规定具有追溯效力。

《天然气及天然气供应法》于 2012 年通过，包括天然气供应、运输、储存、销售等方面的一般规定、国家燃气经营者的地位、国家的优先购买权等有关天然气产业市场的规定。2012 年，哈萨克斯坦还通过了新的《主要油气管道法》，对建设、开采、服务等主要油气管道问题进行了规范。

政府批准有"国家底土基金管理方案"（其中包括可使用领土的信息和授予底土使用权的方法）。希望获得石油和天然气矿床底土使用权的组织，应在拍卖开始时向能源部提交申请。国家石油天然气公司可以在直接谈判的基础上申请取得底土使用权。

——满足当地要求

此外，法律要求所有在哈萨克斯坦经营的石油和天然气公司为他们在哈萨克斯坦采购的大部分货物、工程和服务组织投标，并优先考虑当地的货物、工程和服务。通常，对人员、货物、工程和服务的满足当地要求条款（以具体百分比表示）必须在底土合同中注明。然而，鉴于哈萨克斯坦加入世界贸易组织，预计 2015 年 1 月 1 日以后签订的底土使用合同不应包含地下土地使用者从当地制造商采购货物的任何义务。最低限度的当地工程和服务的要求得以保留，但最低限度不得超过 50%。此外，在有关的底土使用合同期满后或 2021 年 1 月 1 日（以较早的日期为准），当地货物制造商应获得的折扣将被取消，但应继续给予工程和服务提供者折扣。

2018 年 5 月 28 日，能源部长发布命令，批准了新的《关于底土使用者及其承包商购买用于油气勘探生产和铀生产作业的货物、工程和服务的规定》。这些规定对购买商品、工程和服务有更详细的规定，旨在支持当地制造商。

——油气出口

尽管哈萨克斯坦拥有大量石油和天然气储量，但由于哈萨克斯坦地处内陆，出口路线严重依赖国内和俄罗斯的运输基础设施，因而受到限制。

为了使油气进入一个主要的管道系统，哈萨克斯坦的石油生产商必须与国家管道运营商哈萨克斯坦石油运输公司（Kaztransoil JSC）协调运输计划。由于哈萨克斯坦的管道系统的能力有限，遂按照某一石油生产国在某一年生产的石油总量中所占的比例，批准进入该管道。目前有三条主要的出口管道在运营。两条通过俄罗斯通往西方，一条通往中国。

在通过俄罗斯的管道中，阿特劳 – 萨马拉（Atyrau-Samara）管道将哈萨克斯坦连接到俄罗斯的出口网络，里海管道财团（CPC）管道将田吉兹油田与黑海上的俄罗斯新罗西斯克港连接起来（这条管道大部分为私有）。俄罗斯保留暂停并限制哈萨克斯坦石油从阿特劳 – 萨马拉管道进入俄罗斯运输网络的权利，俄罗斯企业通常有优先进入俄罗斯出口端的权利。

新的哈中输油管道于 2006 年年中投入运营，有 3000 公里长，最初的运量可达每年 1000 万吨石油（并将扩大至每年 2000 万吨）。

据报正在考虑的另一条出口路线是连接及巴库－第比利斯－杰伊汉（Baku-Tbilisi-Ceyhan，BTC）管道的海底、跨里海管道。2007 年 1 月 24 日，国有石油和天然气公司哈萨克斯坦油气公司（KazMunaiGaz JSC）就建立哈萨克斯坦里海石油运输系统的签署了一份备忘录，其将从卡沙干油田和田吉兹油田出口石油，通过 Eskene-Kuryk-Baku-Tbilisi-Ceyhan 的路线横跨里海欧洲。此外，2008 年 11 月 14 日，哈萨克斯坦联合石油公司与阿塞拜疆国家石油公司签署了《关于实施跨里海项目主要原则的协议》。2009 年 10 月 2 日，签署了《关于合作编制跨里海项目可行性研究的协定》。最初，该管道系统预计每年运输 2500 万吨石油，最终将增加到 3800 万吨。该项目的投产与卡沙干油田的石油生产有关，经过多次延期，该油田终于在 2016 年底投产。然而，管道建设还没有开始。

（6）能源制度

哈萨克斯坦电力市场自由化，发电与输电、配电和零售供应分开。电力产业的主要参与者有：

- 发电机构，即电力生产商或进口商；
- 供电机构，即配电和供电公司；
- 电力传输机构，即输电公司。

哈萨克斯坦共和国能源部是电力产业的关键监管机构。国家经济部下属的规制自然垄断、保护竞争和消费者权利委员会也是监管机构。

火力发电厂占发电的最大比重。国有企业萨姆鲁克能源（Samruk Energy JSC）控制着哈萨克斯坦大部分的火力发电设施。水力发电是哈萨克斯坦第二大电力生产来源。根据与哈萨克斯坦政府达成的一项长期特许权协议，在 2017 年 10 月之前，位于哈萨克斯坦东部地区的 3 家最大的水力发电厂中，有两家是由一家美国电力公司运营。哈萨克斯坦目前没有核电站在运行。唯一的核电站（位于阿克套的 350 MWt 核电站）于 1999 年关闭。可再生能源在哈萨克斯坦电力来源比重迅速上升，这主要是由于最近推出的旨在发展可再生能源的激励措施。哈萨克斯坦的电力部门仍然受到特别关税条例的限制。目前，有不同类型的关税适用于发电机构，如"电力最高关税""容量服务最高关税""容量服务单项关税"。

供电公司大多为私人所有。这类企业需要由当地反垄断机构颁发的特殊许可证。截至目前，已有 302 家公司获得了配电和供电许可。一般来说，供电公司的关税不受政府监管，除非该公司在市场上占据主导地位。

——可再生能源

哈萨克斯坦最近通过的新法律为在哈萨克斯坦经营和发展可再生能源（即风力、太阳能、地热、生物质 / 沼气发电厂及容量少于 35MWt 的水力发电厂）。

根据哈萨克斯坦 2009 年的《支持可再生能源法》，哈政府保证可再生能源发电厂产生的电力将被全资国有企业、会计和金融中心（"AFC"）购买，并基于 15 年能源供应框架下的特批固定关税。2014 年 6 月，哈萨克斯坦政府批准了固定关税。这些关税远高于哈萨克斯坦批准的传统发电厂的最高关税，并将根据通胀情况进行年度调整。此外，如果可再生能源发电厂在 2017 年 7 月以后与 AFC 签订供电协议，则可通过拍卖的方式确定可再生能源发电厂发电的电价。为了与 AFC 签订协议以政府规定的价格销售电力，可再生能源发电厂必须向能源部登记。只有在能源部收到电厂与电网连接的技术条件、地块配置的证明和电厂设计文件的专家许可后，才能将电厂列入该清单。目前，许多主要市场参与者和投资机构正在考虑在电力领域投资。哈萨克斯坦有一些正在进行的可再生能源项目（主要是太阳能和风能）。

（7）医药制度

规范制药业主要法律是 2009 年的《人口健康和卫生保健系统法》。此外，哈与欧亚经济联盟于 2014 年 12 月 23 日达成《关于药物治疗的共同原则和规则的协议》，协议于 2017 年 5 月 6 日起生效，旨在联盟内建立一个药品共同市场，管理药品的经销授权、制造、分销和药物测试等事宜。相关管理机构为哈卫生部。

各种医疗产品，包括药品、医疗器械和医疗设备，必须在哈萨克斯坦注册，才能在哈萨克斯坦生产、销售或使用。企业可以通过相互承认或分权程序，在欧亚经济联盟任何成员国的主管当局取得在欧亚经济联盟一级有效的注册，以便在哈萨克斯坦和欧亚经济联盟其他国家同时销售和使用医疗产品。某些项目不受注册规定的限制，例如在本地药房配制的药物，以及按照业内称为良好制造规范的国际准则生产的药物。为了确保产品符合哈萨克斯坦的质量、安全和有效性标准，注册需要事先由国家药品、医疗设备和医疗器械专家检查中心进行专家评估。

通过国家招标采购的所有药品在哈萨克斯坦均受价格管制。卫生部每年为医疗机构通过招标购买医疗产品设定最高价格，为居民提供免费医疗服务。设定最高限价所考虑的主要标准是制造商就其产品所登记的价格，以及根据登记价格按递减比例确定的批发加价。2018 年 12 月 28 日，哈萨克斯坦修订了《人口健康和卫生保健系统法》，将价格管制扩大到哈萨克斯坦销售的所有药品和医疗器械，旨在消除全国不同地区药品价格波动的相关修正案于2019 年 4 月 9 日起生效。

（8）电子商务制度

哈萨克斯坦通过了大量的互联网商业管理条例，包括 2015 年 11 月 25 日经国家经济部批准的《开展电子商务（含电子交易平台运营）的规则》。2004 年 4 月 12 日的《商务管理法》、2013 年 5 月 21 日的《个人资料及保护法》、2015 年 11 月 24 日的《信息化法》等法律也与电子商务监管有关。

国家经济部规制自然垄断、保护竞争和消费者权利委员会监管与电子商务有关的问题。该委员会的职责之一是监督广告法规的遵守情况，并监管消费品和产品安全问题，包括通过互联网销售的产品。哈萨克斯坦投资和发展部确保电子商务中使用的电子数据库的完整性和保密性方面符合《信息化法》的要求。目前，还没有明确的规则来管理互联网广告。

（9）劳工制度

哈萨克斯坦 2016 年通过了新的《劳动法典》，针对雇主和雇员之间的关系进行了大量重大改革。首先，新《劳动法典》对集体协议规定了新的雇主义务。它规定雇主必须"按照本法规定的程序进行集体谈判、订立集体协议"。其次，新《劳动法典》允许雇主和雇员执行竞业禁止协议。此类协议可规定雇员不得采取可能损害雇主利益的行为，并可能赔偿雇主的任何此类损害。其三，新《劳工法典》引入了雇员"转移" 到其雇主附属公司的概念。然而，这并不是真正的"转移"，因为它要求终止与原雇主的雇佣关系，随后开始与新雇主建立新的雇佣关系。

此外，新旧《劳动法典》均规定，一个固定期限的雇佣协议必须在不少于 1 年的期限内执行（除一些例外情形外）。根据旧《劳动法典》，任何固定期限协议届满后，延期都要求签订无固定期限合同。根据新《劳动法典》的规定，固定期限协议可以延长两次，每个延长期为不少于 1 年的固定期限。固定期限协议届满后，任何延期必须是无固定期限的。同时，根据新旧《劳动法典》的规定，雇员可能受到试用期条款的规制。根据旧《劳动法典》，任何雇员的试用期最多为 3 个月。根据新《劳动法典》的规定，法人负责人（及其代表）、总会计师（及其副手）和一个分支机构或代表处的负责人的试用期可长达 6 个月。

对许多雇主来说，新《劳动法典》最显著的变化之一是新增了在雇佣协议中允许支付固定数额的赔偿金后立即终止劳动关系的条款。另外，根据新《劳动法典》的规定，由于"制造业、工程或服务数量的减少导致雇主的经济状况恶化"，可能会导致劳动关系的终止。必须支付被解雇的雇员 2 个月的工资。同时，必须满足以下 3 个条件：

- 相关部门应被关闭；
- 没有机会将员工转移到另一个岗位；
- 至少提前 1 个月通知职工代表。

——外籍员工

在哈萨克斯坦雇用外籍员工的雇主（包括常驻法人单位和外国法人的分支机构和代表机构）必须为每名外籍员工取得工作许可。商务签证不提供这一规则的例外，因为持有工作许可证的外国雇员应该持有工作签证而不是商务签证。因此，雇主只有在获得工作许可后才应与外籍员工签订雇佣协议。如果 (i) 外国实体派遣人员在哈萨克斯坦境内工作超过 120 天；(ii) 外国机构在哈萨克斯坦没有合法实体，那么当地交易方必须为其取得相关工作许可。许可证分为四类：

- 第 1 类：高级管理人员及其副职
- 第 2 类：结构性部门负责人
- 第 3 类：经理和高级专家
- 第 4 类：高级员工

本地员工与外籍员工比例不得低于 70% 比 30%。如果获得工作许可，雇主必须在 10 个工作日内向当地政府提供一份文件，确认支付了签发工作许可的国家费用（最高约 1400 美元）。工作许可实际处理周期长达两个月。

根据《劳动法》，外国人可获得的工作许可数量受总配额限制，该配额于 2000 年 8 月首次引入。2019 年的配额是 38 万个工作许可，约占可就业人口的 4.2%。

——工会制度

- **设立和参与工会的自由**

工会是指在哈萨克斯坦共和国公民的共同劳动、生产和职业利益的基础之上自愿建立的固定成员的公共协会，以代表和保护其劳工成员的社会经济权利和利益。工会成员是指自愿表示愿意进入工会，承认并尊重其章程，支付工会会员费的个人。对工会设立制造障碍、反对其活动以及对其事务的非法干涉应被禁止。工会独立制定和批准章程、组织结构，确定优先活动方向，组建工会机构、组织活动、召开会议、大会以及其他不受哈萨克斯坦法律限制的措施。工会独立于各级政府、政党、雇主及其协会，不受其控制，不对其负责。不得对工会成员享有的哈萨克斯坦共和国法律所保障的劳动、社会、经济、政治和个人权利和自由进行任何限制。

工会应由不少于十人属于同一职业利益共同体的哈萨克斯坦共和国公民的倡议下设立，并需要召开成立大会来批准设立工会的《工会章程》。取得和丧失会员资格的条件由《工会章程》决定。工会作为法人实体的法律能力应从国家登记时开始。国家登记所需文件应当在工会成立大会之日起不迟于两个月内递交。工会组织是根据《工会章程》创建的行政机构。除了受哈萨克斯坦法律保护的信息外，公共部门、雇主（协会、工会）必须向工会组织提供有关保护工会成员权利的信息。经选举产生的工会组织成员在未经其所属工会组织给出合理意见之前，不能受到纪律处分也不被免除工作。

- **集体谈判协议**

集体协议的当事人是在既定程序中被授权的雇主和雇员代表。开始集体谈判和缔结集体合同的建议可以由任何一方提起。当一方收到另一方关于开始订立集体协议的谈判通知，则必须在十天内审议并按第156条第4款所规定的顺序进行谈判。为了进行集体谈判和准备订立集体合同，当事人应当在平等的基础上设立一个委员会。委员会成员数量、其工作人员、制定草案的时间和集体合同的订立，均由双方协商决定。不是工会成员的雇员有权授权工会机构在与雇主的关系中代表其利益。委员会起草的集体合同草案必须由本组织雇员进行讨论。委员会应考虑所收到的建议，并由委员会对草案作出最终确定。集体协议订立后，双方应当至少签订两份协议，并由双方代表签字。当事人对集体协议的某些规定有分歧的，当事人应当按照约定的条件签订集体协议。与此同时，在异议出现的一个月内起草异议议定书。集体谈判过程中出现的分歧，可以通过进一步的集体谈判以修正案和附则的形式来解决。

- **罢工权**

如果通过和解程序、集体劳动争议尚未解决、雇主逃避调解程序或未能遵守集体劳动争议解决过程中达成的协议，则雇员可决定举行罢工。举行罢工的决定是在员工（代表）的会议上作出的。如果该组织超过一半的雇员出席，则该员工会议被认为是有效的。如果至少有三分之二由雇员选举出的代表是根据议定书的决定参加会议的，则该会议被认为是有效的。参加罢工是自愿的。任何人不得被迫参加或拒绝参加罢工。强迫职工参加或拒绝参加罢工的，要依照哈萨克斯坦共和国法律规定的程序承担责任。

工会有权组织和执行罢工、和平集会、游行，罢工和示威的方式是在哈萨克斯坦共和国立法中所确立的。工会有义务遵守罢工组织和罢工秩序以及由工会成员通过哈萨克斯坦共和国法律所规定的和平会议、集会、游行、罢工和示威。如果调解未能实现集体劳资纠纷的解决，以及在偏离雇主调解程序或不遵守争端解决过程中达成的协议的情况下，工会可能决定举行罢工。禁止敦促工人继续参加罢工，这是不合法的。工会必须根据哈萨克斯坦共和国法律组织和开展罢工、和平会议、集会、游行和示威活动。

（10）司法制度

在上世纪 90 年代，哈萨克斯坦的司法体系极其薄弱且效率低下。国家没有向法院，特别是地方一级的法院提供足够的资源，法官训练不足，薪酬过低。这导致法院裁判质量不高（尤其是在复杂的商事领域），以及对法官腐败的指控。

政府于 2000 年启动了严肃的司法改革计划，完善了国家的司法体系。这些改进包括在最高法院下设立一个司法行政委员会，设立司法道德委员会，增加司法人员的薪金，提高法官的最低资格和设立专门法院。但虽然许多问题依然存在。2014 至 2015 年又出台了一些措施，减少法院审理案件的数量（这将对裁判质量和司法技术产生积极影响），使法院体系更加透明和简单。

《仲裁法》亦适用于 (i) 涉外纠纷；(ii) 哈萨克斯坦居民之间的争议，允许哈萨克斯坦"仲裁法院"解决。这些"仲裁法庭"不是国家法院，而是各种类似于西方国家的私人仲裁法庭。总的来说，该法符合联合国《国际商事仲裁示范法》（UNCITRAL Model）的主要原则，并对仲裁程序的每一个阶段进行了规定。该法还为在州法院挑战和执行这些裁决提供了一种机制。搁置在哈萨克斯坦作出的仲裁裁决和拒绝执行仲裁裁决的理由类似于1958年《纽约承认和执行外国仲裁裁决公约》（New York Convention on the Recognition and Enforcement of Foreign Arbitral Awards）第五条的有关规定。哈萨克斯坦法律还为搁置或拒绝执行在哈萨克斯坦作出的仲裁裁决增加了一些新的理由。根据最高法院2009年的一项决议（对当地法院具有约束力），80个哈萨克斯坦法院可以推迟执行外国和国内仲裁裁决。在哈通过仲裁裁决不是常用商事争议解决方法。

2015年阿斯塔纳市法院和最高法院成立了投资审判庭，解决涉及投资者及其当地子公司的纠纷。2015年，《哈萨克斯坦宪法关于阿斯塔纳国际金融中心（AIFC）的规定》获得通过。该法规定设立阿斯塔纳国际金融中心法院（AIFC Court），解决 (i) 中心参与者（在 AIFC 注册的公司）之间的争议；(ii) 对在 AIFC 中进行的交易以及根据组织法进行的交易的争议；(iii) 当事人向 AIFC 法院提起的争议。AIFC 法庭根据英国普通法的原则审理纠纷。

此外，阿斯塔纳国际金融中心国际仲裁中心于2017年正式成立。这是一家新的国际仲裁机构。AIFC 仲裁规则基于《国际商事仲裁示范法》，比哈萨克斯坦国内规则更为宽松。国际仲裁委员会的仲裁委员会处理本地公司与外国公司之间的各类商业纠纷，并提供与管理特别仲裁程序有关的服务。根据2018仲裁和调解规则作出的仲裁裁决，可通过 AIFC 法庭在哈萨克斯坦执行。

目前，哈萨克斯坦已缔结若干双边和多边条约，以促进承认和执行外国法院的判决。有关国家包括其他独联体国家、朝鲜、立陶宛、巴基斯坦、中国、蒙古和土耳其。尚没有同西欧或北美国家签订的类似条约。

第五章
地缘政治视角下
中企在哈投资经营

    地缘政治学源于近代欧洲地理学，旨在以现实主义视角理解国际政治中的地理因素。地缘政治学最早由19世纪欧洲学者拉采尔（Friedrich Ratzel）、契伦（Rudolf Kjellén）、豪斯霍弗（Karl Haushofer）等学者创立，由麦金德、马汉和斯皮克曼等学者进一步阐发。这一知识门类在20世纪逐渐被纳入国际政治学领域，主要关注地理因素对于国际和地区政治格局变动的影响。

    中亚五国在1991年独立之后即面临较为复杂的地缘政治环境。地区内部各国之间存在边界、水资源、跨界民族和极端主义等问题，而俄罗斯、美国、欧盟等国际政治主要行为体也争相对该地区施加影响力。上述因素综合塑造了该地区相对复杂的投资和经营环境。中亚地区接邻我国西部边陲，对于我国的边疆安全和西向陆上交通有着重要意义。各国在中亚的战略博弈，必然对中资企业在此处的投资和经营产生影响。因此，本章旨在分析中企在中亚运营所面对的地缘政治环节，理解潜在的机遇与风险。

5.1 哈萨克斯坦地缘经济合作现状

（1）大国多元平衡原则下的经济合作

哈萨克斯坦独立以后奉行开放、多元平衡的对外政策，尤其重视与发达国家的合作，既希望能够在能源、交通等领域得到更多支持，也希望摆脱对单一国家的依赖。各种外部力量也积极参与这一过程，而较早开始与该地区合作的是美国和欧盟国家。[①]

近年来，哈萨克斯坦逐渐参与到欧亚经济联盟与"一带一路"框架下的合作项目。地理因素使得哈萨克斯坦这个全世界最大内陆国有着远高于沿海国家的国际贸易成本。仅以欧亚经济联盟内部比较而言，俄罗斯和白俄罗斯的进出口成本均低于哈萨克斯坦。[②]而历史形成的相对薄弱的工业基础也使哈萨克斯坦不得不依赖于自然资源输出和农产品出口，其工业制成品的自给率低下。甚至在自然资源密集行业里，其出口加工占比也较低。[③]

哈萨克斯坦国家财政收入严重依赖于国际市场的能源和矿产价格，坚戈汇率亦受制于能源和矿产价格，后者的波动又影响着国内消费水平和人民生活质量。哈萨克斯坦领导人看到了在此背景下改善经济结构、实现经济多元化发展的必要性。因此，对于哈萨克斯坦而言，"一带一路"倡议为其提供了进一步融入国际产业分工合作体系、进而促进经济发展的机遇。下文将就各主要国家在中亚实施的影响力措施进行分析。

---

① 孙壮志. 中亚国家跨境交通的地缘政治博弈. 新疆师范大学学报（哲学社会科学版），2016, 37, 141(02):37-44.

② World Bank. Assessment of Costs and Benefits of the Customs Union for Kazakhstan // Borden G. A. et al. Speech Behavior and Human Interaction. Englewood Cliffs: Prentice-Hall, 2012:448-453.

③ 鲁斯郎. 欧亚经济联盟对中国和哈萨克斯坦贸易影响研究［硕士学位论文］. 杭州：浙江大学国际教育学院，2018.

A. 在俄罗斯主导的欧亚经济联盟框架下

俄罗斯从 21 世纪初开始重新着手与中亚国家开展合作。在经济方面，俄罗斯的主要动作是构建从关税同盟到今天的欧亚经济联盟的经济共同体，进而推动海关和交通运输合作，并介入中亚的基础设施建设。相关领域专家对欧亚经济联盟的机制和效果进行了许多研究。例如，维诺库罗夫（E. Винокуров）总结其初步成果，将欧亚经济联盟视作后苏联空间的新常态。他指出，目前主要法律文件、制度和机构以及共同劳动力市场已开始运行，技术法规方面也有一定的进步。欧亚经济联盟也存在着一些问题，但和其他的区域一体化机制相比尚在正常范围内。① 此外，尽管中俄已宣布将欧亚经济联盟与"丝绸之路经济带"对接，但实际对接进程相对缓慢。与此相对，中哈之间则依托"光明之路"和"丝绸之路经济带"积极发展经济关系，项目进展良好。泰别库勒（A. Тайбекулы）认为由于哈萨克斯坦的区委竞争优势低于俄白两国，这种区域内的相对劣势使其在加入欧亚经济联盟之后并没有达到预期目标。此外，由于欧亚经济联盟各成员国内部存在非关税贸易壁垒，哈萨克斯坦未能实现运输成本下降的预期。总之，在现阶段，欧亚经济联盟尚未给哈萨克斯坦带来预期成效。②

在能源和基建方面，中亚国家的石油和天然气资源主要通过俄罗斯管道运往国际市场。虽然美国出于战略考虑介入了里海能源开发和外运管道建设，但由于地缘上邻近的天然优势，俄罗斯仍在中亚的能源外运中占据主导地位。

随着欧盟开展与这一地区的合作，俄罗斯加强了对中亚向欧洲转移石油和天然气资源的控制，同时开始巩固与中亚这些国家的关系。21 世纪初，美国提出了"新丝绸之路"计划，一方面是针对从新自由主义改革休克中逐渐

---

① Vinokurov E. Eurasian Economic Union: Current State and Preliminary Results. Russian Journal of Economics, 2017, 3(1):54-70.

② Тайбекулы А. Казахстан и Евразийские Интеграции: Ожидание и Реальность. Институт Мировой Экономики и Политики Мировой при Фонде Первого Президента Республики Казахстана. Лидер Нации, Доклад 11.2016.

恢复的俄罗斯；另一方面则希望减少对中东能源的依赖，而中亚成为备选地。随着俄罗斯国力进一步恢复，同时美俄矛盾升级，俄罗斯方面倾向于将美国的战略意图归结为控制里海能源，在南北两侧分别牵制俄罗斯和伊朗，并通过中亚战略把北约的东扩与美国的中东战略联系在一起。①

从俄罗斯的角度来看，俄罗斯并不十分热衷于吸引任何其他大国在俄或中亚大规模投资。目前，大多数双边贸易联系仍然受到如贸易壁垒和进口限制等阻碍。在中俄能源合作方面，俄罗斯人反而经常抱怨说"中国人在承诺方面通常是自由主义者，却不急于实施。"②自2014年5月签署中俄天然气协议以来，俄罗斯一直在努力开拓中国能源市场，但收效甚微。③不过，随着中国对海外能源的需求下降，俄罗斯的心态也许也将随之改变。

B. 美国主导的合作

美国是哈萨克斯坦多元平衡外交的重要方向，也是哈萨克斯坦主要的外国直接投资来源国。美国是最早承认哈萨克斯坦独立并与之建交的国家之一。哈萨克斯坦需要得到美国主导的西方国家的认可，也需要资金和技术援助。在哈萨克斯坦看来，美国能够帮助哈国获得国际金融机构和其他机构的援助，并平衡俄罗斯对新独立的哈萨克斯坦的影响力。2011年后，哈萨克斯坦和美国的关系在完成加入世贸组织谈判后进一步提升。两国在阿富汗问题和禁毒问题等议题上也有密切配合。美国在阿富汗"反恐"战争结束前也提出由中亚经阿富汗与南亚建立经济联系的"新丝绸之路"计划。美国支持中亚国家

---

① Lazzat Z. 中亚与中国能源合作研究 . [硕士学位论文] . 上海外国语大学国际关系与公共事务学院 , 2017.

② Fedorov G. Good Infrastructure Needed to Attract Chinese to Russian Far East—Expert, Russia beyond the Headlines [EB/OL]. (2016-07-01) [2019-09-08]. http://rbth.com/interna-tional/2016/07/01/good-infrastructure-needed-to-attract-chinese-to-russian-far-east-expert_607551.

③ Yu K. Sino-Russian Gas Cooperation in OBOR: Infrastructure Investment Is the Key [EB/OL]. (2016-10-20) [2019-09-08]. http://www.gastechnews.com/lng/sino-russian-gas-cooperation-in-obor-infrastructure-investment-is-the-key.

建设诸如土库曼斯坦—阿富汗—巴基斯坦—印度管道（"TAPI"）和中亚—南亚输电项目（CASA-1000），同时为中亚国家提供用于海关检查的设备。美国以"新丝绸之路"旨在发挥阿富汗的过境潜力并促进中亚与南亚的贸易联系，具体包括公路、铁路、管道以及电力传输等项目。此外，跨里海的互联互通也是美国支持的重点之一。借助已经完成的巴库—第比利斯—杰伊汉输油管道（BTC），美国试图吸引哈、土等里海沿岸中亚国家共同打造经由里海和高加索通向欧洲的运输走廊。

综上，美国在中亚交通等领域的经济政策中，地缘政治考虑明显大于经济利益考虑。与此同时，俄美在交通基础设施方面的博弈使中亚地区国家间出现更多竞争，哈萨克斯坦在推动跨境交通项目上更需谨慎应对。[①]

C. 欧盟和其他国家参与的合作

哈萨克斯坦与欧盟在 1999 年签署了合作伙伴协定后，双边经贸关系高速发展。2012 年后，欧盟曾经连续五年成为哈主要贸易伙伴和投资国。哈萨克斯坦是除欧佩克组织国家之外，仅次于俄罗斯和挪威的对欧盟能源供应国。

欧盟与伊朗是中亚交通领域的积极投资者。对欧盟而言，投资中亚地区一方面旨在加强其过境运输能力、消除过境障碍；另一方面也出于地缘政治考虑，意图降低中亚地区对俄罗斯的依赖。欧洲希望建设新的石油天然气管道以进口中亚的石油天然气资源。纳布科（NABUCCO）项目就为其中一例。欧盟自 1993 年投资的欧洲—高加索—亚洲运输走廊项目（TPACECA）吸引了包括哈国在内的 13 个国家参与，以期减少中亚新独立国家在过境运输方面对俄罗斯的依赖（2010 年由于伊朗受到制裁，欧盟停止了该项目对伊朗的技术和财政支持）。截至目前，欧洲—高加索—亚洲运输走廊项目取得了阶段性成功，现已落实 64 个项目。由欧盟出资支持的"双西公路"全长 8445 公里，其中 2787 公里途经哈萨克斯坦领土。该项目计划于 2020 年完成，但在建设

俄罗斯段的过程中遭遇部分阻碍。

哈萨克斯坦的地理位置决定了许多项目和战略会涉及交通运输领域和相应的基础设施建设。哈国也有意充分利用这一优势，重新成为中国与欧洲之间的贸易桥梁，以此来促进本国经济发展。根据哈萨克斯坦《2020 年前交通发展纲要》，哈国拟投入 50 亿坚戈用于公路、铁路建设。该纲要提出，哈萨克斯坦须努力加入国际交通运输体系，争取使其过境货运量翻一番。为此哈萨克斯坦须对本国的公路和铁路进行大规模现代化改造，维修总长度达 7 万公里的道路，同时使国内拥有 4500 公里长高等级公路，并陆续维修其他交通干线。^①此外，哈萨克斯坦还筹备建设至土库曼斯坦边境的铁路，希望通过"哈萨克斯坦—土库曼斯坦—伊朗"铁路项目连通阿巴斯港，最终借此成为东亚—中亚—西亚陆路贸易的枢纽。

伊朗 1995 年即与土库曼斯坦实现铁路贯通，中亚国家的货物可通过铁路运抵波斯湾港口。伊朗与中亚开展交通合作有两方面考虑：就经贸关系而言，从波斯湾出海是中亚最便捷的出海路线；就地缘政治而言，连通中亚国家可助波斯湾与印度洋港口形成竞争。^②

（2）中国在中亚地区的机遇与挑战

在中美贸易摩擦背景下，我国的海上进出口通道面临压力，部分贸易将转移至东北、西北与西南边境口岸。这意味着哈萨克斯坦作为陆上交通枢纽的意义进一步加大。2018 年 3 月 23 日，美国总统特朗普正式签署对华贸易备忘录，对从中国进口的 600 亿美元商品加征关税，并限制中国企业对美投资并购。2018 年 4 月 2 日起，中国对原产于美国的 7 类 128 项进口商品中止关税减让，并在现行适用关税税率基础上加征关税。在此背景下，西北边境已

---

① Государственная Программа Развития и Интеграции Инфраструктуры Транспортной Системы Республики Казахстан до 2020 года [EB/OL]. [2019-09-08]. http://mtc.gov.kz/index.php/ru.

② 孙壮志. 中亚国家跨境交通的地缘政治博弈. 新疆师范大学学报：哲学社会科学版，2016，37(2):41.

经观察到进口额的急剧增长。①

在此前的 2016 年，"双西公路"即"欧洲西部—中国西部"高速公路哈萨克斯坦境内 2800 多公里公路已全部竣工。而中哈连云港物流合作项目也颇具里程碑意义，使哈国获得了通往亚太地区的出海口。2017 年 2 月，一列装载 720 吨小麦的火车从哈萨克斯坦出发，经阿拉山口到达连云港。哈国通过该物流基地实现向东南亚出口。② 霍尔果斯口岸进口贸易的进一步繁荣正是在这样的背景下发生的。处于"双西公路"的霍尔果斯口岸依托发达的公路交通运输网，联通了贯通中亚乃至中欧的快速公路干线，大幅度减少了跨境运输成本，缩短运输时间。③

自 2014 年中国房地产行业增速明显放缓以来，许多建筑企业寻求新的增长点，而中哈合作提供了大量机遇，大型基础设施项目可以通过结合融资服务等方式进入哈萨克斯坦市场。事实上，地缘政治条件的变化时而给中国企业带来机会。④

而进入中亚国家的中资企业将不可避免地与欧亚经济联盟相关机制产生互动。回顾历史，欧亚经济联盟对在哈国本地化经营的中国企业提供了良好的机遇。首先，以人口计，欧亚经济联盟内的统一市场是哈萨克斯坦市场的 10.7 倍。其次，哈萨克斯坦制定了较优惠的税务税收政策以吸引外来投资。例如，与俄罗斯相较而言，哈国的利润所得税少 4%，增值税少 6%，社会税

---

① 中国新闻网.乌鲁木齐海关特殊监管区进出口贸易额大幅增长.[EB/OL].[2019-09-08]. https://finance.sina.com.cn/roll/2019-07-19/doc-ihytcerm4882103.shtml.

② 丁晓星.中哈合作四大领域前景广阔.大陆桥视野，2017(07): 45-47.

③ 例如，新闻显示，2019 年 7 月 5 日霍尔果斯进境水果指定监管场地通过海关总署正式验收后，开始进口首批水果，这也是新疆口岸首次通过陆路运输方式进口水果。见中新网.新疆口岸首次通过陆路运输方式进口甜瓜.[EB/OL].(2019-08-08)[2019-09-08]. https://news.sina.com.cn/o/2019-08-08/doc-ihytcerm9483344.shtml.

④ 一个例证是 2016 年俄土关系急剧恶化后，长期为土耳其建筑商垄断的俄罗斯建筑市场逐渐向中资建筑工程承包企业开放。本次调研得知，2016 年年底，莫斯科建筑行业论坛首次邀请了 10 余家中国建筑企业参加，中国企业则抓住这个难得的机会，在俄罗斯市场扎下根来。

减少13%。① 因此，哈国企业或中企在哈本地化经营所得产品完全可以同时利用低税率和大市场的优势，在哈国本地生产、再销往欧亚经济联盟内其他国家。本次调研中涉及的一家民营汽车制造企业便充分利用了这样的比较优势，目前已经成功实现了在哈组装和销售，并计划在未来开拓俄罗斯和中亚其他国家市场。在欧亚经济联盟统一市场的条件下，油气加工、金属加工等行业能够促使哈萨克斯坦改善其在欧亚经济联盟内贸易的劣势地位。此外，庞大的市场容量使相关项目更具可行性和生存能力，进而能够提高中国资本的投资回报率。

从2015开始的中哈产能合作便清晰地体现了这一思路。成功案例之一是中哈合作的阿特劳沥青厂。该项目使哈萨克斯坦沥青近90%需要进口的局面得以扭转，目前产量可满足哈国全国公路建设（包括"双西公路"、阿特劳—阿克套、阿斯塔纳—巴甫洛达尔和奇姆肯特—克孜勒奥尔达等分段国家级公路）的需要，并且已实现向联盟伙伴国出口。②

中国对欧亚经济联盟国家的出口存在以下机遇和挑战。首先，对于哈国市场而言，中国和俄白两国的商品具有一定互补性，许多行业的中国产品难以由俄白等欧亚经济联盟成员国产品代替，尤其是在技术和资本密集型领域（如机电产品、运输设备等）。其次，哈萨克斯坦市场对外开放水平较高。欧亚经济联盟对区外国家设置的关税壁垒排他性较弱，且随着俄罗斯和哈萨克斯坦加入世界贸易组织，哈萨克斯坦对外关税大幅降低。再次，欧亚经济联盟内各利益集团的博弈致使非关税壁垒普遍抬头，进而削弱了贸易创造及转移效应。然而，就长期的发展趋势而言，随着欧亚经济联盟逐步降低甚至取消内部非关税壁垒、完全统一内部市场、规范进口产品清关监督，与此同时俄罗斯和哈萨克斯坦欲实施"进口替代"政策，中国产品向欧亚经济联盟

① World Bank. Assessment of Costs and Benefits of the Customs Union for Kazakhstan // Borden G. A. et al. Speech Behavior and Human Interaction. Englewood Cliffs: Prentice-Hall, 2012:448-453.

② 驻哈萨克经商参处. 哈萨克斯坦阿克套沥青厂已做好准备落实光明之路项目. [EB/OL]. (2015-05-15) [2019-09-08]. http://kz.mofcom.gov.cn/article/jmxw/201505/20150500972882. shtml.

国家出口所面临的竞争将更为激烈。①

▌▌ 5.2 哈萨克斯坦视角下的"一带一路"倡议

哈萨克斯坦国内对"一带一路"倡议的积极讨论始于 2014 年。尽管至今已过 5 年，目前还不能断定关于"一带一路"的海外公众舆论对于形成政治决策的过程产生了怎样的作用机制。② 在外国公众舆论尚不理解"一带一路"的情况下，专家群体的意见显得尤为重要。哈国在"一带一路"框架内与中国的互动很大程度上取决于学者的观点。

哈萨克斯坦的一些重要研究机构，例如首任总统基金会下的世界经济与政治研究所（IMEP）和哈萨克斯坦共和国总统战略研究所（KISI）高度关注"一带一路"倡议。但总体而言，专门从事中国研究的智库和研究中心仍是少数，例如，哈萨克斯坦首任总统图书馆中国研究中心和哈萨克斯坦管理经济战略研究院大学中国和中亚研究中心（CCASC）均开设于 2017 年。

哈国专家所关注的焦点是与哈国家计划"光明之路"的对接。重要的是，哈萨克斯坦将美国的"新丝绸之路"计划理解为交通项目，而俄罗斯专家则更加关注地缘政治意图。

在所关注的区域方面，哈国专家与俄国专家类似，都认为倡议的核心是中亚地区。"一带一路"倡议的落实将不可避免地巩固中国在这一地区的存在。但与中国合作的形式恰恰是哈俄之间的关键矛盾。与其他中亚国家一样，哈萨克斯坦正在积极与中国直接对话，而不只是中俄之间对话的观察者。③

① 鲁斯郎. 欧亚经济联盟对中国和哈萨克斯坦贸易影响研究［硕士学位论文］. 浙江大学国际教育学院，2018.

② К Великому Океану-3. Экономический пояс Шёлкового пути и приоритеты совместного развития евразийских государств. Аналитический доклад международного дискуссионного клуба «Валдай» / под ред. Караганова С.А.// RU.VALDAICLUB.COM: официальный сайт дискуссионного клуба «Валдай» [EB/OL]. [2019-09-08]. http://ru.valdaiclub.com/files/11300.

③ Иван Юрьевич Зуенко, Один «Пояс», Два Пути: Восприятие Китайских Интеграционных инициатив в России и Казахстане (2014-2017).

图 1-5-1　北京大学调研团参访哈萨克斯坦总统战略研究所（摄影：郑豪）

　　2013 年以来，哈国各界对中国的看法较为多元。一些学者认为，统治精英和广大公众对中国的看法存在显著差异。精英往往对中国较为友好，而公众意见中则存在一定的疑虑。[①] 然而，一些哈国精英们也认为，过度依赖中国作为外国投资来源具有一定风险。[②]

　　在俄国与西方学界，意见同样不一。佩洛斯（Peyrouse）[③] 指出，在中亚进行的众多涉及中国问卷调查的主要反馈是"中国仍然是对中亚的挑战"，

① 例如 Y-W Chen 2015; Kassenova 2017; Laruelle & Peyrouse 2012; Peyrouse 2016; Toktomushev 2018; Burkhanov 2018，见 Vakulchuk, R, Overland I. China's Belt and Road Initiative through the Lens of Central Asia // Cheung F M, Hong Y Y. Regional Connection under the Belt and Road Initiative. The prospects for Economic and Financial Cooperation. London: Routledge. 2019:117.

② Lain S. The Potential and Pitfalls of Connectivity along the Silk Road Economic Belt // Laruelle M. China's Belt and Road Initiative and its Impact in Central Asia. Washington DC.: The George Washington University, 2018:3.

③ Peyrouse S. Discussing China: Sinophilia and Sinophobia in Central Asia. Journal of Eurasian Studies, 2015, 7(1):14-23.

对中国的"恐惧症"被视为"一带一路"倡议开展的一大障碍①。瓦库尔楚克（Roman Vakulchuk）和欧沃兰德（Indra Overland）认为，中亚公众对中国的负面态度可以从几个角度解释。首先，受到 20 世纪中后期苏联宣传的影响，中亚公众头脑中中国的负面形象长期存在。其次，中亚民众对中国特别是"一带一路"倡议的具体政策表述仍然缺乏了解②。第三，中国劳工在中亚的存在被夸大为移民问题。③

许多学者认为，中国政府为中国企业提供了政治和财政支持。中国可以利用潜在的后发者优势，而中亚国家则可以效仿发达国家的工业化进程，借助中国的投资推动经济发展。这种过程不会随着中国投资的增加而自然发生，它的前提是中亚国家加入到"一带一路"倡议的合作中，并改善其软硬件基础设施。其中，俄罗斯的立场很关键，俄罗斯长期以来对中国在周边地区日益增长的影响持谨慎态度，而中国则不愿意参与那些没有经济意义的项目，这些都使得两国在合作上表现得十分谨慎。④

① Farchy J. Kazakh language schools shift from English to Chinese, Financial Times [EB/OL] (2018-05-09) [2019-09-08]. http://www.ft.com/content/6ce4a6ac-0c85-11e6-9456-444ab5211a2f; Kassenova N. 'China's Silk Road and Kazakhstan's Bright Path: Linking Dreams of Prosperity. Asia Policy. 2017. 24:110-116.

② Dave B. Silk Road Economic Belt: Effects of China's Soft Power Diplomacy in Kazakhstan // Laruelle M. China's Belt and Road Initiative and Its Impact in Central Asia. Washington DC.: The George Washington University, 2018:97-108.

③ Jochec M, Kyzy J. J. China's BRI Investments, Risks, and Opportunities in Kazakhstan and Kyrgyzstan // Laruelle M. China's Belt and Road Initiative and Its Impact in Central Asia. Washington DC.: The George Washington University, 2018:67–76; Garibov A. Contemporary Chinese Labor Migration and its Public Perception in Kazakhstan and Kyrgyzstan // Laruelle M. China's Belt and Road Initiative and Its Impact in Central Asia. Washington DC.: The George Washington University, 2018: 143–152.

④ Du Y. H. One Belt One Road: Realizing the "China Dream" in Central Asia? // Burghart D L et al. Central Asia in the Era of Sovereignty: the Return of Tamerlane? Lanham: Lexington Books, 2018.

5.3　结　语

　　从地缘政治角度来看，中企在哈萨克斯坦的投资经营存在许多有利条件。首先该地区国家间和国内局势总体保持稳定，政权更迭发生危机的可能性较小。2017 年初，哈萨克斯坦启动宪法改革，将总统的部分权力向议会与政府移交，旨在建立相对均衡的权力架构，确保未来权力交接的稳定；同年 4 月，纳扎尔巴耶夫总统发表"社会意识现代化"一文，号召哈民众转变思想，与时俱进。[①] 2019 年 3 月，纳扎尔巴耶夫宣布辞去总统职位（其任期原本应于2020 年 4 月结束）。3 月 20 日，原议会上院议长托卡耶夫依照宪法宣誓就任总统。托卡耶夫 4 月 9 日签署总统令将哈总统选举日期提前，托卡耶夫 2019年 6 月 9 日如期当选。

　　该地区国家间关系和中亚安全形势总体可控。专家认为，各国面临的恐怖主义安全威胁仍然不可低估。包括哈萨克斯坦在内的中亚各国均有部分国民在中东参加极端组织，且存在回流可能。与此同时，阿富汗安全形势恶化也将对哈国边防形成较大压力。哈萨克斯坦的多元平衡外交政策也给中国企业带来了机遇和挑战。哈萨克斯坦积极参与中国"一带一路"，也参与欧亚一体化进程的各类机制，同时也支持美国发起的 C5+1 机制，并与欧洲伙伴密切合作。

　　综上所述，俄罗斯在中亚地区的影响力较大，这意味着注重俄罗斯因素对于"一带一路"在中亚的成功是不可或缺的。因此，我国企业不妨也采取平衡发展策略：集中精力稳定在东向的北美、日韩等发达经济体的经营，同时着力深化与西向"一带一路"沿线国家经贸关系，进而抓住机遇、拓宽沿线国家市场。

---

① 丁晓星 . 中亚地区形势与"一带一路"合作 . 现代国际关系 , 2017, 000(012):31-33.

第二编

"一带一路"视域下中哈医疗卫生合作：现状与展望

雨后的哈萨克斯坦国家医疗控股中心（摄影：郑豪）

前　言

　　1978 年，世界各地的卫生专家和领袖在哈萨克斯坦共同签署了《阿拉木图宣言》。该宣言奠定了之后 41 年全球初级卫生保健体系的基础。2018 年，在哈萨克斯坦举行的全球初级保健会议上，世界各国共同签订了《阿斯塔纳宣言》和《21 世纪初级卫生保健愿景》，旨在加强各国和国际伙伴对于推动卫生系统向"普遍可及、平等和社会公正"为原则的初级卫生保健发展，从而加快在全民健康覆盖和可持续目标中健康相关部分的进展。①2013 年 9 月，中国国家主席习近平在访问哈萨克斯坦期间，首次提出了共建"丝绸之路经济带"的构想，"一带一路"倡议在此基础上得以形成。2016 年，习近平主席进一步提出着力深化"一带一路"国家间的医疗卫生合作，加强在传染病疫情通报、疾病防控、医疗救援、传统医药领域的互利合作，携手打造"健康丝绸之路"。推进"一带一路"卫生交流合作是维护国家安全、促进我国和沿线国家经济社会发展的重要支持手段，并且也将为"一带一路"倡议的落实打下坚实的社会民意基础。推进"一带一路"卫生交流合作，将便于中国同沿线国家分享医疗卫生领域成功经验，也有利于促进国内健康产业发展与转型。②

　　2017 年 8 月，《"一带一路"暨"健康丝绸之路"北京公报》发布。该报

---

① 杨辉 . 从《阿拉木图宣言》到《阿斯塔纳宣言》：全科医学发展是实现全民健康覆盖的重中之重 . 中国全科医学 2019, 22(1): 1-4.

② 张蕴岭，袁正清 . "一带一路"与中国发展战略 . 北京：社会科学文献出版社，2017.

告指出：健康是发展的核心，是发展的先决条件和结果，是衡量可持续发展的有效指标；发展和保持"一带一路"相关国家卫生体系活动，推动"一带一路"卫生及健康领域的合作，不仅有利于增进人民健康，还将为推动经济发展做出贡献。因此要充分认识到卫生领域的交流与合作是"一带一路"倡议的重要组成部分，其对于发展中国与"一带一路"沿线国家关系、丰富合作内涵、加深人民友谊及建设更加紧密的命运共同体起着重要作用。①

值得注意的是，经济全球化、社会城市化、人口老龄化使健康威胁不断增加，疾病负担不断加重。全球经济的不确定性对实现全民健康覆盖的影响巨大，因此，加强卫生体系建设之路任重道远。卫生投资对刺激经济发展和促进全球安全有深远意义。优先发展卫生健康和确保卫生资源供给应是沿线国家共同的目标。为沿线国家人民的共同福祉，各国应将社区卫生工作者的培训、薪酬和整合正式列为国家卫生系统工作的一部分。

在传染病方面，近几年西非埃博拉出血热疫情、中东呼吸综合征疫情、寨卡病毒疫情以及 2020 年肆虐全球的新型冠状病毒的出现一次次给各国政府敲响警钟。新发和再发传染病的肆虐已成为各国所面临的潜在重大公共安全问题，对国民的健康及社会经济发展将产生重大影响，各国政府均应予以重视。此外，妇幼健康也是促进家庭和谐、社会持续发展的一个重要因素。提升"一带一路"各国妇幼健康水平，对促进社会持续发展有重要意义。传统医药在"一带一路"沿线多个国家都有悠久的应用历史，是优秀传统文化的重要载体，也是各国健康文化的软实力，成为各国卫生保健重要组成部分，在促进文明互鉴、维护人民健康等方面发挥着重要作用。②

1991 年哈萨克斯坦独立以来，中国和哈萨克斯坦维持着高水平的双边关系。自 2011 年起，中国就成为哈萨克斯坦的第二大贸易伙伴和最大出口市场。

---

① 中国医学论坛报 .《"一带一路"暨"健康丝绸之路"北京公报》正式发布 . [EB/OL]. https://www.cmtopdr.com/post/detail/c84ff222-e462-43aa-b95d-a4caddb5a04e.
② 中国医学论坛报 .《"一带一路"暨"健康丝绸之路"北京公报》正式发布 . [EB/OL]. https://www.cmtopdr.com/post/detail/c84ff222-e462-43aa-b95d-a4caddb5a04e.

虽然 2018 年哈萨克斯坦与中国双边贸易额为 200 多亿美元，但在医疗卫生领域两国的贸易额和交往密度仍较低。[①]

哈萨克斯坦是世界上最大的内陆国，2017 年据世界银行数据显示，哈萨克斯坦总人口为 18,276,499 人，国土面积为 272.5 万平方公里，人口密度相对较低（每公里土地面积约 6.8 人），为中等以上收入水平国家。[②] 人类发展指数较高（0.8）。哈国互联网使用率和移动蜂窝电话订阅率都较高。哈萨克斯坦全国分为 17 个行政区（14 个州和 3 个直辖市），而州政府是卫生系统相关决策的主要角色。[③] 本编将从医疗卫生系统比较、医学教育、医疗技术、中医药等方面呈现本次调研中所见哈萨克斯坦医疗卫生合作现状，分析面临的挑战，并在"一带一路"倡议的框架下，提出中哈医疗卫生合作领域的建议。

① 穆沙江·努热吉，方创琳，何伦志. 丝绸之路经济带中国 – 哈萨克斯坦国际合作示范区经贸合作重点与模式选择. 干旱区地理，2016, 5: 979-986.

② The World Bank Open Database. [DB/OL]. https://data.worldbank.org/country/kazakhstan.

③ OECD. OECD Reviews of Health Systems: Kazakhstan 2018. Parish: OECD Publishing, 2018.

1.1 哈萨克斯坦卫生系统概况

近年来，哈萨克斯坦经济增长显著。健康也逐步成为了政策议程中的优先领域。哈萨克斯坦对健康领域的投资逐渐增加，并多次启动卫生系统改革，以改善卫生服务的可及性、公平性和效率。

自 1991 年独立以后，哈萨克斯坦曾面临无法维持一个以医院保健为主的庞大卫生系统。和许多欧亚地区国家相似，哈萨克斯坦医改初期阶段曾出现了一段时期的混乱局面。哈国独立后缺乏经过良好训练的卫生管理人才，且卫生系统组织架构经历频繁变化，这些都阻滞了医疗系统改革的进程。自 1996 年以后，哈国卫生部多次对其内部结构进行修改，卫生部门的人员构成几乎每两年变化一次。1999 年，卫生部被改组为一个独立的管理机构，归入更大的部门中。2002 年，该部则重新恢复。

2004 年，哈萨克斯坦政府出台了《2005—2010 年国家卫生改革和发展项目》，实施国家保障的基本福利项目（State-Guaranteed Basic Benefits Package, SGBBP），更改了此前基本福利项目的内容。国家保障基本福利项目（SGBBP）的基础是以可用的国家财政为居民提供相对平等的医疗服务，其成本由国家、个人和用人单位共同承担。初级卫生保健的覆盖范围也得到扩展。为减少对住院保健服务所获收入的依赖，当局重组了医院体系。哈国通过扩大公共服务提供者的自主权，改善服务质量并扩大循证医学（Evidence-based medicine）的应用，来寻求医疗服务提供的现代化。

然而，目前哈萨克斯坦的健康水平远低于经济合作与发展组织（OECD）国家水平。其不足主要体现在人均预期寿命相对较低，同时以艾滋病和肺结核为代表的传染病发病率仍然较高。慢性疾病负担较重，特别是心血管病死亡率较高。[1]

尽管进行了将近 30 年雄心勃勃的改革，哈萨克斯坦的卫生系统仍然保留苏联时期的特点，如对初级卫生服务的投入过低，对传染性疾病相对重视。目前哈国卫生服务提供仍然呈碎片化状态。受到人力资源和设备供应的限制，中小城市中卫生服务的可及性有限。此外，还存在一些阶段性的困难，包括：有关部门掌握和可使用数据有限，难以测量、比较并系统地改进卫生服务绩效；对发展能有效解决当下疾病负担的服务和项目不够重视；来源于政府的健康投资较少；居民现金支出较高以致卫生服务的可及性不足等。

目前，哈萨克斯坦卫生与社会发展部负责制定全国性卫生政策和战略规划（如图 2-1-1 所示）。卫生与社会发展部（Ministry of Health and Social Development），建于 2014 年 8 月，由公共财政预算支持，旨在通过立法规制卫生领域并促进跨部门协作，以此实现国家及区域层面卫生政策的优化。

哈国卫生与社会发展部负责国家卫生政策的规划，而卫生服务和筹资大部分由州政府、州属管理机构以及相关卫生部门承担。哈国卫生服务部的主体是十四个州和三个直辖市，负责管理大部分的医院和综合诊所。州卫生部门为州政府的分支，州政府负责管理辖区内的国有卫生服务单位。州卫生部门负责完善和管理卫生费用支出（主要是国有医疗机构），州行政机关负责确保公民享有在国家标准下的保障性福利权利，并起到对州卫生部门辖制与辅助的双重作用。[2]

---

[1] OECD. OECD Reviews of Health Systems: Kazakhstan 2018. Paris: OECD Publishing, 2018.

[2] 参考：王笑笑，高非，张红丽，等. 哈萨克斯坦医疗卫生体制改革综述. 中国卫生经济，2016，35(4): 94-96.

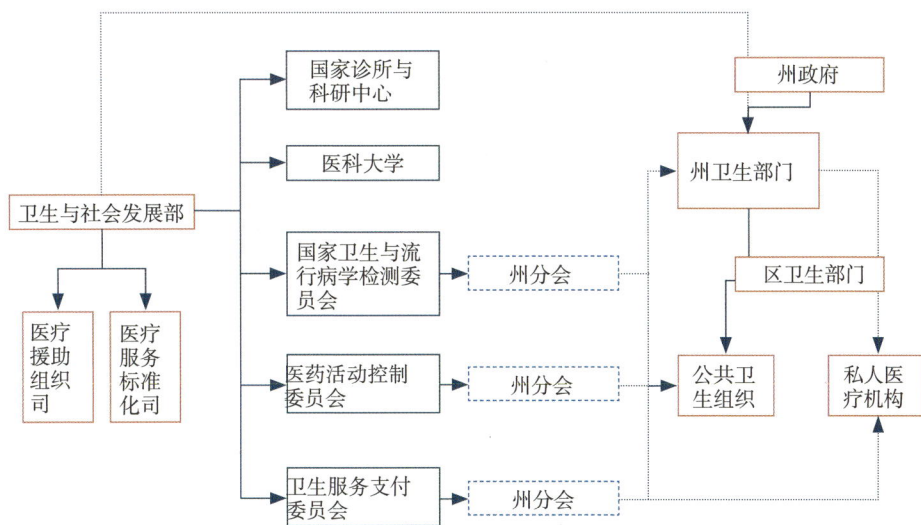

图 2-1-1　哈萨克斯坦卫生体系示意图

▌ 1.2　哈萨克斯坦卫生系统主要改革

哈萨克斯坦医疗保险制度改革是卫生系统改革中的重要部分。国家独立后,在全民免费医疗无法维持的情况下,医疗保险制度经历了两次重大的调整,自 1996 年至 1998 年实行强制医疗保险制度后, 医疗部门完全依赖政府拨款的状况得以改变。1998 年之后, 哈国实行自愿医疗保险。医疗部门的主要筹资手段恢复为政府预算性筹资, 医疗保险被划入商业运营的范畴, 但自愿医疗保险的效果却十分有限。[①]

成立于 1996 年的国家强制医疗保险基金(Mandatory Health Insurance Fund, MHIF)是卫生筹资的重要环节。国家强制健康保险基金平行于之前的行政层级和卫生组织管理系统。在 1999 年废除国家强制健康保险基金之后,卫生系统由国家和州两级筹资。但在 2001 年, 为了与行政体系保持一致, 卫生筹资和管理权限下放至区一级。这些改变降低了卫生系统的效率, 使得微

---

① 杨恕,王琰.哈萨克斯坦医疗保险制度改革问题研究.新疆社会科学,2012(04):67-74.

观卫生系统管理变得更加困难。

2004 年，哈萨克斯坦政府出台了《2005—2010 年国家卫生改革和发展项目》实施国家保障的基本福利项目（State-Guaranteed Basic Benefits Package, SGBBP），以及《2011—2015 年国家卫生保健发展项目》。2008 至 2016 年期间，世界银行提供 3 亿美元支持项目实施。这两项改革的目的都是通过提高初级卫生保健服务来提高哈萨克斯坦卫生体系绩效。[①]

哈萨克斯坦的决策权高度集中于由总统管理的政府。哈总统于 2009 年发布了《人民健康与医疗卫生系统法典》（Code on People's Health and the Health Care System）的总统令（No.193-IV）。此法典对哈萨克斯坦卫生系统的政策法规进行了系统的规范与整合，取消了一些过时或过于特殊的政策法规，使卫生系统与国际规则相适应，促进卫生系统从单纯管理向经济激励性系统转变。[②]

1.3 哈萨克斯坦医疗筹资

目前，哈萨克斯坦的卫生改革赋予了国家卫生部更多的权利，并将初级卫生保健再度置于医疗改革的重要位置。医学教育系统开始全面改革，以反映卫生系统对于全科和家庭医生的需求；在临床实践中，还采用了循证医学的方法。此外，许多国家级控股机构，如国家医学控股中心和医学教育联合会也逐渐成为卫生系统的重要行为主体。

卫生收入主要来源于政府预算（国家级和州级）和付现卫生支出（公费和非正式支出）。1999 年，在尝试建立强制医疗保险制度失败后，哈萨克斯坦重新采纳了依据州预算筹资的方式。2008 年，公立医院服务支出比门诊服务支出多 1.6 倍。全国卫生支出主要花在公费基本福利项目（SGBBP）和指定地方转移预算。大量的州政府预算（60%）投入到公费基本福利项目中，

---

① OECD. OECD Reviews of Health Systems: Kazakhstan 2018. Paris: OECD Publishing, 2018.
② 王笑笑, 等. 哈萨克斯坦医疗卫生体制现况及发展计划. 中国卫生经济, 2016(07): 94-96.

剩下的 40% 覆盖公费基本福利项目以外的服务。只有 0.17% 的州卫生支出投入到健康促进领域。

表 2-1-1　哈萨克斯坦卫生投入，2016 年（世界银行）

指　　标	哈萨克斯坦
人均卫生支出（按购买力平价，国际美元）	858
卫生支出占 GDP 百分比（%）	3.5
政府卫生支出占卫生支出百分比（%）	58.0
付现支出占卫生支出百分比（%）	35.9
医院床位（每千人，2012）	7
内科医生（每千人，2014/2015)	3.3
专科外科医生（每十万人，2015/2012）	88.6
护士和助产士（每千人，2013/2015）	8.5
全民健康覆盖指数（2015）①	71

　　哈萨克斯坦人均卫生支出较高，但其卫生支出占 GDP 百分比相对较低。政府卫生支出占卫生支出百分比超过 50%，但付现支出占比也在 35.9%（如图 2-1-2 所示）。世界银行数据显示：从 2000 到 2016 年，卫生总费用占国内生产总值份额在 2.6% 至 4.2% 之间浮动。整体趋势从 2013 年开始逐步回升。[②]哈国医疗卫生机构总数在哈萨克斯坦内有 1204 家医院、3463 家流动医院[③]。哈国全民健康覆盖指数相对较高。

　　哈萨克斯坦曾进行过多次卫生系统改革，通过公费基本福利项目（SGBBP）和面向易感人群的门诊药物福利，改善了人群的卫生开支状况。尽管哈国当

---

① 全民健康服务覆盖指数（基于对生殖、妇幼、新生儿与儿童健康、传染性疾病、非传染性疾病和服务能力与可及性的追踪），取值范围为 0-100。因为该指数对于高值时不能提供较好的分辨率，指数值在 80 及以上均计作 80。

② The World Bank Open Database. [DB/OL]. https://data.worldbank.org/country/kazakhstan.

③ 冰山. 哈萨克斯坦最顶尖医疗机构名单正式公布 . [EB/OL]. 2018. https://lenta.inform.kz/cn/article_a3338553.

局为此提高了公共卫生支出，2007 年私人的自付比例仍然占到全部卫生支出的 36%。这可能会让经济拮据的居民受困于卫生支出。根据 2008 年哈国统计机构的数据，2008 年 7.4% 的人口因为费用问题没有使用卫生服务。尽管近期有一系列投资与改革，公共卫生和健康尚未得到大幅度改善。卫生领域面临的挑战包括低预期寿命、高婴儿和孕产妇死亡率、高肺结核感染率和逐渐增加的慢性病负担。尽管尚未取得准确死亡率数据，确诊为癌症的病人的五年生存率在 2009 年达到 50.2%。

　　服务质量一直被视为需要重点改善的对象。哈萨克斯坦通过促进循证医学，基于世界卫生组织的标准，引入新的临床实践指南，由此推动机构服务水平的提高。2005 年至 2010 年国家卫生服务改革与发展的初步成绩反映了哈国卫生工作在质量改善方面的进展，特别是针对妇幼健康和肺结核。在 2001 年至 2008 年之间，人均卫生筹资的区别在州水平达到 2.1 倍至 4.2 倍。阿拉木图和阿斯塔纳居民在卫生服务可及性方面有一定优势，其原因是这两个城市主持着国家最先进的临床中心。相比之下，其他偏远地区对卫生服务的地理可及性提出了挑战。2010 年，出生预期寿命在北部哈萨克斯坦州为 66.3%，在阿斯塔纳则为 73.2%。而在婴儿和孕产妇死亡率方面，这样的区域间差异更大。[①]

1.4　哈萨克斯坦公共卫生人才培养

　　哈萨克斯坦自独立以来，开发了许多措施以保证卫生部门人力资源能够满足人民的需求，但仍然面临显著的挑战。从 1990 到 2000 年，卫生部门工作者数量显著下降，因为许多员工离开卫生部门并移居他国或转入私营部门。[②]自此开始，哈萨克斯坦启动了一系列改革，以加强卫生部门人才培养工作，重塑医学教育与训练体系。现行的医学教育与训练体系以卫生部建立的国家

---

① OECD. OECD Reviews of Health Systems: Kazakhstan 2018. Paris: OECD Publishing, 2018.

② OECD. OECD Reviews of Health Systems: Kazakhstan 2018. Paris: OECD Publishing, 2018.

教育标准和标准化培训项目为基础。一般而言，医学从业者的初始训练时间为 5 年，之后会有 1 年至 2 年的义务实习时间。实习结束后，还有 2 年至 4 年的住院医生实习期（具体内容见本编第三章）。

在初级卫生领域，2005 年以前，初级卫生保健服务由各区的初级卫生保健师提供。全科医生（General Practitioner, GP）于 2005 年被正式纳入到哈萨克斯坦卫生体系。在经历一段密集的训练后，医学毕业生报考全科医生的数量有所上升，从 2006 年的 920 人上升到 2010 年的 2233 人，再到 2016 年的 5071 人。在初级卫生保健机构工作的护士，其工作范围有所扩大。他们现于工作中具有更大自主权。特别是根据新规，初级保健机构里四分之一医生的职能将被转移给训练有素的护士。观察病人、家庭访视、包扎和特定处方开具等职能均可由具备资质的护士承担。

哈国在卫生领域仍然面临一系列挑战，包括从业人员的绝对数量偏低、专业组合未能满足医疗市场需求，以及在国内各地区的分布尚不均衡等。尽管初级卫生保健医师的数量在增加，卫生人才队伍整体还不足以保障人人享有初级卫生保健。公共卫生、长期照护和康复都未被充分开发。特别是在中小城市，服务提供能力受限于较为落后的基础设施和不充足的设备。

2000 年，哈萨克斯坦的卫生人力规模为每万人 33 名医生。随后的十多年间，医生数量显著增加。截至 2016 年，医生数量达到每万人 41.8 名。尽管卫生人才队伍在数量上迅速扩张，不同类型的人才在分布上仍然不均衡。2016 年，初级保健医师占医师总数的 7% 至 16%。哈萨克斯坦每千人口的全科医生数仅为 0.28 人。即使将儿科医生和初级卫生保健师也包含在内，哈萨克斯坦全科医生数仅达到每千人 0.47 人。此外，卫生人才队伍的区域分布依旧不均，农村区域仍然存在短缺。各区域的医生数差异很大，农村和偏远地区人才缺乏。因此，哈萨克斯坦的初级卫生保健人力仍然不足。

目前，哈萨克斯坦对于卫生管理人员有着迫切的需求。卫生部已经开始处理这些问题，并计划开发一套人力资源管理系统。同时，该部也在从事医学教育改革，致力于使医学教育国际化（参见本编第三章）。

第二章
哈萨克斯坦公共健康问题剖析

2.1　哈萨克斯坦公共健康状况概要

作为中亚地区经济发展水平较高的国家，哈萨克斯坦医疗卫生体系经过一系列分散与集权的变革，由原本多样、不平衡及复杂的发展方式逐渐变得较为稳定。但如今，哈萨克斯坦仍然面临着较为严峻的卫生健康问题，主要在以下三个方面。第一是艾滋病感染率偏高。事实上，由于吸毒和性传播，中亚地区在过去 10 年中是世界上艾滋病增长最快的地区之一。第二，结核病和耐多药结核病高发。不仅中亚大规模的移民流动对结核病的预防构成了重大挑战，而且结核病的防控与治疗会受到艾滋病和慢性病等其他危险因素的影响，或导致病情恶化，使病毒产生耐药性，从而加重哈萨克斯坦传染病的疾病负担。第三，新冠肺炎累计确诊人数较多，疫情防控难度较大。截至 2020 年 7 月 10 日，哈萨克斯坦累计确诊病例达到 53021 人，死亡 264 人，是中亚国家中累计确诊人数及死亡人数最多的国家。在第二波疫情高峰后回稳困难，持续增加的确诊病例给哈国的医疗卫生系统带来巨大压力。不仅诊断试剂、药品、床位以及医护人员的短缺现象明显，而且大量确诊患者或疑似患者不能进入医院进行隔离治疗。哈国政府不断调整医疗方案，实行严格的隔离政策。目前，哈萨克斯坦的肺炎疫情防控形势十分严峻。[①]

哈萨克斯坦预期寿命比中国低 3.46 年。5 岁以下儿童死亡率与中国相似，孕产妇死亡率不到中国的一半，但其成人死亡率显著高于中国。在疾病患病率方面，哈国的合并患病率略高于中国，糖尿病患病率较中国低，超重率是中国的两倍多，结核病患病率略高于中国。[②] 在 30 至 70 岁人口心脑血管疾病、癌症、糖尿病及慢性呼吸道疾病总死亡率方面，哈萨克斯坦远高于中国（如表 2-2-1 所示）。

表 2-2-1　哈萨克斯坦国民健康状况（世界银行，2017）

指　标	哈萨克斯坦
预期寿命（年）	72.95
5 岁以下儿童死亡率（每 1000 人）	10
孕产妇死亡率（每 1000 人，2015 年）	12
成人死亡率（每 1000 人）	114/291
结核病患病率（每十万人）	66
糖尿病患病率（%）	7.11
超重率（%，女 / 男，2010 年）	11.8/14.8
30-70 岁人口心脑血管疾病、癌症、糖尿病及慢性呼吸道疾病总死亡率（%，2016 年）	26.8

表 2-2-2　哈萨克斯坦居民主要死因标化死亡率（世界银行，2017）

死　因	每十万人口标化死亡率
全死因	1041.8
循环系统疾病	281.4
– 缺血性心脏病	105.1
– 脑血管疾病	107.4

① 邱增辉，蒋祎. 全球卫生治理视域下中亚国家的健康状况及与中国的合作. 俄罗斯东欧中亚研究, 2020, 4: 81-94.

② The World Bank Open Database. [DB/OL]. https://data.worldbank.org/country/kazakhstan.

续表

死　因	每十万人口标化死亡率
呼吸系统疾病	157.5
– 慢性肺阻塞及其他慢性呼吸道疾病	117.7
癌症	125.3
消化系统疾病	100.1
– 酒精相关的肝脏疾病（肝硬化）	66.9
传染性和寄生虫疾病	9.2
– 肺结核	4.4
外因	88.5
不明原因	59
精神疾病和神经系统疾病	112
生殖系统疾病	41.2

　　哈萨克斯坦女性人均预期寿命比男性多9年。人均预期寿命还存在区域差异，阿拉木图、阿斯塔纳等大城市的人均预期寿命高。且男性的寿命浮动范围（6岁）大于女性（4岁）。平均来说，城市预期寿命仅比农村高数月。但在某些地区，二者的差异可以达到2至3岁。生活在农村比生活在城市地区的男性寿命长，而女性正好相反。这可能是由于在农村生活的男性较少经受道路意外风险，而女性在农村地区妇幼健康服务水平较差。[1]

　　哈萨克斯坦的死亡率最主要来源于循环系统疾病。呼吸道疾病死亡率是第二高，尤其是慢性下呼吸道死亡率，如慢性肺阻塞。癌症是哈萨克斯坦第三大死因（如图2-2-2所示）。[2]

[1] World Health Organization Global Health Expenditure Database-Kazakhstan. 2000-2016[DB/OL].
[2] OECD. OECD Reviews of Health Systems: Kazakhstan 2018. Paris: OECD Publishing, 2018.

2.2　哈萨克斯坦公共健康状况分析

世界卫生组织（World Health Organization, WHO）及其成员国于 1978 年通过了《阿斯塔纳宣言》，正式提出了"初级卫生保健"的概念。它是指"最基本的、人人都能得到的、体现社会平等的、人民群众和政府都能负担得起的卫生保健服务"。[①]"可避免住院"指通过及时、有效的初级卫生保健服务可以避免的住院，这个概念适用于院外服务敏感疾病（ACSCs）住院率。院外服务敏感疾病住院率这一医疗的结果类指标在国际上已被广泛应用于评价地区或人群间的初级卫生保健质量。过高的院外服务敏感疾病（ACSCs）住院率往往预示着初级卫生保健服务存在问题。初级卫生保健在一个国家的卫生服务体系中必不可少，对其服务质量的评价始终是为政策制定者和研究者所关心的问题。通过及时、有效的初级卫生保健服务可以避免不必要的住院，减少社会在医疗领域投入的负担。[②]

2014 年世界卫生组织对哈萨克斯坦卫生服务现状分析显示：哈萨克斯坦住院率高于 30% 的院外服务敏感疾病（ACSCs）包括肺炎、感染性寄生虫、癫痫和心绞痛。进一步分析表明：哈萨克斯坦各州之间存在较大的区域差异。例如在阿克莫拉州，因肾和尿路感染住院的登记患者比例几乎是阿拉木图市的 8 倍（2014 年阿克莫拉州为 23.3%，阿拉木图州为 3%，如图 2-2-2 所示）。

---

① 杨辉. 从《阿拉木图宣言》到《阿斯塔纳宣言》：全科医学发展是实现全民健康覆盖的重中之重. 中国全科医学 2019, 22(1): 1-4.

② WHO Regional Office for Europe. Ambulatory Care Sensitive Conditions in Kazakhstan. Copenhagen: WHO Regional Office for Europe, 2015.

表 2-2-3　最常见院外服务敏感疾病总人口住院率汇总表（WHO, 2014)

院外服务敏感疾病（ACSC）	病例总数 *	住院病例	
		数量	%**
心绞痛	254887	90737	35.6
支气管哮喘	80787	141153	17.5
慢性支气管炎	193114	6635	3.4
慢性阻塞性肺疾病	89249	22190	24.9
克罗恩病，溃疡性结肠炎	17226	3169	18.4
1 型糖尿病	23842	6941	29.1
2 型糖尿病	284643	151179	5.3
癫痫（无精神病和痴呆）	46234	17184	37.2
心力衰竭（充血性）	55479	3932	7.1
高血压	1203548	62637	5.2
传染病和寄生虫病	53184	39636	74.5
缺铁性贫血	708062	5847	0.8
肾脏感染	412771	33613	8.1
其他形式的急性缺血性心脏病	8591	194	2.3
肺炎	113955	97163	85.3
输卵管炎和卵巢炎	63258	17217	27.2
胃十二指肠溃疡	87986	11789	13.4

* 从国家报告中提取的综合医院和门诊所有登记病例的数量

** % 住院病例 =（住院病例 *100）/ 病例数

　　根据哈萨克斯坦院外服务敏感疾病（ACSCs）数据排名显示流感、肾脏感染、口腔状况和糖尿病是最常见的。在这四种情况下，可避免住院率约在 38% 到 78% 之间（图 2-2-1 所示）。调查对象最常见的情况往往是肌肉骨骼系统的情况（风湿和骨关节炎），即使它们不在院外服务敏感疾病（ACSCs）的初始列表中。①

_____

① WHO Regional Office for Europe. Ambulatory Care Sensitive Conditions in Kazakhstan. Copenhagen: WHO Regional Office for Europe, 2015.

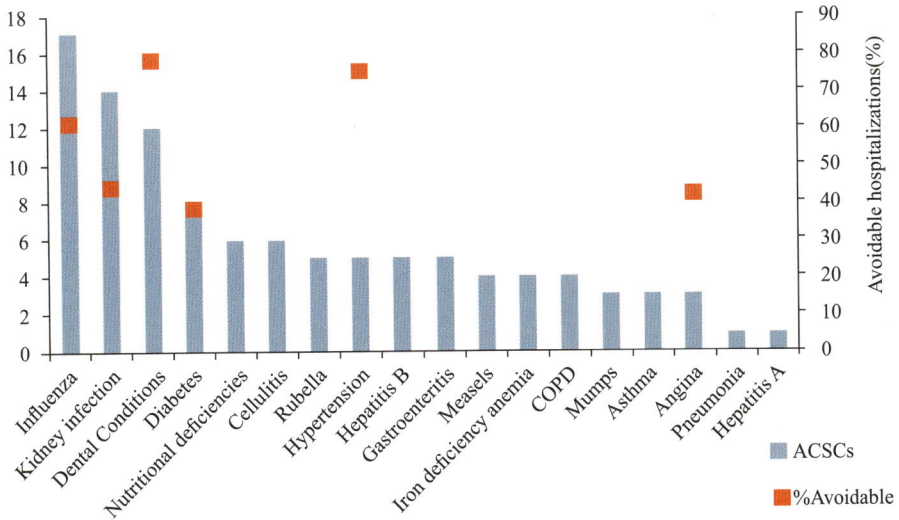

图 2-2-1　哈萨克斯坦 ACSCs 排名情况及可避免住院情况

哈萨克斯坦 16 个州级行政区中的 14 个女性因肾脏疾病和尿路感染住院率高于男性（图 2-2-2 所示）。虽然这类疾病女性感染率高是常见的流行病学模式，但是数据中显示在克孜勒奥尔达州男性住院率（12.1%）高于女性（7.3%）。[①]

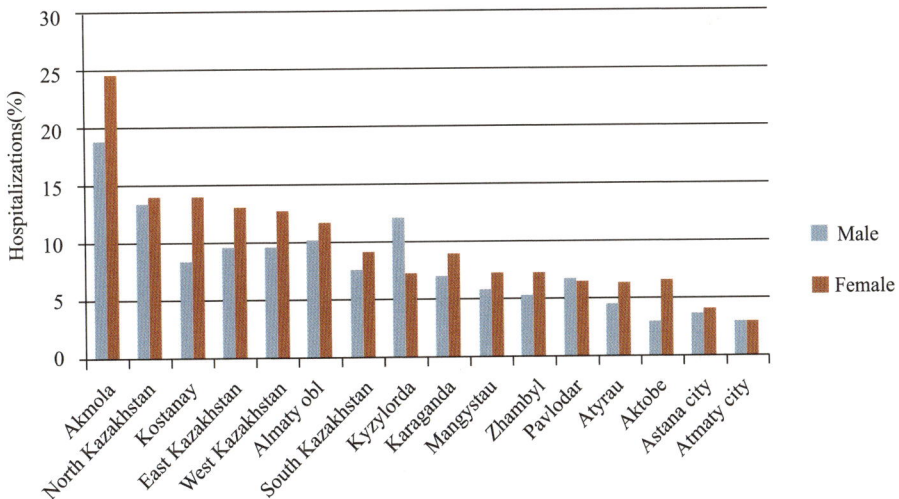

图 2-2-2　按性别评估肾脏和尿路感染住院人数的地区差异情况

① WHO Regional Office for Europe. Ambulatory Care Sensitive Conditions in Kazakhstan. Copenhagen: WHO Regional Office for Europe, 2015.

哈萨克斯坦高血压住院患者的区域差异很大。克孜勒奥尔达州是住院率最高的州（16.3%），其次是阿拉木图州（Almaty obl.，10%）和阿特劳州（Atyrau，8.4%）。住院率最低的是阿拉木图市（Almaty City，2.5%）、江布尔州（Zhambyl）、南哈萨克斯坦州（South Kazakhstan）和东哈萨克斯坦州（East Kazakhstan，各占4%）。按区域评估及性别分类，结果显示，在16个州级行政区中，有10个州级行政区的女性高血压住院率高于男性。最大的差异发生在阿特劳州（Atyrau），7.1%的男性和9.5%的女性住院（图2-2-3所示）。[1]

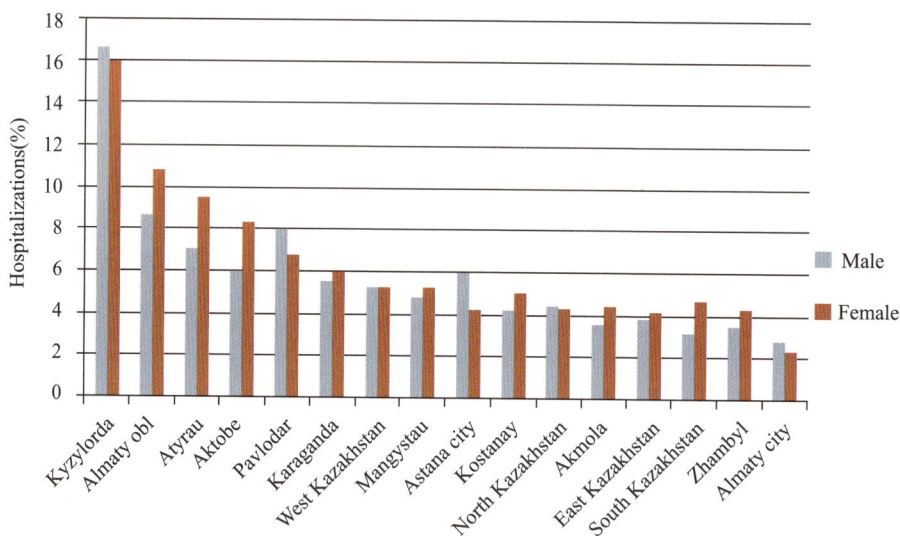

图2-2-3 按性别评估高血压住院人数的地区差异情况

哈萨克斯坦传染病（包括流感）住院情况，2014年数据显示在16个行政区中，15个行政区传染病住院率在50%以上。在巴甫洛达尔州（Pavlodar）和南哈萨克斯坦州（South Kazakhstan），99.3%在PHC登记的传染病患者住院治疗。阿拉木图州（Almaty obl.）传染病住院率最低，为49.3%（图2-2-4所示）。[2]

---

① WHO Regional Office for Europe. Ambulatory Care Sensitive Conditions in Kazakhstan. Copenhagen: WHO Regional Office for Europe, 2015.

② WHO Regional Office for Europe. Ambulatory Care Sensitive Conditions in Kazakhstan. Copenhagen: WHO Regional Office for Europe, 2015.

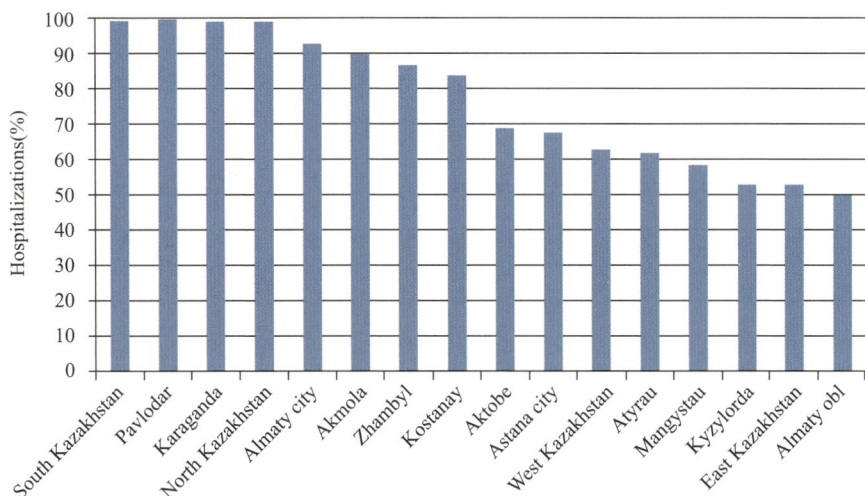

图 2-2-4　哈萨克斯坦传染病住院地区差异情况

　　哈萨克斯坦多数发生传染病住院在城市中，其中曼格斯套州（Mangystau）城市与农村对比差异最大（传染病住院率差异在 88.2%，图 2-2-5 所示）。城市人口数量与高住院率之间具有很强的相关性，因此在哈萨克斯坦城市传染病防范中需要提高警惕。[①]

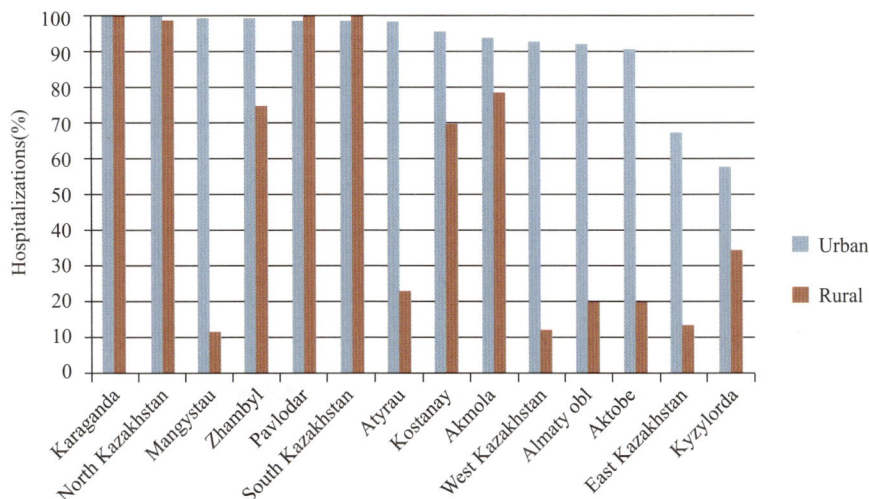

图 2-2-5　哈萨克斯坦传染病住院城市与农村差异情况

----

① WHO Regional Office for Europe. Ambulatory Care Sensitive Conditions in Kazakhstan. Copenhagen: WHO Regional Office for Europe, 2015.

2014 年哈萨克斯坦成人心绞痛人数的地区差异显示：16 个行政区中 5 个行政区因心绞痛住院率超过 50%。克孜勒奥尔达州的发病率最高（85.4%），其次是阿克托别州（Aktobe，77%）和阿斯塔纳市（Astana City，75.2%）。巴甫洛达尔州（Pavlodar) 的住院率最低，为 15.9%。除阿特劳州（Atyrau）外，大多数心绞痛住院患者为男性。阿斯塔纳市（Astana City）98.7% 的心绞痛住院患者是男性，而巴甫洛达尔州（Pavlodar）只有 21%（如图 2-2-6 所示）。

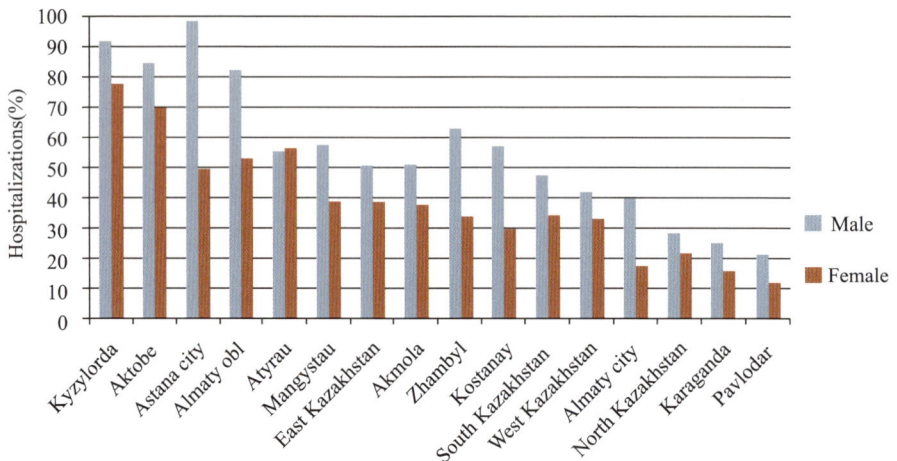

图 2-2-6　哈萨克斯坦心绞痛住院地区差异情况 [①]

以上数据结果显示，哈萨克斯坦院外服务敏感疾病（ACSCs）住院率可以反映各地区或人群的初级卫生保健水平。在此基础上，分层分析法将有助于发现差异产生的原因，并采取针对性的措施来改善初级卫生保健的薄弱环节，比如通过增加社区医生数量或提高医疗保险的覆盖率等方法。院外服务敏感疾病（ACSCs）住院率作为本地区常规统计指标，可以帮助动态的监测初级卫生保健水平的变化趋势，了解医疗服务的连续性，同时也有助于评价干预措施的效果。[②] 在以上诸多方面挑战面前，哈萨克斯坦需要在采取干预措

---

① WHO Regional Office for Europe. Ambulatory Care Sensitive Conditions in Kazakhstan. Copenhagen: WHO Regional Office for Europe, 2015.

② 周传坤, 等. 可避免住院：概念和意义. 中国卫生质量管理, 2015, 022(006):18-22.

施、制定方案及投资卫生建设等方面积极应对，从而确保哈萨克斯坦居民的健康状况及服务需求。

2.3 结 语

　　哈萨克斯坦为中等收入国家，其人均国民生产总值与人类发展指数均高于中国。在卫生投入方面，哈萨克斯坦人均卫生支出高于中国，但其卫生支出占 GDP 百分比显著低于中国。而两国的政府卫生支出和付现支出占卫生支出百分比都较为相似。哈萨克斯坦的每千人医院床位数高于中国，每千人内科医生数、护士和助产士人数、专科外科医生数都显著高于中国。在健康状况方面，哈萨克斯坦预期寿命比中国低 3.46 年，5 岁以下儿童死亡率与中国相似，孕产妇死亡率不到中国的一半，但其成人死亡率显著高于中国。哈萨克斯坦的合并患病率略高于中国，糖尿病患病率较中国低，超重率是中国的两倍多，结核病患病率略高于中国。而在 30 至 70 岁人口心脑血管疾病、癌症、糖尿病及慢性呼吸道疾病总死亡率方面，哈萨克斯坦远高于中国。

«
第三章
哈萨克斯坦医疗卫生服务和医学教育

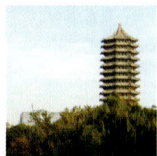

▌▌ 3.1 哈萨克斯坦医疗卫生服务概况

由于哈萨克斯坦的卫生服务体系脱胎于苏联卫生系统，因此保留了强调医院服务、相对不够注重初级卫生保健、重视疾病预防和健康促进等特点。目前，其卫生服务呈现碎片化状态，难以确保服务的连续性。初级保健和二级保健之间没有强烈的联系，许多服务则由一系列平行的系统组织起来，如肺结核服务、卫生—流行病学服务或由其他部门和机构掌握的卫生系统。水平方向服务的整合程度有限，故存在服务重复和低效的问题。

当前的卫生服务提供系统正在进行重组。重组目标是由全科家庭医生来提供初级保健服务，许多小规模医院因而将被关停。许多公共卫生服务提供者的自主权提高了，支付方式也可更多地反映活动和质量，但慢性病管理方面还未达到减少住院率的水平。因此，需要加强公共卫生保健体系网络系统的开发和运用，提高医疗效率和服务质量。

卫生设施方面，2015 年根据世行数据显示，总体上，哈萨克斯坦获得改良卫生设施的人口比率为 97.5%；城市改善的卫生设施人口比率为 97.0%；农村改善的卫生设施人口比例为 98.1%。[①] 根据世行数据显示（图 2-3-1），哈萨克斯坦病床密度八十年代保持在每千人 13 张床位，从 1991 年开始迅速下跌，在 2002 年降至低谷，为每千人 7 张床位。随后，2005 年前后出现小幅度攀升，从 2010 年开始又出现小幅下跌，至 2013 年为每千人 6.7 床位。[②]

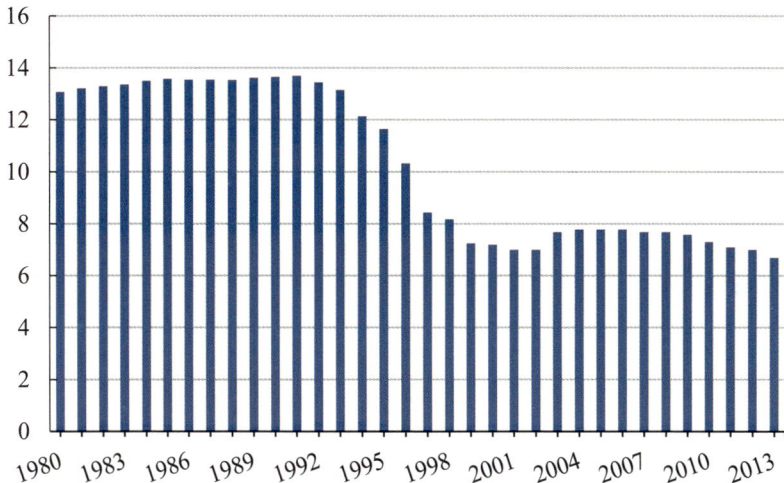

图 2-3-1　哈萨克斯坦每千人拥有病床数量变化（1980—2013）[③]

哈萨克斯坦卫生部发展中心公布（2017 年）国内顶尖医疗机构榜单。其中，17 家研究所、3 家国家研究中心以及提供紧急医疗服务的 168 家医疗机构之中的 5 家荣获最高的五星标准。根据临床医学排名显示，97 家成人医院、9 家州级成人医院、3 家州级儿童医院、2 家科学研究院（国家研究中心）获得最高的五星标准。8 家急救医疗服务中心获得最佳评级。25 家实际产科医院和围产中心之中 6 家获得五星评级，其中包括江布尔州卫生局围产中心、曼格斯套州卫生局扎瑙津市围产中心、阿拉木图市卫生局围产中心和市产科

---

① 杨辉. 从《阿拉木图宣言》到《阿斯塔纳宣言》: 全科医学发展是实现全民健康覆盖的重中之重. 中国全科医学 2019, 22(1): 1-4.

② The World Bank Open Database. [DB/OL]. https://data.worldbank.org/country/kazakhstan.

③ 世界银行数据库，参见 https://data.worldbank.org.cn/country/kazakhstan?view=chart. 北京大学调研团整理。

医院、库斯塔奈州卫生局阿尔卡勒克市围产中心、卫生部妇产科和围产科学中心。6 家得到最佳评级的州级医疗机构包括阿克莫拉州卫生局围产中心、西哈州卫生局州级围产中心、阿克托别州卫生局州级围产中心、库斯塔奈州卫生局围产中心、阿特劳州卫生局州级围产中心以及克孜勒奥尔达州卫生局州级围产中心。

目前，社会医疗保险基金的"居民监督"移动应用已上线，患者们可通过该应用对各医疗机构进行评价。由此统计出的客观指标或将有助于国家卫生发展中心年度医疗机构榜单的制定。①

▌ 3.2 哈萨克斯坦医疗机构调研概况

（1）国家医疗控股股份有限公司国家医学科学中心

国家医学科学中心（National Medical Holding Joint Stock Company）建于 2002 年，是一家集医疗、科研、教学为一体的国家级综合性医院和国家医学工作平台。除了常规疾病诊疗外，其特色还有干细胞治疗、基因诊断、心脏介入治疗、肿瘤放射治疗等。该中心是唯一一家得到中华医学会认可的哈国医疗机构。国家医疗控股公司合并了 6 个创新医疗保健组织，包括国家妇幼保健研究中心、国家儿童康复中心、国家诊断中心、国家研究中心，以及专攻神经外科的国家紧急护理研究中心和国家心脏外科研究中心。国家医学科学中心是集医疗、科研、教学为一体的国家级综合性医院和国家医学工作平台。其床位总量为 1026 张病床，每班可供 1000 人次患者问诊。中心下设一个干细胞移植中心。有来自中、美等国的病人来此接受治疗。

在哈萨克斯坦国家医学科学中心会议大厅，阿拜·拜根金（Abay Baigenzhin）董事长兼院长向调研团成员介绍了国家医学科学中心。拜根金院

---

① 冰山 . 哈萨克斯坦最顶尖医疗机构名单正式公布 . [EB/OL]. (2018-07-30). https://lenta.inform. kz/cn/article_a3338553.

长现为医学科学院院士，任哈萨克斯坦国民中央委员会委员和"祖国之光"党常务委员（Member of Political Committee），且获得过哈萨克斯坦"国家功勋专家"称号。拜根金院长还重点介绍了中心与中国北京、上海、新疆等地医疗机构之间互访合作，并展示了许多可喜的合作成果。国家医疗控股股份有限公司的主要目标是在国际层面建立具有竞争力的"未来医院"，为哈萨克斯坦及其周边国家公民提供基于先进医疗技术的广泛医疗服务，包括急诊、门诊诊断、妇产科、新生儿护理、内科疾病、神经外科、心脏外科以及康复治疗。除了常规疾病诊疗外，也有干细胞治疗、基因诊断、心脏介入治疗、肿瘤放射治疗等。2016 年 1 月 1 日起，国家医疗控股股份有限公司下属子公司由大学医疗中心企业基金会运营。

图 2-3-2 拜根金（Abay Baigenzhin）院士正在为调研团介绍医疗科学研究中心的建成历史与概况（摄影：郑豪）

图 2-3-3 北大调研团成员与拜根金院士及其他负责人于医疗科学研究中心的的下属
螺旋断层放疗（Tomotherapy）与核医学研究中心主楼前合影（摄影：郑豪）

会议结束后，拜根金院长带领调研团全体师生参观了国家医学科学中心肿瘤放疗中心（以下简称"放疗中心"）。放疗中心建于 2017 年，拥有全球领先的设备（Accuray）及质子治疗仪，主要进行肿瘤患者门诊放射治疗。患者首先在放疗中心进行 CT 检查（仪器为上海生产），对肿瘤进行准确定位，进而根据肿瘤的部位、形状、大小等参数，确定射线剂量及照射时间，该疗法可以运用于大多数肿瘤治疗。放疗中心目前日门诊量为 24 人次（上下午各12 人次）。由于放疗中心建成时间较短，随访患者人数少、时间短，尚无法统计分析患者的 5 年存活率。

（2）阿斯塔纳国立医科大学

位于努尔苏丹旧城区的阿斯塔纳医科大学（Astana Medical University,AMU）是哈国最为优秀的几所医科大学之一。该校建筑宏伟、环境优美，且办学历史悠久。该所大学始建于 1964 年 10 月 26 日。当时，哈萨克苏维埃社会主义共和国部长会议通过了关于在垦荒城（Tselinograd）开设医疗机构的决议。1997 年，该研究所重组为医学院，并于 2009 年 1 月获得大学办学资质。目前，阿斯塔纳医科大学隶属于国家医疗控股集团。在大学名称和地位变化后，开设课程和学生数量显著增加。该大学开设学士，硕士和博士项目。多年来始终被列为哈萨克斯坦最好的医学院校之一。学术合作伙伴包括美国、新加坡、欧洲和俄罗斯等国家的顶尖高校。

阿斯塔纳医科大学副校长古丽娜尔·扎克瑟雷科娃（Gul'nar Zhaksylykova）教授及众多医科大学的领导、专家教授详细地介绍了大学的教学情况。扎克瑟雷科娃副校长介绍，阿斯塔纳医科大学有 7000 多名本硕博学生。该校的医学学系健全，有口腔、临床、护理、药学等专业，聘任超过 1500 名教职员工。阿斯塔纳国立医科大学的任务是培养基层医生（全科医生），占比约为70%；为城市地区培养的专科医生约为 30%。该校本部先进仪器并不多，用于临床的比较少，但会逐渐完善各种设备，并让学生去有条件的医疗机构见习、培训。该校下设多所教学医院，包括在阿斯塔纳市区的一所附属医院，

图 2-3-4 调研团成员与阿斯塔纳国立医科大学负责人在该校博物馆内合影（摄影：郑豪）

内设脑外科、心脏中心、妇幼保健等科室，先进设备一应俱全，能够开展复杂的脑外科手术、心脏介入及置换、搭桥手术等复杂手术。该校已经与欧洲、俄罗斯等多个国家的相关机构开展合作交流。副校长表示，该校也渴望和中国更多的高校开展务实的交流合作。

公共卫生学院院长巴特博罗夫，中哈医学中心主任叶尔兰·马萨里莫夫（Yerlan Massalimov）教授，以及各个院系的系主任参与会谈交流。营养学教授叶尔博拉特·达连诺夫（Erbolat Dalenov）介绍道，哈萨克斯坦初级卫生保健比较健全，有专门的机构负责初级卫生保健的开展工作，公民可以去就近的社区诊所免费就诊，有疑难杂症需要转院的可以转往上级医院。此外，哈国各地设有公共卫生应急组织，处理突发的卫生事件，包括一些烈性传染病等。目前，哈国的各个医学中心都在开展老年常见病的基础研究和诊治工作，目前哈国人均寿命是 72 岁，努尔苏丹市人均寿命为 74 岁。

该校下设有中哈医学中心。参与此次会谈的叶尔兰·马萨里莫夫担任该中心主任。阿斯塔纳医科大学和新疆医科大学交流已久，很多的在校教职工、在校同学，都在新疆医科大学学习交流过，所以一直有意与中方筹划建立一个东方医学中心。2017 年，中哈双方及相关院校签订了合作计划书，正式建立中哈医学中心。

会谈结束后，公共卫生学院院长巴特博罗夫教授、中哈医学中心马萨里莫夫主任带领调研团参观了学校博物馆及中哈医学中心。阿斯塔纳大学博物馆由两个展厅组成。第一展厅由左向右依次展示了该校的创建历史，主要是由图片和图书资料组成。该校最初成立于上世纪二十年代，二战后大批专家来到此院工作，涌现出了一批卓越的专家学者。该校在世界上率先开展了断肢再植手术，开创性地明确了伤寒的病理。该校在临床医学和中国传统医药方面与国内一些高校建立了合作关系，推动了中哈两国"一带一路"倡议框架下合作的多元化，为两国"民心相通"开辟了更多的渠道。

▌ 3.3 哈萨克斯坦医学教育体系

哈萨克斯坦的医学教育脱胎于苏联的医学教育体系，与我国的医学教育有许多相似之处。[1]哈萨克斯坦在大学本科教育阶段的一般专业学制是五年，医学专业学制则略长，其中预防医学专业学制是六年，临床医学专业学制多为六年。除口腔和儿科是单独设置专业外，其他各临床专科在医学院校的一至三年级均归于普通临床医学专业。[2]自四年级开始普通临床专业的学生便开

---

[1] 万学红，张肇达，李甘地，等."全球医学教育最基本要求"的研究与在中国的实践.中华医学教育杂志，2005,(2): 11-13.

[2] 刘喜梅.医学是科学 是"多学"更是人学——全国政协常委、中国医学科学院北京协和医学院院校长王辰访谈.人民政协报，2019(8266): 7.

始系统学习内科、外科、妇科、神经科、儿科等不同临床专科直至毕业分配（据调查，该国的医学生原则上服从政府分配）。而绝大多数（约70%）的学生将前往基层从事全科医生工作，继续参加专科医生培养的约占30%，后者需要经过2至6年的时间完成相关专业的住院医师规范化培训。

哈国独立后也进行了一系列的改革尝试，尤其是自2000年以来便加快与欧美国家医学职业教育并轨。例如，新成立的纳扎尔巴耶夫大学医学院与美国匹兹堡大学医学院合作办学，开设临床医学博士项目，学制为4年。申请者需已获得学士学位。获得医学博士学位后，申请者则需要参加3至6年的住院医师规范化培训项目。这与美国的临床医学教育一致。此外，该学院还开展住院医师培训项目，如针对外科住院医师的培训项目为5年，完成该项目、经过考核后，人员将达到能够处理常见外科疾病的主治医师水平。纳扎尔巴耶夫大学在哈国地位特殊，享有政府在人力、物力和财力等方面的大力支持。该校与其他院校的培养体系不同，且尚在改革之中，所以纳扎尔巴耶夫大学的医学教育只能是作为个例来看待。

在临床医学的教育体制方面，临床医学的培养模式为5年本科加上2年住院医师规范化培养，或5年本科加2年硕士研究生培养（5+2）。目前少部分医科院校是6年本科加2年住院医师培训或硕士研究生培养（6+2）。现在有个别院校试点"6+6"（本科6年+6年临床医学博士培养），即将住院医师培训和医学博士学位培养结合起来。与其他独联体国家一致，哈萨克斯坦在2004年响应《博洛尼亚宣言》正式加入欧洲教育联盟，并保证在履行《博洛尼亚宣言》的一些基本规则要求，比如教育体系应当更加"简洁、透明"，使本国学位教育与各国具有最大限度的可比性。其具体表现为建立统一的学位结构体系，即"学士—硕士"两层次的学位结构，本科毕业后经过3年学习，考核合格后就可以获得相关从业资质，并可以按照相关专业从事全科或专科疾病的诊疗工作。也可以继续申请攻读硕士、博士学位。①

---

① 卫生部，教育部.中国医学教育改革和发展纲要.北京，2001-07-17.

与我国相似，哈国同样存在着医学教育体制多样、培养标准尚未统一、人均教育支出明显低于发达国家、城乡医疗水平差距显著等方面的问题。随着对外交流合作的增加、经济社会及城镇化水平的提高，哈国未来会逐步出台规范统一的医学教育体系，以提升整体的卫生服务水平。[①]

3.4　中哈两国在医学教育方面合作前景

中哈两国在医学教育的历史、现状上有许多相似之处。在改革之路上，两国也有很多的共同话题。两国都在进行着医疗体制改革，同时也在进行相应的医学教育体制改革。在药学、公卫、护理等专业上，两国教育模式很相似。关于哈国临床医学教育，其主体教育模式是5年本科加2年住院医师规培或硕士研究生培养（5+2），这和我国的主体临床医学教育模式（5年本科加3年住院医师规培，或3年的专科硕士学位培养）高度相近。因此，两国在医学本科教育和住院医师规培方面两国可以交流经验，讨论彼此存在的问题及解决方案。关于住院医师规培和考核方面，两国也都广泛开展了相关工作。由于两国均在此方面处于探索阶段，故亦可充分交流经验教训。因此，两国在医学教育方面的合作具有必要性和紧迫性。

哈萨克斯坦的多所大学近几年与国内高校的交流日渐频繁，如纳扎尔巴耶夫大学校长茂胜夫（Shigeo Katsu）曾在2015年率团到访北京大学和清华大学，提出加强双方在科技和教育方面的交流合作，培养新世纪创新型人才。2018年7月28日，在中国贵州贵阳举办的以构建"教育共同体"为主题的"中国—哈萨克斯坦大学校长合作对话"在贵州举行。会上，中国10所高校和哈萨克斯坦9所高校签署了24份合作协议。贵州省副省长魏国楠表示，要充分利用"交流周"的重要平台，积极探索中哈人才培养新模式，为建设更为紧密的"教育共同体"做出贡献。魏国楠谈道："希望此次合作对话能借着'一

---

① Kairbekova S. Z. Conception of Reformation of the Continuing Medical Education in Kazakhstan Republic. Likarska Sprava, 2006(5-6): 75-77.

带一路'和'东盟教育周'的东风，进一步深化双方在人才培养、科学研究、社会服务等方面的合作，促进师生交流、资源共享、创新攻关，为各自高等教育的发展开辟新天地。"①

目前，阿斯塔纳医科大学已经与国内多家医疗机构共同建立了中哈医学中心。该中心正式成立于 2017 年，目前与新疆医科大学、复旦大学、西安交通大学开展了一系列合作，涉及领域包括推拿、按摩、针灸等技术。此外，来自首都医科大学及新疆医科大学的专家学者曾亲自来访指导工作。该中心主任表示希望让该校学生学习中医，哈萨克斯坦人民信任中医也需要中医。马萨里莫夫主任今年也造访了西安交大附属医院，与其小儿脑科专业开展合作。目前两国开通了从努尔苏丹直飞西安的航班，因此如有必要，哈国可将患者转往中国治疗。

2018 年 4 月，应哈萨克斯坦卫生部邀请，中国国家中医药管理局国际合作司副司长吴振斗副司长陪同原国家卫生计生委副主任、国家中医药管理局原局长王国强一行访问了阿斯塔纳。其行程中包括对中国新疆医科大学与哈萨克斯坦阿斯塔纳医科大学合作建设的中国—哈萨克斯坦中医药中心的访问。中国驻哈萨克斯坦大使张霄表示，最近两国就如何开展中医合作问题上进行了多次探讨。中医不仅是治病救人的技术，也是中国传统文化的结晶，蕴含着丰富的中国文化与思想，是中国软实力的代表。张霄大使指出，中医在东南亚、俄罗斯等国家和地区逐渐有所开展，但在哈萨克斯坦发展缓慢，其他国家的中医发展经验将为中医在哈开展业务提供宝贵借鉴。而由于国家文化软实力的重要性在国家交往中逐步凸显，一味地强调经济层面的合作而忽视软实力等文化层面的影响或将导致各种不和谐的问题。广泛开展中医合作将有助于两国增进双方对彼此文化的了解，增进双方文化认同。近几年有越来越多的哈萨克斯坦学生来华学习中医，预计未来几年两国在中医药教育领域的务实合作将逐步兴起。

---

① Nurakynova S. Medical Education Governance Based on Strategic Planning. International Journal of Health Governance, 2018, 23(3): 216-225.

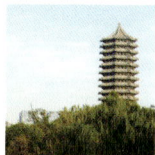

第四章
"一带一路"与中医药国际化

在古丝绸之路上，伴随着商贸活动的进行，中医药也在沿线人民间广泛传播。目前，中医药已经遍布 183 个国家和地区。2009 年 9 月，世界最大的国际标准制定机构国际标准化组织（ISO）成立了中医药技术委员会（ISO/TC249）。这标志着中医药国际化进入了快速发展的新阶段。2010 年 11 月 16 日，联合国教科文组织保护非物质文化遗产政府间委员会第五次会议审议通过，将"中医针灸"正式列入"人类非物质文化遗产代表作名录"。2011 年 5 月 25 日，中国的两部医学典籍《黄帝内经》和《本草纲目》成功入选了"世界记忆名录"，这是中国的医学典籍第一次进入该名录。2015 年，北京大学校友屠呦呦先生因发现青蒿素而获得诺贝尔生理学或医学奖。她在颁奖仪式上指出了中医药对人类健康的巨大价值："青蒿素是传统中医药送给世界的礼物"。2019 年 5 月，在瑞士日内瓦召开的第 72 届世界卫生大会上，审议通过了《国际疾病分类第 11 次修订本》，首次将中医药纳入国际疾病分类系统。2018 年 11 月，第十五届世界中医药大会暨"一带一路"中医药文化周于意大利罗马举行，大会发布的《罗马宣言》，并将每年 10 月 11 日确立为"世界中医药日"。

随着人们健康观念和医学模式的逐渐发展，中医药在防治诸多常见病、慢性病及疑难疾病中的作用日益获得国际社会的认可。国家层面高度重视中医药的国际化，尤其是在 2013 年 9 月"丝绸之路经济带"倡议提出之后，相关部门出台了一系列促进"健康丝绸之路"的政策法规。但总体而言，"一带一路"框架下中药国际化进程较慢，发展不够全面，面临诸多困境。

4.1 "一带一路"与中药国际化概况

（1）我国的政策法规背景

2015 年 3 月，在国家发展改革委员会、外交部与商务部联合发布的《推动共建丝绸之路经济带和 21 世纪海上丝绸之路的愿景与行动》中，明确提出要"扩大在传统医药领域的合作"。①

2015 年 10 月，在国家卫生计生委于 2015 年发布的《关于推进"一带一路"卫生交流合作三年实施方案（2015—2017）》中提到，"中医药作为我国独特的卫生资源，是古丝绸之路商贸活动的重要组成部分，在'一带一路'沿线国家具有一定群众基础。推动大国卫生外交，加强中国医疗卫生体制政策经验和理念的国际交流，推广中国传统中医药文化，将有力提升中国在区域和全球卫生治理领域的软实力和影响力，提升我大国地位"。在"重点合作领域"方面，《方案》提出"巩固并拓展与沿线国家在传统医药领域的合作，积极推动中医药'走出去'。根据沿线各国传统医药及民族医药特点，开展有针对性的中医药医疗、教育、科研及产业等领域合作。通过政府引导与市场运作相结合的模式，积极扶植和鼓励中医药企业'走出去'，拓展国外中药市场。积极推动传统医药相关标准的联合开发与制定，推进传统医药国际认证认可体系建设，提升传统中医药的竞争力和影响力"。②

2016 年 12 月，国家发展和改革委员会、国家中医药管理局《中医药"一

---

① 国家发展改革委，外交部，商务部.推动共建丝绸之路经济带和 21 世纪海上丝绸之路的愿景与行动.交通财会，2015(4): 82-87.

② 国家中医药管理局.国家中医药管理局国家发展和改革委员会关于印发《中医药"一带一路"发展规划（2016—2020 年）》的通知.[EB/OL].(2017-02-06). http://www.satcm.gov.cn/guohesi/zhengcewenjian/2018-03-24/3942.html.

带一路"发展规划（2016—2020 年）》提出了具体的发展目标："到 2020 年，中医药"一带一路"全方位合作新格局基本形成，国内政策支撑体系和国际协调机制逐步完善，以周边国家和重点国家为基础，与沿线国家合作建设 30 个中医药海外中心，颁布 20 项中医药国际标准，注册 100 种中药产品，建设 50 家中医药对外交流合作示范基地。中医药医疗与养生保健的价值被沿线民众广泛认可，更多沿线国家承认中医药的法律地位，中医药与沿线合作实现更大范围、更高水平、更深层次的大开放、大交流、大融合。"①

（2）我国中药国际化基本情况

我国中药的出口额从 2010 年的 19.44 亿美元增长到 2015 年的 37.7 亿美元，年均增长率为 14.16%。2015 年我国中药类商品出口额 37.70 亿美元，同比增长 4.95%，高于同期整体医药出口增幅 2.25 个百分点。②

从出口种类来看，中药出口的商品主要包括中药材及饮片、植物提取物、中成药和保健食品。其中，2010 到 2015 年中药提取物出口额均位于首位，其次是中药材饮片。③

从出口国家与地区看，2015 年，我国共与 175 个国家和地区存在中药贸易往来，亚洲的国家和地区稳居我国中药出口的榜首。我国对亚洲国家和地区中药出口额达到 22.17 亿美元，同比小幅下挫 2.48%，占我国中药出口额的58.80%。其中，日本、马来西亚、韩国、印度尼西亚和中国香港等是主要目标市场，占对亚洲地区总出口额的近 50%。中国香港继续蝉联中药出口冠军之位，出口额 5.59 亿美元，但是下滑幅度较大，出口额同比下滑 19.16%，所占比重也由 2014 年的 19.25% 萎缩至 14.83%。美国连续多年跻身我国中药出口的前三大市场，这与其经济复苏有关。2015 年我国对美国出口中药商品 5.40

---

① 国家中医药管理局. 中医药"一带一路"发展规划（2016—2020 年）. [EB/OL]. (2015-10-15). https://www.yidaiyilu.gov.cn/zchj/jggg/23564.htm

② 柳燕, 于志斌, 姜丽, 等. 2015 年中药商品进出口分析. 中国现代中药, 2016, 18(2): 225-229.

③ 郑丽君, 莫颖宁. 基于 2010—2015 年中药出口情况的 SWOT 分析及应对策略. 西部中医药, 2018(1): 77-83.

亿美元，同比增长 15.19%，占我国中药出口的 14.33%。另外，值得关注的是马来西亚、印度尼西亚、泰国等东南亚市场，2015 年我国对其出口增长较快，同比增速均超过 20%，出口额分别达 2.26 亿美元、1.64 亿美元和 1.04 亿美元，是巨大的潜力市场。[①]

目前，部分企业在海外开设分公司或合资公司。例如 2017 年 6 月北京同仁堂欧洲控股有限公司、中信哈萨克斯坦有限责任公司、哈萨克斯坦共和国总统事务局医学管理中心医院三方在哈萨克斯坦总理府签署了战略合作协议，并且在哈总统事务局医学管理中心医院举行了北京同仁堂中医健康中心揭牌暨剪彩仪式。但直至 2019 年 8 月，该中心只是以展示为主，并未开始大量接诊。

（3）中医药进入哈萨克斯坦的可能性和必要性

中医药由于其独特的理论和治疗方法，在防治诸多常见病、慢性病及疑难疾病等方面都卓有成效。根据处方的治法、功能，中药方剂分为 21 类，包括解表、泻下、和解、清热、祛暑、温里、补益、安神、开窍、固涩、理气、理血、止血、治风、治燥、祛湿、祛痰、消导化积、驱虫、涌吐、痈疡等。可以预防、治疗或辅助治疗大部分的常见病。

中国有中华传统的中医药传统，哈萨克斯坦也有哈萨克民族的医药传统。哈萨克医药是古代哈萨克族人民通过长期医疗实践逐步形成并发展成的医学理论体系。哈萨克医药理论最重要的是"阿勒吐格尔"学说，即六原素学说，用这一学说指导哈萨克医药的一切理论和医事活动。[②]哈萨克医药的很多理念和手法，如拔火罐疗法、放血疗法、"布劳"疗法（同中国的药浴）、推拿、食疗、正骨等，与中医药有相似之处。[③]因此，中哈两国在中医治疗理论与实践方面有交流基础。

---

① 柳燕，于志斌，姜丽，等.2015 年中药商品进出口分析.中国现代中药，2016, 18(2): 225-229.
② 阿利 – 阿布塔里普，汪玺，张德罡，等.哈萨克族的草原游牧文化（Ⅲ）——哈萨克族的文化艺术，人文礼仪及禁忌习俗.草原与草坪，2012, 32(6): 74-81.
③ 贾帕尔.哈萨克族医学概述.中国民族医药杂志，1997(2): 6-7.

　　1999 年，哈萨克斯坦每 10 万人口中普通疾病的患病人数是 81,202.2 人，呼吸器官疾病是 22,636.7 万人，消化器官疾病是 7,396 人，血液循环疾病是 6,289 人，传染性及寄生虫疾病是 39,933.2 人，外伤是 3,561 人，神经系统疾病是 3,361 人，肿瘤是 1,540.4 人。[①] 由于哈萨克斯坦医疗水平有限，每年有很多哈萨克斯坦居民前往中国、俄罗斯等地寻求医疗服务。可见哈国医疗市场尚未饱和，中医药进入哈萨克斯坦市场具备一定可行性。

　　对于我国来说，中药国际化对于拉动中医药产业发展，促进中医药传承创新有着非常重要的意义。此外，中药国际化对于提升中国软实力也有着积极意义。在中医药规范化、专业化的同时，有意识地向海外市场推介中医药将有助于提升各国民众对中国传统文化的认可，促进沿线国家"民心相通"。

4.2　中药国际化现状——以哈萨克斯坦为例

　　阿斯塔纳医科大学下属的中哈医学中心是哈国推介中医药的重要机构。在该校与新疆医科大学的合作下，2018 年 11 月 26 至 28 日，在新疆医科大学和阿斯塔纳医科大学前期平台上共同建立国际中医中心，并获得中国国家中医药管理局支持。在这一框架下，新疆医科大学负责中西医结合的副校长和中医学院党委携四名中国和哈萨克药理学专家来到阿斯塔纳医科大学。阿斯塔纳医科大学校长、传统医学和康复中心主任接见了该代表团，并出席了新疆医科大学和阿斯塔纳医科大学中医中心成立仪式，向中方赠送人体针灸模型、四幅中医墙画以及银针、火罐等中医治疗用品。出席成立仪式的还有阿斯塔纳医科大学校长和 200 多名师生。新疆医科大学代表团在阿斯塔纳医科大学中哈医学中心举办了 6 次讲座，吸引了超过 400 名师生参加。专家团接受了 60 多次患者咨询；他们推广中医疗法，并对 10 多名当地中医生进行了指导。

[①]　伊雷 . 哈萨克斯坦卫生保健事业现状 . 中亚信息 , 2000(8): 20-22.

图 2-4-1 "中国—哈萨克斯坦中医药中心"马萨利莫夫（Yerlan Massalimov）主任向北京大学调研团介绍中心概况（摄影：郑豪）

阿斯塔纳医科大学校长、传统医学及康复中心主任、中医中心主任参加会见并达成以下共识：中医中心对于实现"一带一路"战略具有重要意义，并在推动文化交流和深化两国友谊上发挥重要作用，有助于构建起两校和学者交流的桥梁，成为专家培养的平台。双方同意在中心建设方面继续合作，具体内容包括：哈方须完善中医中心、保障中方专家的工作条件，同时支持国内的中医政策并对学院提供资金支持、积极组织专家教育；中方则须继续向阿斯塔纳医科大学派出针灸推拿中医专家并进行中医教学和治疗。双方也讨论了康复治疗专业合作、双方交换学生和草药研究加工等领域合作的可能性。目前，阿斯塔纳医科大学中医中心设立有三个诊室，开展包括推拿、按摩、针灸在内的项目。

哈萨克斯坦国家控股有限公司在中哈中医药合作方面也进行了初试。在由中国公共外交协会、哈萨克斯坦国际关系委员会和哈萨克斯坦"全球国家集团"（G-Global）国际秘书处主办、环球网和哈萨克斯坦欧亚大学孔子学院承办的"一带一路"中哈智库媒体人文交流论坛上，机构负责人阿拜·拜根金曾发表讲话称："古老的中医擅长将患者的内在体质与温和的治疗方法相结合，总的来说是治人，而非单纯地治病。毫无疑问，中医值得认真研究。中医诊所的开设将吸引这一领域的权威专家，他们会将自己的知识和经验传授给我们的医生，并参与到治疗中。"来自中国上海中医药大学、拥有六年中医执业经历的哈萨克族女医生是该机构下属中医中心的主要负责人。她表示，近期计划是在中国合作方的支持下建设中医科室并引入中医。该机构计划聘任一些毕业于中国医学类高校的哈萨克族医生。

　　位于阿拉木图的某中医保健诊所则是中国籍中医从业者在哈国执业的重要案例。该诊所由现年65岁的中国人李文（化名）开设。1978年，他作为主要发起人成立了我国某部某团学校武术队，该武术队后发展为"兵团武医馆"。根其拳法著作中的文字和照片记载，李文多次作为代表团成员赴哈萨克斯坦

图 2-4-2 北京大学调研团参访"中国—哈萨克斯坦中医药中心"（摄影：郑豪）

进行中华武术和中国医学文化的交流，促进了武术和中医走出国门。1992 年，受哈萨克斯坦方面邀请，兵团武医馆组成了 12 人的代表团前往哈萨克斯坦奇姆肯特开设兵团武医馆分馆。分馆历时 1 年建成，旨在向哈萨克斯坦传授其三门拳及行医治病。1993 年，兵团武医馆的武医代表团 10 名武术运动员和 10 名医生赴哈萨克斯坦巴甫洛达尔市进行武术教学训练和医疗工作。同年，应哈萨克斯坦吐露库巴斯疗养院邀请，李文再次开设兵团武医馆分馆。1994 年，李文应哈萨克斯坦巴甫洛达尔市中心医院邀请，开设武医诊疗院和武术馆，花费两年时间完成了建设。1996 年兵团武医馆改名为"东方武校"，李文担任教练员。2008 年，李文赴哈萨克斯坦阿拉木图开设中医保健诊所。

图 2-4-3 阿拉木图某中医保健诊所的哈萨克
行医执照及宣传板（摄影：梁春苏）

开设中医保健诊所的场地系租赁，房租为每月三十万坚戈（约合人民币5500元，2019年8月）。到访李文中医保健诊所的病患主要为腰腿疼痛症状患者，还有一些如儿童脑瘫等疑难患者。访客大多相对固定，新客源增长相对乏力。诊所隔壁就是一家西医门诊。根据病症种类和严重程度的不同，李文会给病人进行针灸、点穴、电针（即加热的针灸）等治疗。每位病人治疗一次一般需要1小时，每天最多服务8至9位病人，一个疗程一般为7至10天。一次诊疗收费至少一万坚戈（约合人民币180元，2019年8月）。病患多为当地的哈国居民。李文还接收了很多徒弟，均为当地的哈国人士。据李文透露，哈萨克斯坦阿拉木图市共有十几家中医诊所。

▌▌4.3　中药国际化的困境与挑战

（1）资源壁垒

中医药的资源在各方面都远少于西药，主要体现在药材资源的短缺和人力资源的短缺上。

药材资源方面，尽管一种药材的产地来源多样，但最优质的药材往往是道地药材，即在特定区域种植的药材，其品质和疗效会较为优质。不同于西医的化学药物和生物药物可以在全世界任何地方的工厂里合成，道地药材的产量十分有限。能否保证中药材持续、大量、品质稳定的供应，将直接影响中药的产量和供应量。

人力资源方面，海外中医药专业人才和中医药贸易人才严重短缺，其原因有二。首先是人才培养体制问题。我国的高校医学院及药学院大部分课程内容以教授西医理论为主，中医药相关理论和实践很少。能系统教授中医药学的学校一般以地方中医药大学为主。在国内中医药发展势头迅猛、人才需求上升的情况下，出国发展的中医药人才数量就更受影响。其次，赴哈萨克斯坦工作签证审批困难。办理工作签证往往需要由中介代理，而其价格畸高。

即便工作签证被批准，其时效也只有一年，难以保证劳工工作的连续性和稳定性。这就导致许多专业人才并不方便到哈国来长期工作，极大限制了中医药在哈国的发展速度。

（2）标准壁垒

一直以来，中医药在药材采集、药品注册、生产、流通的过程中均欠缺统一的质量管理标准。虽然中医理论及疗法在许多国家已得到认可，但中成药在国际市场上的注册却难以顺利实现。在2015年我国中成药出口的前十大市场中，仅美国市场系按膳食补充剂的形式销售，其他9个市场均是以中成药或传统药的形式销售。

（3）文化壁垒

东西方医药文化体系存在巨大差异。现代西方国家的医学体系（简称西医）系近代西方国家的学者在否定古希腊医学之后，以解剖生理学、组织胚胎学、生物化学与分子生物学作为基础所发展出的医学体系。中医则以阴阳五行理论作为基础，将人体视为气、形、神的统一体，通过"望闻问切"四诊合参的方法，探求病因、病性、病位，分析病机及人体内五脏六腑、经络关节、气血津液的变化，判断邪正消长。在得出病名、归纳出证型的基础上，中医以辨证论治原则，制定了"汗、吐、下、和、温、清、补、消"等治法，并使用中药、针灸、推拿、按摩、拔罐、气功、食疗等多种治疗手段，使人体阴阳逐渐调和，进而康复。[1] 西医在使用抗生素治疗细菌性疾病及使用外科手术手段治疗创伤及肿瘤方面存在较大优势。中医在治疗慢性病、筋骨病、疑难病等方面亦存在非常大的优势。中医和西医其实是可以相互补充、相互促进。然而在许多国家和地区，人们对中医的了解仍不足，远未达到自发选择中医诊所保健、诊治的程度。中医药国际化长足发展的前提是打破文化壁垒。

---

[1] 袁玉亮，孙士鹏，杨曦明．基于现代技术研究中医的回顾及思考．国际检验医学杂志，2018，39(24):9-12.

（4）法律壁垒

对当地法律法规的不熟悉系中国企业"走出去"面临的诸多难题之一。在"一带一路"沿线很多国家均非以英语为母语的情况下，找到同时精通当地语言、医药知识及法律知识的咨询公司或律师事务所就相对困难。在行为主体对"一带一路"沿线各国的药品注册、进口、销售法规、医疗机构许可颁发规定等基本信息均缺乏基本了解的情况下，中药材和中成药出口、中国中医药企业海外公司开设、中医医疗服务外包承接以及中医药机构赴哈开办中医医院、连锁诊所和中医养生保健机构等活动的进行均受到了不同程度的限制。

（5）资金壁垒

中医药实现国际化需要大量资本支持。虽然国家发展与改革委员会、国家中医药管理局均出台了相关政策文件，但中央和地方在资金方面并未制定具体的扶持政策，导致许多民间资本只能凭借一己之力走出国门。

4.4　中哈中医药交流合作建议与展望

（1）加强政府合作交流，实现与沿线国家政策沟通

有关部门应借助"一带一路"沿线国家的高层互访，推动政府部门在中医药领域的合作。建议国家中医药管理局、中国各中医药相关协会、外交部协同合作；由在当地的各相关协会、律师事务所和咨询公司配合下翻译当地法律法规，为更多中企"走出去"铺平道路。

（2）完善质量评价标准，实现科技联通

国家中医药管理局应牵头制定系统的质量评价体系，尽快推动中药标准

化。目前中药从药材的主要成分含量、杂质含量到中成药的生产、流通中的质量控制标准都亟须规范。相关监管部门应结合不同国家的临床试验规定和注册要求建立药品生产质量管理规范，为中药材和中药顺利出口提供必要保障。同时，完善中药材和中成药的质量评价标准也将进一步推动中医药的传承创新。

（3）建立人才培养体系，实现与沿线国家资源互通

首先，教育部门应引导高校和研究机构加强对中医药的研究，鼓励中医药社会组织举办讲座和会议；支持孔子学院等海外机构开设系列中医药课程；鼓励我国中医药院校与沿线国家的医学院校建立交流合作关系；借助互联网，开办远程授课、项目学习等多种形式加强中医药专业人才和贸易人才的培养、交流和输送；注重师资队伍的建设。同时，相关部门应加强中医执业医师、中药执业药师的注册管理和年检管理。

（4）加强文化宣传推广，实现与沿线国家民心相通

互联网时代信息传播手段的日益便捷为中医药文化的传播创造了机遇。中医药的普及应充分借助互联网并通过多种方式向世界呈现。例如，我国可利用互联网建立多语种的中医药基础知识国际传播平台，在门户网站、移动端应用上发布多语种视频讲解等；建立多语种的中医药数据库；开展网上中医问诊等线上中医服务；建立中医药配送网络等。此外，我国亦可发挥窗口省份作用，如与哈萨克斯坦接壤的新疆可以作为开展中医药线下义诊等体验活动的试点地区。

（5）引导海外资本筹措，实现与沿线国家贸易畅通

海外中医药机构的全面发展必须依赖大量资本支持。我国可吸引民间资本境外投资，在海外中医药机构中推动开设更多合资或独资机构。同时，我

国应进一步加强国内外中医药机构间的合作，将国内的资金、人才、管理经验等同国外的医疗机构相结合，实现中国中医药医疗服务存在的渗透式发展，打通开设中医药机构的渠道，减少海外中医药机构运营的阻碍。

第五章

中哈医疗卫生合作交流

2015 年,《国家卫生计生委关于推进"一带一路"卫生交流合作三年实施方案(2015—2017)》发布,为打造"健康丝绸之路"指明了方向。2017 年 1 月 18 日,中国政府与世界卫生组织签署了双方关于"一带一路"卫生领域合作的谅解备忘录,对双方合作提高沿线国家健康卫生水平具有里程碑意义。

2017 年 5 月 13 日,国家卫生计生委主任李斌与世界卫生组织总干事陈冯富珍在京联合签署《中华人民共和国政府与世界卫生组织关于"一带一路"卫生领域合作的执行计划》。其中提到,中国将加强与世界卫生组织的合作,以全面提升中国同"一带一路"沿线国家人民健康水平为主线,以双多边合作机制为基础,创新合作模式,促进与"一带一路"沿线国家等重点合作伙伴在国家、区域及全球层面开展务实合作,推动我国及沿线国家卫生事业发展,携手打造"健康丝绸之路"。[1] 中国将与吉尔吉斯斯坦、乌兹别克斯坦、塔吉克斯坦、哈萨克斯坦等国家开展中国—中亚结核病控制合作。

5.1 中哈地方医疗卫生合作现状

在"一带一路"建设的大背景下,新疆维吾尔自治区凭借与八国接壤的

---

[1] 阿达莱提·塔伊尔 . 上海合作组织框架内的医疗卫生合作回顾与展望 . 欧亚经济 , 2019(4):105-124.

地缘优势启动"丝绸之路经济带"医疗服务中心建设，打造区域优势医疗资源高地，为周边国家患者提供医疗服务并带动了健康服务业和旅游业的发展。2015年底，新疆维吾尔自治区陆续启动跨境远程医疗服务平台和新疆丝路医疗旅游推介平台建设项目，逐步实现与国内及"一带一路"沿线国家医院的互联互通，初步形成了跨境云医院集群网络格局。中国新疆与哈萨克斯坦在资源状况、生产结构和经济发展水平上具有较强的相似性，而中国与哈萨克斯坦区域经济合作近年来显示出很强的互补性，合作潜力巨大。次区域经济合作是区域经济一体化的一种形式，并伴随区域经济一体化的发展进一步得到强化。①

此外，我国计划通过立足"五个中心"打造丝绸之路创新合作新高地。习近平主席在第二届"一带一路"国际合作高峰论坛开幕仪式上曾提出建设数字丝绸之路和创新丝绸之路。作为欧亚大陆的地理中心以及我国向西开放的桥头堡，新疆可通过挖掘创新潜力，推动"一带一路"合作进一步走深走实。调研团发现，新疆在"商贸物流、交通枢纽、文化科教、医疗服务和区域金融"五大中心建设中均涌现出不少创新合作助推丝路建设的范例。在医疗服务中心建设方面，新疆通过搭建"跨境远程医疗服务平台"等信息化通道，搭建了一条国际"医疗路"，如新疆医科大学第二附属医院与吉尔吉斯斯坦奥什州国立医院的医生们的合作即通过这一平台。新疆与八个国家接壤，而每个国家国情均不相同，故在开展创新合作时应细致研究各国独特优势和需求，制定从宏观到微观的整体的、科学的规划。②

由乌鲁木齐市卫生健康委员会主导建设的新疆跨境远程医疗服务平台，已接入北京市4家医疗机构（首都医科大学附属安贞医院、世纪坛医院、北京市中医院和海淀区妇幼保健院）以及乌鲁木齐区域内的29家医院，对境外

---

① 新华社.新疆：打造国际医疗服务中心 提供跨境医疗服务.[EB/OL].(2017-04-21).http://
www.xinhuanet.com/world/2017/04/21/c_1120850195.htm.

② 央视网.新疆打造优质国际医疗中心，服务周边国家百姓.[EB/OL].(2017-04-24).http://
news.cctv.com/2017/04/24/ARTIw1qbFdwNJdMmkXhuMbTY170424.shtml.

则已连接吉尔吉斯斯坦、哈萨克斯坦和格鲁吉亚等国的 24 所医院，实现了新疆各医疗机构对周边国家的常态化远程会诊，促进了我国与周边及沿线国家在医疗卫生领域互利共赢。同由该委员会主导的新疆丝路医疗旅游推介平台自 2016 年底启动以来，即以乌鲁木齐地区优势医疗资源为立足点，辐射中亚及其他俄语区国家，打造医疗与旅游结合的综合性服务体系。截至目前，这一平台累计访问近 4 万人次，陆续有外籍患者实现从"线上会诊"到"线下诊疗"。

中哈霍尔果斯（民族医药保健）康复疗养中心（中方区域）设有中医、哈萨克医、维吾尔医、蒙医、藏医五个特色医疗馆，涵盖了医疗科研、预防养生、健康体检、康复保健等项目，康复疗养中心设置 300 张床位，总建筑面积 6 万余平方米。目前，包括新疆医科大学第一附属医院在内的新疆多家医院成立了国际医疗服务部，并配备掌握周边国家相关语种的医护人员，为外籍患者开通"绿色通道"。[①]

5.2 哈国数字医疗建设与中哈互联网医疗合作展望

在"一带一路"沿线的中亚国家中，哈萨克斯坦的互联网用户比例最高（占77%，参见图 2-5-1 所示），而在互联网使用水平方面，中亚地区所有国家中只有哈萨克斯坦互联网水平超过世界平均水平（达 53%）。哈萨克斯坦目前有 24 家公司运营互联网业务，互联网普及率大幅上升。但是，当前互联网的铺设在大城市的覆盖度更高，偏远地区覆盖不足。面对哈萨克斯坦地广人稀的特点，当局可通过提高偏远地区的网络覆盖率，通过新技术手段在一定程度上解决医疗问题。[②]

① 赵西娅. 新医大六附院与哈萨克斯坦医院开通跨境远程医疗. [EB/OL]. (2016-12-15). http://www.chinaxinjiang.cn/zixun/xjxw/201612/t20161215_544966.htm.
② Asia-Plus. 中亚国家互联网使用情况分析. [EB/OL]. (2018-04-04). http://kz.mofcom.gov.cn/article/scdy/201804/20180402728232.shtml.

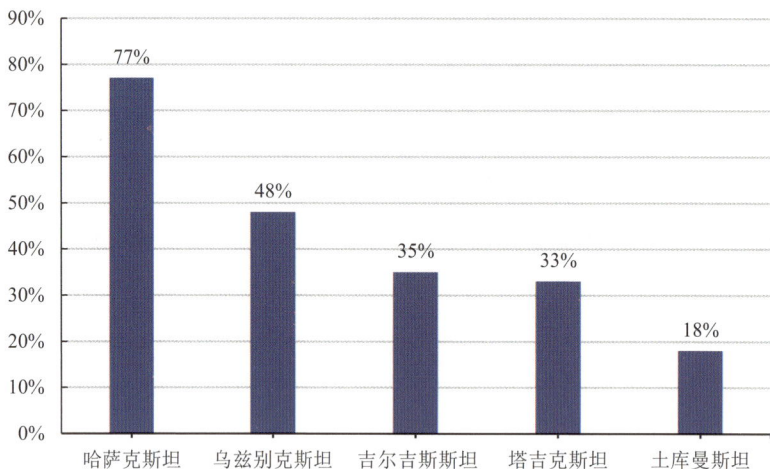

图 2-5-1　2018 年 1 月中亚地区互联网的使用率

此次调研发现，哈萨克斯坦在医疗人工智能、医疗大数据、移动医疗等新技术的运用领域仍处于初级发展阶段。同时，调研团从在哈中资机构了解到，目前哈国尚处于前期硬件的投入和建设阶段，软件等新技术的引入和运用的时机尚不成熟。

据新闻报道，哈萨克斯坦有关部门、企业和媒体受邀参加了在上海举办的"2016 华为全联接国际展会"。120 多个国家的 2 万多名信息通信技术领域专家学者参加本次展会。会议期间，哈萨克斯坦国家信息技术公司与华为公司签署了合作谅解备忘录。哈萨克斯坦国家信息技术公司是哈电子政务 IT 基础设施主要运营商，目前正在实施"数字哈萨克斯坦——2020"国家计划。该计划任务之一是进行政府机构 IT 基础设施现代化改建和发展电子政务体系：除光纤铺设和发展国家边远地区数字通信、建立现代化数据处理中心、打造"智慧城市"平台外，"数字哈萨克斯坦——2020"计划也拟为教育、医疗卫生等领域引进新信息技术。

医疗卫生合作是"一带一路"共建工作的重要组成部分。随着科技的进步和生活水平的提高，人们对健康的重视程度越来越高。中国政府 2016 年推出的《健康中国 2030 规划纲要》提出了健康优先的理念，其中包括要求促进中国和"一带一路"沿线国家医疗卫生合作。[①] 以医疗产业而言，随着"一带一路"的基础建设开发，许多国家开始规划其医疗卫生体制改革。这为各国间医疗卫生交流创造了机遇。

2016 年杭州 G20 峰会上发布的《G20 数字经济发展和合作倡议》将"数字经济"定义为"使用数字化的知识和信息作为关键生产要素、以现代信息网络作为重要载体、以信息通信技术的有效使用作为效率提升和经济结构优化的重要推动力的一系列经济活动"。[②]2015 年，我国国务院发布的《关于积极推进"互联网+"行动计划的指导意见》（国发〔2015〕40 号）将医疗与健康并列使用，一定程度上拓宽了原先对医疗的理解。我国目前的"互联网+医疗" 实际上系互联网+医疗相关行业，包括"互联网+医院""互联网+公共卫生""互联网+健康管理""互联网+医药""互联网+医疗保险"等。

中国国家互联网信息办公室《数字中国建设发展报告（2017 年）》显示：2017 年我国数字经济规模达 27.2 万亿元，占 GDP 比重 32.9%。这一规模位居全球第二仅次于美国，且预计至 2020 年传统行业的数字化改造将为我国带来超过 40 万亿元的总市场规模。自 2013 年以来，数字医疗领域的股权融资额累计高达 280 亿元，共达成交易 4412 次。[③]

互联网医疗系互联网在医疗行业的新应用，其包括以互联网、物联网等为载体和技术手段的健康教育、医疗信息查询、电子健康档案、疾病风险评估、在线疾病咨询、电子处方、远程会诊，以及远程治疗和康复等多种形式的健康医疗服务。具体而言，互联网医疗系与个体在生理心理和社会适应性方面的咨询、诊疗、康复、保健、预防等全流程深度融合而形成的一种作为新型

① Hu R. W, Liu R. Q, Hu N. China's Belt and Road Initiative from a Global Health Perspective. The Lancet Global Health, 2017, 5(8): 752-753.
② 国家卫生健康委 . 2018 年我国卫生健康事业发展统计公报 . 2019-05-22.
③ 中国网信网 . 数字中国建设发展报告（2017 年）. 2018-04-22.

业态的健康医疗服务体系，其实现了个体健康全过程的覆盖。互联网医疗，代表了医疗行业新的发展方向。[①] 近年来，我国互联网的普及和"互联网＋医疗健康"技术发展迅速，已经在远程医疗、健康管理、公共卫生等领域产生了一定的应用。截至 2016 年 12 月，我国"互联网＋医疗健康"用户规模达到 1.95 亿人，占网民总数的 26.6%，年增长率为 28%。涉及到保健信息查询、网上预约挂号、网购药品、网上咨询问诊、网购医疗器械和健康产品、运动健康管理等内容。

健康是全球共同的需求，随着互联网在"一带一路"国家的发展普及，基于互联网的医疗健康服务需求将被更大地激发，而"互联网＋医疗健康"的中国经验和中国智慧将可能在"一带一路"国家得到借鉴和应用，并成为数字经济发展的新的增长点。本次调研中，调研团深切地感受到中哈双方在未来进行医疗沟通交流时首先面临的将是语言沟通方面的问题。在我国，大部分医疗工作者仅能以汉语和英语进行沟通。哈萨克斯坦的官方语言为哈萨克语，俄语为族际交流语（参见第三编第二章）。大部分哈萨克斯坦居民掌握俄语而不掌握英语。高校和科研机构的一部分教职员工虽掌握英语，但程度参差不齐。只有具有在华留学、务工等交流经历，或来自中国新疆的哈萨克族人可以使用汉语进行沟通。而考虑到医疗领域专业术语翻译的准确性，拓宽支持高效信息交流与互换的数字化渠道（如建立智能化对接平台）不失为解决方法之一。同时作为一种文化和一项产业，"互联网＋医疗健康"在中哈两国丰富的医疗资源基础上存在极大的发展空间。

---

① 朱劲松 . 互联网＋医疗模式：内涵与系统架构 . 中国医院管理，2016, 36(1): 38-40.

结论与建议

中国与哈萨克斯坦开展全面合作是双方应对共同关切的问题的方式，是双方基于已有合作交流基础的需要，是双方卫生与健康需求与合作意愿的体现。中哈两国在过去几十年的发展中均实现了经济和社会的较大进步，也都在一定程度上面临着人民日益增长的美好生活需要和不平衡不充分发展之间的矛盾。在医疗卫生领域，两国主要面临着慢性病负担严重、基层人力资源不足等相似问题。中哈双方目前在卫生体系的合作尚未十分深入。双方卫生行政部门可以加强卫生服务与卫生体系的联系，分享各自的经验，共同探讨解决办法，以提高卫生系统效率，改善国民健康水平。

2016 年，习近平主席进一步要求着力深化医疗卫生合作，加强在传染病疫情通报、疾病防控、医疗救援、传统医药领域互利合作，携手打造"健康丝绸之路"。中国政府 2016 年推出的《健康中国 2030 规划纲要》，提出了健康优先的理念，其中包括要求促进我国和"一带一路"沿线国家医疗卫生合作。为进一步夯实中哈双方的合作基础，调研团提出如下建议：

第一，提高联合应对突发公共卫生事件的能力。随着"一带一路"建设不断推进，人员交流往来日益频繁，沿线国家传染性疾病暴发与传播等风险不断升高。对此我国可进一步强化与哈方的卫生交流合作，提高联合应对突发公共卫生事件的能力，开展联合卫生应急演练，以有效维护我国同沿线国家的卫生安全和社会稳定，为"一带一路"建设保驾护航。

第二，进一步开展医院援助项目。如在 2015 年丝绸之路经济带战略与健康促进研讨会上，陕西省卫生计生委与哈萨克斯坦东干协会签订了关于援建"陕西村"医院的框架协议。根据协议，陕西省将协助援建哈萨克斯坦江布尔州库尔岱县马三成医院、援助新渠和阿伍特乡（陕西村）两所医院部分医疗设备。医院建成后，将成为"陕西村"规模最大、接诊能力最强的医院。

第三，进一步加强医学教育合作交流。我国可推进双方进一步分享在医学教育、住院医师规培和考核的经验，探索发展模式；可增加双方学生交流的机会，加强对留学生的经济支持，逐步夯实两国医学教育的合作。我国应尤其鼓励中医药院校与沿线国家的医学院校建立交流合作关系，并可通过开办远程授课、项目学习等多种形式，加强中医药专业人才和贸易人才的培养、交流和输送。

第四，推动"互联网＋医疗健康"发展。考虑到哈萨克斯坦的地理面积和人口分布，互联网医疗将充分整合其现有医疗资源。而我国"互联网＋医疗健康"的经验和智慧将为哈萨克斯坦医疗服务的完善提供帮助，两国"互联网＋医疗健康"的合作亦将成为数字经济发展的新增长点。

第五，全面助力中医药发展。我国可基于政府间合作，在海外医疗援助中增加中医内容，并通过孔子学院、展览会等机制实现中医药文化传播。有关部门还应进一步完善质量评价标准，尽快推动中药标准化，并且结合不同国家的临床试验规定和注册要求建立药品生产质量管理规范。此外，我国可鼓励各方投资助力更多海外中医药机构的开设，同时加强国内外中医药机构间的合作，将国内的资金、人才、管理经验等与国外的医疗机构结合，实现中国中医药医疗服务贸易商业存在的渗透式发展。

第六，加强中国医疗卫生体制政策经验和理念的国际交流与合作研究。我国可推动建立中哈两国卫生体制和政策交流的长效合作机制，增进与哈萨克斯坦在全民健康覆盖、医药卫生体制改革、健康促进等方面的相互了解和交流。同时，我国可就共同感兴趣的领域开展合作研究，促进我国卫生发展理念的传播，分享我国在卫生政策制定和卫生体制改革中的经验，以此提升中国在区域和全球卫生治理领域的软实力和影响力。

第三编

"一带一路"视域下中哈人文交流：
国家建构、文化与艺术

太阳下的雄鹰：努尔苏丹城郊的纪念碑（摄影：郑豪）

« 第一章
哈萨克斯坦
"精神文明复兴"计划

本编主要关注中哈两国人文交流领域的一系列重要议题。人文交流旨在增进相互理解，而理解的重要前提是对他国国情和现状有准确而深入的把握。本章所要考察的是哈萨克斯坦近年来在文化领域的重大项目——"精神文明复兴"计划。

2019 年 3 月 19 日，长期执政哈萨克斯坦的首任总统纳扎尔巴耶夫宣布辞职。这一动向将全世界的目光都吸引到这个中亚大国之上。正如诸多学者所指出，纳扎尔巴耶夫总统的辞职看似突然，实则早有长期布局。学界此前关注较多的细节是，纳扎尔巴耶夫总统于 2017 年 3 月顺利推动宪法修订，调整了政治权力在总统、总理和议会之间的分配。[①] 同时，首任总统在辞职后留任国家安全委员会主席、"祖国之光"党主席和国家宪法委员会成员。这些举措都反映出了哈国首任总统在保障国家权力平稳运行方面的政治考量。

在具体的制度设计和权力分配政策之外，哈国首任总统在重塑国家认同方面同样积极布局。2017 年初，哈国修订宪法 1 个月后，纳扎尔巴耶夫总统发表长篇署名文章，阐述哈萨克斯坦社会精神现代化对于国家未来的重大意

---

① 哈萨克斯坦总统签署修改宪法法令 . [EB/OL]. (2017-03-11). http://www.xinhuanet.com/world/2017-03/11/c_1120608790.htm.

义。本章将通过考察"精神文明复兴"计划出台的重要文件和具体项目落实
情况，分析哈萨克斯坦当下国家认同建构领域的主要政策及其面临的挑战，
并简要探讨"精神文明复兴"计划对于中哈人文交流的意义。

1.1 政策缘起

"精神文明复兴"计划系指一系列旨在重塑哈国国民精神文化的项目。
该计划源于首任总统纳扎尔巴耶夫于 2017 年 4 月 12 日在《主权哈萨克斯坦报》
（西里尔哈文：Егемен Қазақстан）上发表的文章《展望未来：精神文明的复
兴》[①] 和 2018 年 11 月 21 日发表在《哈萨克斯坦真理报》上的文章《伟大草
原的七个方面》中的提议。[②] 这两篇文章在内容上相互呼应，均探讨 21 世纪
全球化时代哈萨克斯坦应着力塑造的国民精神文化体系。《展望未来》一文
从同年年初发表的总统国情咨文入手，强调思想工作对于实现 2050 年跻身全
球前 30 发达国家目标的重要性。此文提出思想工作的六方面目标，并罗列哈
萨克语言文字拉丁化、故土项目、神圣地理项目等六大行动计划。

而 2018 年《伟大草原的七个方面》一文则侧重于勾勒新时期国家历史观
的核心内容，强调"伟大草原文明"对世界文明的历史贡献，并罗列骑乘文
化、冶金技术、动物纹饰等七方面考古和历史论据作为证明。与《展望未来》
一文相呼应，2018 年的文章也列举了国家历史观建设工作的六大计划，包括
2025 档案馆工程、伟大草原人物、草原艺术千年史等。《伟大草原的七个方
面》一文文末明确将上述项目命名为"精神文明复兴"（拉丁哈文：Ruhani
Jangyru/ 西里尔哈文：Рухани Жаңғыру）。

2018 年 11 月 21 日文章发布之后，随着整个宏大工程的名称正式得名，
西里尔文哈萨克语词汇"Рухани Жаңғыру"与一只展翅飞翔的雄鹰成为整个

---

① 此文标题俄文原文为 «Взгляд в будущее: модернизация общественного сознания»，哈通社
中文版标题为"面向未来的计划：精神文明的复兴"。

② 此文标题俄文原文为 «Семь граней великой степи»，哈萨克斯坦驻华使馆官方网站将此文标
题译为"伟大草原之国的 7 个边缘"，哈通社中文版网站译为"伟大草原之国的 7 个优势"。

图 3-1-1　伊希姆河畔的"精神文明复兴"计划标志（摄影：郑豪）

计划的官方标志。目前在哈萨克斯坦各大城市的街道上、高校、科研院所等地均能看到这一标志，或以计划名称单列的巨幅艺术字。

在政策思路上，这两篇文章可以被视为2012年哈国提出的《哈萨克斯坦—2050》战略的具体落实文件。《哈萨克斯坦—2050》战略的核心文件是2012年12月14日纳扎尔巴耶夫总统的同名讲话。其中第七方面内容以"新哈萨克斯坦的爱国主义"为题，强调新时代国家和社会的稳定要以新的社会共识为基础。该文本中提到的新爱国主义包含公民平等、民族团结、三语教育政策、文化体系建设、知识分子的参与和反对宗教极端主义等方面内容。相比首任总统的《哈萨克斯坦—2050》讲话，2017年《展望未来》一文更为明确地界定了21世纪哈国思想文化工作的目标和具体任务；而《伟大草原的七个方面》则直接触及对国家历史观要点的描述。可以预见的是，在未来的一段时间内，这两篇文章将成为哈国思想文化领域工作的纲领性文件。

1.2 计划内容与主旨

如上文所述，纳扎尔巴耶夫总统 2017 年和 2018 年两篇报告详细列举了一系列具体项目。因此，要研究"精神文明复兴"计划内涵和思想，首先须从梳理两篇文章的内容开始。2017 年《展望未来》一文分为两大部分。第一部分旨在分析 21 世纪哈国在精神文化领域面临的挑战和相应需达到的目标。文章认为，西方的现代化模式已经暴露出问题，最为重要的是尽管西方的现代化模式自称具有普世性，但事实上不考虑非西方地区各民族的传统。哈萨克斯坦要进行的第三次现代化，必须要在扬弃民族传统的过程中完成。文章明确指出，哈国精神领域的现代化，核心在于协调国家历史文化不同阶段中形成的传统和价值观。在精神文化现代化的目标方面，文章列举六点：（1）提高人力资源在国际市场上的竞争力，逐渐降低对矿产资源的依赖，故需着力培养青年一代的信息技术技能、外语技能和文化包容心态；（2）坚持务实改革精神，强调理性利用自然资源，反对民粹主义和奢侈浪费的利用方式；（3）存续国族认同（Сохранение национальной идентичности），既反对声称普世的西方现代化模式，也反对以民族文化为旗号发展裙带关系，而是以哈萨克斯坦国家为本位建构国族认同；（4）尊重知识，积极应对技术革命带来的挑战；（5）坚持渐进式发展观念；（6）保持开放心态，推动英语成为青年一代普遍掌握的技能，积极融入全球化的各职业阶层。

上述六点目标之间存在一些重合。进一步归纳可分为三点，即以全球化时代标准提高全民语言和职业技能、坚持务实改革精神、构建以国家为本位的认同体系。三者之间有着技术、道路和灵魂之间的关系。而为落实这些目标，文章具体列举六大行动项目，包括：（1）哈萨克语言文字拉丁化（Переход на латиницу）；（2）"百本新教材"项目（100 новых учебников）；（3）"故土"项目（Туған жер）；（4）"神圣地理"项目（Сакральная география）；（5）"当代哈萨克斯坦文化"项目（Современная казахстанская культура）；（6）"百位新人"项目（100 новых лиц）。

这六大项目均在不同程度上体现出上述三方面政策目标。国内学界对哈萨克语言文字拉丁化的研究已有较多成果。[①] 该政策正是在纳扎尔巴耶夫总统 2012 年的《哈萨克斯坦—2050》国情咨文中提出，而《展望未来》一文中正式确定工作开展的时间表为：2017 年公布新字母表；2019 年完成文字拉丁化准备工作；2025 年实现政府公文和学校教材使用拉丁字母哈萨克语，且英语课程覆盖所有在校中小学生。该项目显然将成为整个"精神文明复兴"计划中对哈国社会影响最大的一环。

"百本新教材"项目将挑选 100 本外国人文社科领域大学教材并翻译为哈萨克文，意在让青年一代接受人文社科领域最前沿的学科知识。政府相关部门将处理翻译、版权等问题。文章要求 2019 年前完成挑选和翻译工作，在 2018—2019 学年开始应用。

"故土"项目与"神圣地理"项目均为新时期构建哈萨克斯坦国家认同体系的重要项目。前者的重点是发掘和研究地方历史，修复地方历史文化古迹，并以此为契机吸引依据海外的哈侨商人、官员、知识分子和青年支持故乡发展。"神圣地理"项目则着眼于保护和宣传全国意义的历史文化古迹，包括亚萨维陵、塔拉兹市的喀喇汗陵、曼吉斯套州的别克特阿塔（Бекет-Ата）圣墓等。同时，该项目要求相关部门强化对哈国民众的国家地理和文化教育，要求媒体和旅游公司系统性宣传上述国家级历史文化遗迹。两者试图共同加强对哈国本土历史遗产的文化传播，强化本国公民对故乡和祖国历史文化的认同感，并提高国际游客对哈国历史的认知度。

"当代哈萨克斯坦文化"和"百位新人"项目则更强调向世界展现全球化时代哈萨克斯坦的文化作品和时代人物。"当代哈萨克斯坦文化"项目提议将当代哈萨克斯坦的文学作品翻译为联合国六大工作语言译本，且强调以

[①] 吴宏伟.哈萨克斯坦文字拉丁化改革：从探讨到实践.语言战略研究，2018, 3(4): 31-41；周丹.全球化背景下哈萨克斯坦作为主权国家的语言政策［硕士学位论文］.上海：上海外国语大学俄罗斯东欧中亚学院，2019；刘松.哈萨克斯坦"三语政策"研究：理论与实践［硕士学位论文］.兰州：兰州大学外国语学院，2019.

先进多媒体手段来呈现。"百位新人"项目则旨在挑选哈国内来自不同地区、不同年龄段、不同民族、不同行业的优秀代表，通过媒体平台将他们作为新时期哈萨克斯坦精神面貌的典范来宣传。

相比 2017 年提出的六大项目，2018 年 11 月《伟大草原的七个方面》一文则尝试勾勒新时期哈国家历史观，探讨为何以及如何实现"历史意识的现代化"（Модернизация исторического сознания）。文章开头即从德国、意大利等国以现代国家边界为基础建构国族认同开始探讨，引申出当代哈萨克斯坦国族认同应参照的五点基本原则：（1）当代哈萨克斯坦领土上各历史时期存在的政治体均包含哈萨克民族的族源要素（элименты этногенеза казахской нации）；（2）下文列举的伟大草原七方面成就均诞生于当代哈萨克斯坦领土之上，之后传播至四方；（3）哈萨克人的祖先曾掌握同时期最为先进的技术；（4）早在"哈萨克"族称出现之前的几百年，一些哈萨克的部族就已经存在；（5）强调哈萨克斯坦的历史是当下所有生活在哈萨克斯坦各族群（этнос）的共同历史。在上述论点的基础上，作者尝试重新评价草原文明对人类历史的贡献，勾勒当代哈萨克斯坦在历史上的文明成就。

首任总统在此文中列举的伟大草原七方面成就如下：（1）骑乘文化所包含的马的最初驯化、骑射和裤装等器物的发明、军事技术的创新和欧亚游牧帝国的形成；（2）推动人类文明历史进程的草原古代冶金技术；（3）展现哈萨克人远祖与自然和谐相处的动物纹饰、书写系统和神话故事；（4）反映伟大草原文明技艺水平和审美的金人墓葬；（5）催生了整合游牧和农耕文明的突厥世界（тюркский мир），包括法拉比、亚萨维和其他伟大人物；（6）形成了沟通中国、印度、波斯、地中海和斯拉夫文明的丝绸之路；（7）是全世界绝大多数苹果和郁金香种类的发源地。

上述七方面仅为作者列举的伟大草原文明部分成就。为贯彻在存续传统基础上渐进革新的原则，文章提议开展以下六方面具体项目，以实现历史意识的现代化。

（1）"档案馆 2025"（Архив-2025）项目。该项目上承 2004 年哈国发

起的“文化遗产”（Мәдени мұра）项目，计划在2025年之前完成对全球所有重要档案馆涉及从古到今哈萨克斯坦国族历史的档案文献的搜集和研究工作，并将获取的资料电子化。该项目将成为学校和博物馆进行考古和历史教育的重要基础。

（2）“伟大草原的伟大人物”。对照中国的孔子、德国的歌德、俄国的普希金等，该项目将尝试塑造哈萨克斯坦的标志性人物。文章罗列了法拉比、亚萨维、阙特勤、拜巴尔斯、头克汗、阿布赉汗、肯尼萨尔·卡西莫夫和阿拜·库南巴耶夫这八个历史人物，且要求在此项目之下成立文化主题公园、建造呈现伟大人物的展厅并制作相关的科教影视作品。

（3）“突厥世界的起源”（Генезис тюркского мира）。为确证哈萨克斯坦作为“突厥人的发源地”，该文章要求发起“突厥文明：从源头到当下”（Тюркская цивилизация: от истоков к современности）项目。该项目包括2019年在阿斯塔纳召开“世界突厥学者大会（Всемирный конгресс тюркологов）”、举办“突厥语族诸族裔文化日（Дни культуры тюркских этносов）”和仿照维基百科形式制作“突厥语公共文学作品”等。此外，文章还要求相关部门加强对图尔克斯坦市历史文化的国际宣传，突出其历史文化古城的形象。

（4）“伟大草原古代技艺博物馆”。该博物馆将以“伟大草原”（Ұлы дала）命名，展示古代金属制品的动物纹饰、马匹驯化的遗迹、金人墓葬品、冶金技术、骑乘装备制造技术等。其次，文章要求创立同名的“国家历史重建俱乐部”（Общенациональный клуб исторических реконструкций），负责在首都和全国各地举办以纪念塞人、匈人和突厥文化为主题的节庆活动。再次，文章要求开展丝绸之路古城讹答剌修复项目，作为未来的重要旅游景点。

（5）“草原民间文学和音乐的千年历史”。该项目下，文章首先要求制作一部“草原民间故事文选”，包含草原文明的历史、神话、史诗、传说等题材的传统民间文学。其次，文章要求出版以传统哈萨克乐器创作的音乐作品集，而且应利用数字技术、吸引国内外职业人士共同创作。为保证两方面工作顺利开展，文章要求相关部门在哈国各州组织科学考察，寻访民间文学和音乐的传承人。

（6）"影视作品中的历史"。该项目要求文艺界以展示哈萨克斯坦文明的历史延续性为主旨，拍摄纪录片和艺术电影。在内容方面，文章要求，一方面，新的影视作品更多呈现哈萨克民间文化和神话内容；另一方面，应该积极创作有国族特征的超级英雄形象，加强对青年的宣传。以此为基础，相关部门应通过国际合作推动哈国电影工业发展。

在理念层面，两篇文章均暗示，新时期哈萨克斯坦的思想文化一方面将以哈萨克语言文化和历史传统为本位，另一方面也重视对哈萨克语言文化的现代化改造和对历史传统的扬弃。因此在项目层面，"故土"和"神圣地理"项目与"伟大草原"一文提议的六个项目一道，意在发掘哈萨克族民俗、神话、史诗和传统音乐中所包含的历史记忆，并以此为基础建构从基层到国家的历史叙事和乡土志知识体系，进一步强化哈萨克族语言文化在国族建构中的主体地位。哈萨克语言文字拉丁化和"百本新教材"项目则旨在革新主体民族的语言及其所承载的知识产品。"当代哈萨克斯坦文化"与"伟大草原"诸项目均提到要以前沿多媒体技术向国内外宣传哈国古今历史文化，使哈国新时期的思想文化体系得到世界认可。最后，"百位新人"项目则有平衡各民族利益的考量，强调人选来源的年龄、职业和族裔代表性。

整体而言，可能是考虑到过度强调主体民族的地位存在诱发民粹主义思潮的风险，纳扎尔巴耶夫总统论述中既要求强化主体民族历史文化语言的主体性，同时要求对其进行革新，即所谓"社会精神的现代化"，形成保守与变革之间的平衡。

‖‖ 1.3 "精神文明复兴"计划推进情况观察

《展望未来》一文发布之后一周，纳扎尔巴耶夫总统于 2017 年 4 月 19 日成立直属于总统办公厅的国家委员会落实计划框架下的诸多项目。时任总统办公厅主任贾克瑟别科夫（Адылбек Джаксыбеков）担任委员会主席。两位副主席分别由时任总统办公厅第一副主任塔金（Марат Тажин）和时任总理办公厅主任艾勒达别尔根诺夫（Нурлан Алдабергенов）来担任。委员会秘书为总统办公厅国内事务局局长巴拉耶娃（Аида Балаева）。委员会成员共计 57 人，包括时任议会两院相关委员会主席、总统办公厅副主任、总理办公室副主任、外交部部长、财政部部长、信息与通信部部长、司法部部长、宗教和公民社会部部长、文化与体育部部长、科学与教育部部长、各州州长和直辖市市长、"祖国之光"等政党代表、哈人民大会（Ассамблея народа Казахстана）代表以及相关大学、研究所、媒体机构和社会团体的领导。①

该计划实际落实过程中，委员会副主席、时任总统办公厅第一副主任马拉特·塔金发挥了较为重要的作用。塔金在 20 世纪 80 年代曾工作于科学院和阿勒法拉比大学等学术机构，并在 1987—1988 年赴伦敦大学访学。他一度担任"百本新教材"项目编审委员会主席。② 托卡耶夫总统上任后，2019 年 3 月 24 日塔金调任国务委员，但继续领导"精神文明复兴"计划的部分项目。塔金于今年 4 月 12 日和 8 月 22 日主持两次"精神文明复兴"计划的落实工作会议。参与计划落实工作的政府部门主要包括文化与体育部、科学与教育部、信息与社会发展部。2019 年 9 月 18 日，塔金离任国务委员职务，目前尚无关

① Назарбаев постановил образовать Нацкомиссию по реализации программы модернизации общественного сознания [EB/OL]. (2017-04-12). https://tengrinews.kz/kazakhstan_news/nazarbaev-postanovil-obrazovat-natskomissiyu-realizatsii-316440.

② "100 новых учебников": Как переводились на казахский язык лучшие книги мира [EB/OL]. (2018-06-12). https://tengrinews.kz/kazakhstan_news/100-novyih-uchebnikov-perevodilis-kazahskiy-yazyik-luchshie-346055.

于其新职务的新闻报道。

截至今年八月底，"精神文明复兴"计划下设备主要项目开展情况如下。哈萨克语言文字拉丁化项目目前已出台新版字母表，但正字法、术语和信息化等方面工作尚待专家委员会进一步落实。"百本新教材"项目主要与英国剑桥大学出版社和牛津大学出版社合作，将涉及哲学、政治学、世界历史、经济学等学科的大学教材翻译为哈萨克语。目前已完成翻译的教材共计48本。

"故土"项目之下，各地方政府在超过一万名捐赠人的支持下新建1800多处、修整1500处文教和体育设施。"神圣地理"项目下，28处历史古迹完成修复工作，且讹答剌（Отырар）和塔姆加勒（Тамгалы）两处遗址的游客接待中心即将完工。相关部门已与英国BBC全球新闻和法国欧洲新闻（Euronews）合作，拍摄系列纪录片宣传上述文化遗产。"当代哈萨克斯坦文化"项目由文化与体育部委托国家翻译局开展。目前哈萨克语诗歌和散文文选已经完成六种联合国官方语言的翻译工作。以英译本为例，该项目的合作方剑桥大学出版社承担了部分翻译、出版和发行工作。其他译本的制作方式与此类似，均由哈国家翻译局与语言对象国某一出版社合作，在对象国直接发行。[1]"百位新人"项目则由信息与通信部负责落实。2018年初，该项目开始接受报名，经筛选后，由网民在官方网站投票选出。[2]其百位人选结果已于今年2月产生，且由首任总统出席庆典。[3]最后选出的100人遍布所有州和直辖市。当选百人的工作行业覆盖体育、科学、文化、商业、医疗卫生和社会活动领域。

除上述首任总统文章中明确提及的项目之外，各相关部门响应"精神文明复兴"计划，开展一系列文化宣传领域活动。其形式包括在国内各大城市

---

[1] Anthologies of Kazakh Literature Translated into 6 Official UN Languages [EB/OL]. (2019-04-19). https://www.inform.kz/en/anthologies-of-kazakh-literature-translated-into-6-official-un-languages_a3518633

[2] 获胜人选名单参见 https://100janaesim.ruh.kz/ru/the-winners.html.

[3] President Nazarbayev Meets with Winners of 100 New Faces Project [EB/OL]. (2019-02-13). https://www.inform.kz/en/president-nazarbayev-meets-with-winners-of-100-new-faces-project_a3497899.

举办诸如欧亚文化时装周①、郁金香花卉节②等文艺活动；在各州历史古迹遗址举办考古和博物馆出土文物展览；在各友好国家举办"哈萨克斯坦日"活动③，及文艺团体组织的国际文化交流。后续较为重要的议程包括明年哈国将举办的庆祝阿拜诞辰175周年系列纪念活动。④

各州负责的地域文化复兴项目中，最为重要的是阿拉木图市和阿拉木图州开展的复兴七河（Жетicy）历史文化相关项目。阿拉木图州所在的巴尔喀什湖地区被称为"七河地区"。该地区对于当代哈萨克斯坦叙述其自身历史而言具有重大意义。首先，该地区的伊赛克镇曾出土古代塞人金器墓葬，是当代最重要的哈国考古发现——"金人"（Алтын адам）的发掘之处。其次，该地区为15世纪中期哈萨克汗国创始人克烈和贾尼别克汗脱离察合台汗国、正式成为独立部落联盟之后的活动地域。此外，1929年以来，阿拉木图长期作为哈萨克斯坦的政治、经济和文化中心，即使1997年迁都以后，阿拉木图依然被视为"南都"，是哈萨克斯坦的经济、金融和文化中心。"精神文明复兴"计划实施以来，首都阿斯塔纳甚至建设了一座"七河"主题文化公园，配合宣传该地区的历史和文化意义。阿拉木图州政府于2018年9月公布，各级政府将投资371亿坚戈，支持该州的"精神文化复兴"计划。该州将配合阿拉木图市开展大量历史古迹保护和地方史编纂工作，拍摄相关纪录片，并制作各类电子地图和移动端软件扩大宣传，打造文化品牌。⑤

2018年《伟大草原的七个方面》一文勾勒的历史观和提议的六大项目则

① Eurasian Fashion Week to take place in Nur-Sultan and Almaty [EB/OL]. (2019-08-28). https://www.inform.kz/en/eurasian-fashion-week-to-take-place-in-nur-sultan-and-almaty_a3560329

② Tulip Festival celebrated in Torgay [EB/OL]. (2019-05-05). https://www.inform.kz/en/tulip-festival-celebrated-in-torgay_a3523752.

③ Kazakhstan Days held in Ankara [EB/OL]. (2019-09-04). https://www.inform.kz/en/kazakhstan-days-held-in-ankara_a3562536.

④ Abai Legacy Should Become Rukhani Janghyru Priority, President [EB/OL]. (2019-04-26). https://www.inform.kz/en/abai-legacy-should-become-rukhani-janghyru-priority-president_a3520984.

⑤ KZT 37 Bln for Rukhani Janghyru in Almaty Rgn [EB/OL]. (2018-09-30). https://www.inform.kz/en/kzt-37-bln-for-rukhani-janghyru-in-almaty-rgn_a3405422.

主要由高校、科学院和国际突厥学院主要负责落实。哈萨克斯坦科学院历史与民族学研究所在"精神文明复兴"计划下主要开展了三方面工作。首先，"档案馆2025"项目目前主要由该研究所与各国档案保存机构联系开展。其次，该研究所与科学院的地理研究所、信息研究所等机构合作开发了在线交互地图"哈萨克斯坦人民"。该系统尝试以交互地图的方式呈现哈国各民族的族源、地域分布、风俗习惯等信息。这一在线系统响应了"精神文明复兴"计划中的诸多项目，主要用于教育和大众知识传播。此外，作为研究机构的主业，该研究所继续出版一系列关于哈萨克汗国时期重要历史人物的研究著作，以支持宏观的历史编纂工作。①

坐落于努尔苏丹市的国际突厥学院（International Turkic Academy）则负责一系列与"伟大草原"相关的会议和出版物编纂工作。该机构每年组织"伟大草原"国际会议，邀请欧亚地区各国的突厥学研究者研讨相关议题，并向各国学界介绍哈国主流历史观和语言文化定位。该会议第三届于2018年6月在阿斯塔纳举办，主要介绍首任总统在"伟大草原的七个方面"中提到的新时代哈萨克斯坦主流历史观。今年5月，该机构沿用会议名称，在法国巴黎举办题为"伟大草原：文化遗产和世界历史中的角色"研讨会，同样意在扩大首任总统提出的一系列关于哈国历史观的主张。②

① Books about Sultanmamet Sultan and Middle Juz Batyrs Presented in Astana [EB/OL]. (2019-03-17). https://www.inform.kz/en/books-about-sultanmamet-sultan-and-middle-juz-batyrs-presented-in-astana_a3508042.

② Nursultan Nazarbayev Addresses Forum 'The Great Steppe: Its Cultural Heritage & Role in World History' [EB/OL]. (2019-05-15). https://www.inform.kz/en/nursultan-nazarbayev-addresses-forum-the-great-steppe-its-cultural-heritage-role-in-world-history_a3526604.

1.4 结　语

　　"精神文明复兴"计划的核心是强化哈萨克族历史、语言和文化在当代哈萨克斯坦思想文化体系中的主体地位，同时强调革新哈萨克语言文化和扬弃历史传统。目前该计划中，大部分涉外宣传、交往和知识引介工作的主要合作方是英国，其外宣的主要语言（俄语除外）是英语。随着"精神文明复兴"计划逐步展开，哈国各机构在中哈人文交流中也逐渐有意识地将各类活动纳入该计划的框架之中。目前诸多项目中，涉及与中国合作的主要是着眼于翻译当代哈萨克文学的"当代哈萨克斯坦文化"和"档案馆2025"项目。

　　在中哈合作日益深入的背景下，传统的能源、经贸和产能合作依然是中哈双边合作的支柱。而人文交流和文化教育领域的合作也将成为双方合作的重要领域，促进两国之间的"民心相通"。"精神文明复兴"计划是哈萨克斯坦近年来思想文化领域规格最高、影响最大的工程。我国高校和科研机构相关部门有必要对此保持关注，把握其指导思想和具体项目开展情况，以更好地实现人文领域的交流和合作，规避潜在风险，为两国关系保持高水平运行奠定更为坚实的基础。

第二章
哈萨克斯坦语言政策现状观察

2.1 引 言

本章基于在哈萨克斯坦实践调研期间获取的一手信息，并结合哈萨克斯坦颁布的语言政策官方文件以及中哈两国学者的相关研究成果，概述哈萨克斯坦语言政策现状，并对语言政策的落实情况做简要分析和评估。

在哈萨克斯坦调研期间，笔者观察到两个明显的社会语言学现象：第一，各类广告或标牌常以双语（哈萨克语和俄语）形式或三语（哈萨克语、俄语和英语）形式标注；第二，哈萨克文字的书写方法呈现为西里尔字母形式或拉丁字母形式。在参访努尔苏丹市和阿拉木图市的过程中，笔者对比发现，在路边街旁、商场超市、地铁公交、各机构单位、旅游景点等地名标志中，尽管两种语言或文字形式都有所反映，但却体现出了明显的城市差异性。例如，阿拉木图市更多使用双语地名标志，而努尔苏丹市的普通地名标志（即一般性道路及公共场所的地名标志）则更多使用单一的哈萨克语（以下简称"哈语"）；但与此同时，这两座城市的标志性公共场所如大学、博物馆、大型商场、旅游景点等地，则大多采用三语并行的方式（见图3-2-1、图3-2-2）。又如，同为努尔苏丹市的公共文化场所，首任总统博物馆的标牌采用西里尔字母形式的哈语及俄语书写"哈萨克斯坦首任总统博物馆"（Қазақстан Республикасының Тұңғыш Президентінің Музейі/ Музей Первого

图 3-2-1 2017 年阿斯塔纳世博园主馆导引牌（摄影：胡光玥）

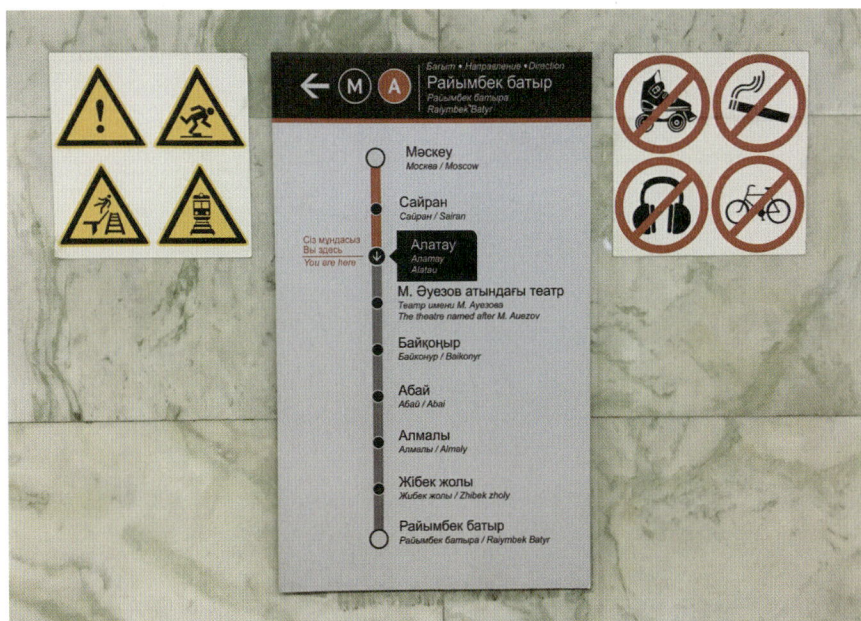

图 3-2-2 阿拉木图市"阿拉套"站地铁线路图（摄影：胡光玥）

图 3-2-3 哈萨克斯坦首任总统博物馆（摄影：郑豪）

图 3-2-4 哈萨克斯坦首任总统图书馆园区导引牌（摄影：胡光玥）

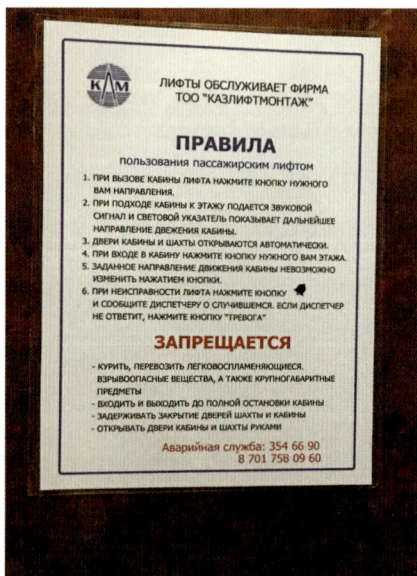

图 3-2-5 阿拉木图市某写字楼电梯标识（摄影：胡光玥）

Президента Республики Казахстан，见图 3-2-3），而首任总统图书馆园区内的导引牌上则用拉丁字母形式的哈语及英语书写"哈萨克斯坦首任总统基金会"（Qazaqstan Respýblıkasy Tuńǵysh Prezıdenti – Elbasynyń qory/ Foundation of the First President of the Republic of Kazakhstan – Elbasy，见图 3-2-4）。此外，还有一些地名标志，或受到历史原因影响，或由于国家政策驱动，仅使用了某种单一的语言文字形式，如俄文（见图 3-2-5）、完全拉丁化的哈萨克文（见图 3-2-6）。上述所举的此类多种表达和书写方式并存的语言现象，无一不说明哈萨克斯坦当前的语言政策仍然处在不断变化之中。

有鉴于此，笔者以哈萨克斯坦的三语政策和哈萨克语字母拉丁化政策为重点，对该国当前的语言政策做初步分析和考察。本章正文分为四节，第一节梳理哈萨克斯坦共和国独立以来语言政策的历史沿革；第二节分析哈萨克斯坦三语政策的要求和落实情况；第三节探讨哈萨克语字母拉丁化的改革方案和实施举措；最后对哈萨克斯坦当前的语言政策作简要评价。

2.2 哈萨克斯坦语言政策概况

独立以前，哈萨克斯坦的语言使用情况与其他前苏联加盟共和国相似：书面和口语交流以俄语为主，各民族语言在哈萨克斯坦的使用频率较低。哈萨克斯坦 1989 年颁布第一部关于语言的国家法律，至今已有 30 余年。哈国当前语言政策的形成经历了一个漫长的过程。伴随着民族独立、国家现代化和国际化进程，哈萨克斯坦的语言政策方案和法律历经多次调整。哈萨克斯坦语言立法的过程可大致分为四个阶段，梳理如下。[①]

（1）第一阶段（1989—1998 年）

第一阶段可称为"确立和突出哈萨克语国语地位时期"，主要包括国语

---

① 周丹 . 全球化背景下哈萨克斯坦作为主权国家的语言政策［硕士学位论文］. 上海：上海外国语大学俄罗斯东欧中亚学院 , 2019.

问题相关奠基性法律和政策纲领的颁布。1989年9月，《哈萨克苏维埃社会主义共和国语言法》作为哈萨克斯坦第一部关于语言的国家法律正式颁布。它明确规定哈萨克语为国语，俄语为族际交际语，指出俄语与哈语将被同等自由使用。这是哈萨克斯坦在国家法律中首次使用"国语"的概念。独立后的第二年（即1992年），《哈萨克斯坦共和国教育法》颁布，它以《哈萨克苏维埃社会主义共和国语言法》为依据重申了哈萨克语作为国语的地位。

1993年1月，第一部《哈萨克斯坦共和国宪法》颁布。宪法规定"哈萨克语是哈萨克斯坦共和国的国语。俄语是族际交际语"。[①] 这就在一定程度上降低了俄语的地位，尤其在当时占国家人口多数仍为俄语使用者的社会环境下，这项语言政策在推行时遭到了部分俄罗斯族居民的抗议。1995年8月，哈萨克斯坦通过公投颁布了宪法修正案，其中总则部分第7条修改了此前关于俄语地位的表述并规定："哈萨克斯坦共和国国语为哈萨克语。俄语在国家组织和地方自治机构中同哈萨克语一样正式使用。"[②] 这就在事实上承认了俄语具有官方语言的地位。

1996年11月，由哈萨克斯坦首任总统纳扎尔巴耶夫亲自倡导的《哈萨克斯坦共和国语言政策构想》正式颁布。《构想》是哈萨克斯坦语言立法工作的纲领性文件，对哈萨克斯坦语言政策具有深远影响。该文件特别强调"要优先发展国语，在一切正式场合都要使用国语，并要采取行政手段推行哈语"。1997年7月，《哈萨克斯坦共和国语言法》颁布，从法律层面对《构想》做出了解释，并代替独立前颁布的《哈萨克苏维埃社会主义共和国语言法》，为哈萨克斯坦共和国内各种语言的应用实践确立了法律基础。其中第4条重申："哈萨克斯坦共和国的国语是哈萨克语。国语是指国家的管理机构、立法部门、执法部门及行政部门所使用的语言，它适用于全国各地的各个社会

---

① 于洪君. 哈萨克斯坦共和国宪法 (哈萨克斯坦共和国第十二届最高苏维埃第九次会议 1993 年 1 月 28 日通过). 外国法译评，1994(1): 98-113.

② 于洪君，王向雷. 哈萨克斯坦共和国宪法 (1995 年 8 月 30 日全民公决通过). 外国法译评，1996(1): 76-94.

关系领域。每个公民都有义务学习作为团结哈萨克斯坦各民族最重要因素的国语。"同时，《语言法》还规定，在政府组织和地方自治机构、军队和军事化组织中，俄语和哈语拥有同等使用地位。在语言立法最初的十年里，俄语在哈萨克斯坦的法律地位较独立之初已得到了较大提高，而哈萨克语的国语地位则予以完全确立。

（2）第二阶段（1999—2010 年）

第二阶段可称为"哈萨克语国家语言具体实施时期"。1999 年 6 月，《哈萨克斯坦共和国教育法》颁布。这部法律对国语教学和其他语言的教学作出了具体规定，在要求所有公立、私立学校全面确保教授和发展哈萨克语的同时，也允许使用其他语言进行教学活动。

2001 年 2 月，哈萨克斯坦政府颁布了《2001—2010 年国家语言应用和发展纲要》。该政策文件的目标主要有三，一是扩大并加强国语的社会交际功能，二是保持俄语的社会文化功能，三是发展少数民族语言。所有国家机关必须在 2010 年前逐步过渡至使用全哈语办公，用哈语报送统计数据、编制财务文件和技术标准。[①] 此后几年，政府就扩大哈萨克语的使用范围相继颁布了一系列政策法规，并要求在 2009 年 1 月 1 日前完成所有官方文件的哈萨克语译本。

2007 年，纳扎尔巴耶夫总统发表国情咨文《新世界中的新哈萨克斯坦》，提议开始逐步实施"三语政策"，即作为国语的哈语、作为族际交流语的俄语和作为助力国家顺利融入全球化发展的英语需实现"三位一体"。为此，2008 年 5 月，哈国总统在会见上议院议员时提出设立发展国语基金会的倡议。2008 年 9 月，发展国语基金会在哈萨克斯坦司法部正式注册成立。

（3）第三阶段（2011—2016 年）

第三阶段为"深化发展哈萨克语的国家语言地位时期"。在进入 21 世纪

---

① 周丹 . 全球化背景下哈萨克斯坦作为主权国家的语言政策 . [硕士学位论文] . 上海：上海外国语大学俄罗斯东欧中亚学院 , 2019.

第二个十年之初，哈萨克语的国语地位已经得到了巩固，国民对哈语的认同也显著提高，哈萨克斯坦语言立法进入深化发展时期。这一时期也是哈萨克语正式接受拉丁化文字改革的准备阶段。

2011年6月，哈萨克斯坦政府批准《哈萨克斯坦共和国2011—2020年国家语言发展和应用纲要》，对国民应掌握的哈语、俄语和英语的语言水平做了具体的目标要求。2012年12月，纳扎尔巴耶夫总统发表《哈萨克斯坦—2050》战略，集中强调要发展哈萨克语和语言的"三位一体"。他将哈萨克语称为哈萨克民族的"精神核心"、哈萨克斯坦用以"凝聚国家和民族的介质"，并指出"国家将继续努力全面巩固国语的地位，继续采取综合措施加大哈语的普及力度"，同时"将从2025年起着手实现哈文字拉丁化"。2013年3月，哈萨克斯坦拟成立哈语文字拉丁化改革国家委员会。与此同时，哈萨克斯坦教育与科学部还专门成立了联合工作组赴土耳其、阿塞拜疆、乌兹别克斯坦和土库曼斯坦考察，调研这些国家的国语文字拉丁化改革经验。

（4）第四阶段（2017—2025年）

第四阶段为"哈萨克语拉丁化文字发展时期"。经历了前面几个阶段的发展，哈萨克语的法律地位和实际社会地位都得到了稳固和提高。自2017年起，哈萨克语正式进入文字拉丁化的改革时期。2017年4月12日，纳扎尔巴耶夫总统在《主权哈萨克斯坦报》上发表题为《展望未来：精神文明的复兴》的署名文章，表示在2017年底前完成哈萨克文新字母表、字母形式和标准的制定工作，并从2018年年初开始在哈萨克斯坦全国范围内进行推广。

2017年10月16日，纳扎尔巴耶夫总统签署《关于哈萨克文从西里尔字母转换为拉丁字母规范》的第569号总统令，正式批准使用以拉丁字母为基础的哈萨克文字母表。至此，哈萨克斯坦成为中亚五国中继乌兹别克斯坦和土库曼斯坦之后，第三个在官方层面尝试将国语的文字从西里尔字母转换为拉丁字母的国家。在政府强有力推动下，哈萨克斯坦哈萨克文拉丁化进程有序推进。同一年，哈萨克斯坦政府推出了官方审定的哈萨克语拉丁字母拼写规范。① 哈萨克语文字拉丁化的改革已经具备一定的民意与现实基础，据纳扎尔巴耶夫总统要求，这项字母改革的工作预计于2025年完成。但可以预料的是，在较长一段时间内，拉丁字母和西里尔字母书写的哈萨克语将并行使用。

2.3 三语政策与学校教育落实现状

（1）三语政策：从提出到成型

哈萨克斯坦三语政策是指在哈萨克斯坦国内开展并落实的哈语、俄语、英语"三位一体"语言文化政策。具体而言，国家在立法明确三种语言具有不同法律地位的基础上，通过一系列学校教育层面的改革和社会政府层面的活动，使国民（尤其是新一代青年）逐步过渡实现这三种语言的完全掌握。三语政策基于哈萨克斯坦独立后语言政策调整的大背景而提出，既反映了新兴独立主权国家在发展民族语言文化方面的政策新方向，又突显了政府对于加快加强国家现代化、国际化建设的高度重视。

从三语政策作为倡议初步提出，到作为战略规划落实，其间历经一定的发展。2004年，哈萨克斯坦首任总统纳扎尔巴耶夫首次提出"三语政策"这一构想。2006年10月，在哈萨克斯坦第十二届人民大会上，纳扎尔巴耶夫明确表达了"三语政策"的理念，并提出"掌握至少三门语言对孩子的未来非常重要"。2007年，纳扎尔巴耶夫总统发表国情咨文《新世界中的新哈萨克斯坦》，提议开始逐步实施"三位一体语言"方案，即"三语政策"。纳扎尔巴耶夫总统称，"哈萨克斯坦应该在世界上被视为一个有学识的国家，其人口可以通晓三种语言：哈萨克语——国语，俄语——族际交际语，英语——融入全球经济一体化的语言（或称全球化语言）"。

2011年6月，哈萨克斯坦政府批准颁布《哈萨克斯坦共和国 2011—2020

---

① 吴宏伟 . 哈萨克斯坦文字拉丁化改革：从探讨到实践 . 语言战略研究 , 2018, 000(004):31-41.

年国家语言发展和应用纲要》，旨在制定符合哈萨克斯坦多民族、多语言国情的语言政策，在尊重其他各民族语言使用的前提下推广哈萨克语，使其发挥巩固国家主权、促进民族团结的积极作用，并为哈萨克语文字拉丁化改革做前期筹备。

2012 年 12 月，纳扎尔巴耶夫总统发表的《哈萨克斯坦—2050》战略重申哈萨克语作为国语的重要性，并且对实现国民的语言"三位一体"提出了要求。在三语政策层面，纳扎尔巴耶夫言明"三种语言都应得到国家层面的支持和鼓励"，在强调哈语的国语地位的同时，也倡议"对待俄语要像对哈语一样珍视"，此外还鼓励"大力推动英语教学"。

"三位一体"语言文化项目对三种语言都设定了清晰的发展目标。哈语作为国语，其地位需要继续巩固，使用范围需要继续扩大。俄语作为族际交际语，需要继续维持在科教领域的使用，保证其社会文化功能的发挥，同时为其创建新的远程教育系统、更新教学方法手段、编写电子教科书等。英语作为国际化语言，项目着力于修正教学大纲、提升师资质量，尤其是培训出可以英语教授自然科学学科的教师，以促进国际合作与文化交流。[①]

（2）学校三语教学相关政策

三语教学是三语政策得以在社会广泛推动和落实的核心举措。对三语教学的规定主要体现在一系列关于国家语言发展和教育发展的政策性文件中。

2011 年颁布的《哈萨克斯坦共和国 2011—2020 年国家语言发展和应用纲要》指出，到 2020 年，全哈萨克斯坦掌握哈语的人口比例应达到 90%，掌握俄语的人口比例应占 90%，掌握英语的人口比例达到 25%，而掌握哈语、俄语和英语三种语言的人口比例应达 20%。在 2015 年修订版的《纲要》中，还增加了如下规定：全国每年应新增 500 位中学哈语教师；学习哈语的人数在 2020 年应达到 100% 等。

---

① 田成鹏，海力古丽·尼牙孜. 哈萨克斯坦"三语政策"及其影响分析. 新疆大学学报（哲学·人文社会科学版），2015, 45(1): 75-49.

2016 年《哈萨克斯坦共和国 2016—2019 年国家教育和科学发展纲要》颁布。其中包括如下具体规定：第一，2017—2018 学年起，将从五年级开始分阶段推行三语教育；第二，2018 年起，将根据当地政府机构的具体执行能力，试点开设以英语为教学语言的新课程；第三，2017 年起，每年将向高等教育机构的预科部分配奖学金，用于提高语言技能的培训水平；第四，2017—2018 学年起，基础高等教育机构将开设 6 个专业方向的英语教育，并研发与高等教育机构水平相当的教育大纲、教科书及其他教材。预计到 2021 年，获得学士学位的高校学生将达到 C2 的英语水平。高校硕士阶段的学科也主要用英语学习。

2015 年哈萨克斯坦教育与科学部颁布的《2015—2020 年三语教育发展路线图》规定：第一，在所有学科中，至少 20% 的学科以第二语言授课，至少 30% 的学科需用英语授课，50% 的学科用教学语言授课；第二，为大学开设 40 门英语课程并研发相关教科书；第三，制定并实施一种教学机制，要求获得"博拉沙克"（Bolashak，即哈语"未来"）奖学金项目的校友在教育中心在职从事英语教学（每周不少于 2 个学时）；第四，改进现有课程体系，以适用于新的三语教育课程体系的发展；第五，支持大学教授（在获得资金支持的情况下）在三语环境工作；第六，暑期语言学校需纳入三年级和四年级大学生的课程体系中。

《发展路线图》还对各种语言的课时要求做了详细规定。例如，自 2017 年起，小学一年级学生需接受每周 2 小时的英语课教学，二至四年级学生需接受每周 3 小时的英语课教学。对此，教育与科学部副部长塔基尔·巴雷克巴耶夫（Такир Балыкбаев）称，这种课程规划的目标是促使学生们从一年级起就学会用英语进行基础交流。2018—2019 学年，哈萨克斯坦全国将正式建立学校的三语教学模式，即不同科目采用不同的教学语言：哈萨克斯坦历史用哈语教授，世界历史用俄语教授，自然科学类课程如信息技术、化学、生物、物理等则用英语教授。

图 3-2-6　努尔苏丹城郊的山水湖光（摄影：郑豪）

（3）三语政策的落实情况

哈萨克斯坦的语言政策深刻影响了教育体系的发展，尤其在中学教育行业的指标上表现出了显著不同。21世纪以来，哈语和俄语在中学教育的地位发生了一系列变化。据哈萨克斯坦学者苏列梅诺娃分析，在21世纪的最初十年，哈国中学的数量和结构发生了明显变化，这主要是因为哈萨克语的地位得到确立和明显提高。就数量而言，2007—2008学年的哈萨克斯坦中学总数为7958所，相比1999—2000学年的中学总数（8290所），共减少了332所。学校数量的减少也导致了学生人数的急剧下降，2008年学生人数达到2,561,600人，相比1999年的学生人数（3,117,800人），共减少了556200人。就结构而言，哈语中学的数量在短时间内得到了大幅增长，例如2003年全哈萨克斯坦共有哈语中学2122所，而到2008年，哈语中学的数量已经达到3783所。在这段时间内，哈俄双语混合教学的学校数量也增长了20.6%，此类学校2008年在哈国境内共有1574所。政策引导下，教学语言的选择倾向发生了变化，而这引发了中学教学语言的重新规划。1990—2000学年入学的学生中，哈语学校的学生占32.4%，俄语学校的学生占65%，而在2007—2008学年入学的学生中，前者占比增至59.3%，后者占比则降至36.8%。[①]

三语政策得到了政府的大力推动，其落实的重心在教育行业。除了率先在各学院、大学等高教机构大力开展三语教学以外，国家还规划逐步实现从幼儿园、小学到中学的三语教育一体化模式。2006年起，全国33所中学开展了三语教育的试点实验。这些学校多数都是为哈萨克斯坦国内最有天赋的儿童和少年们开设的系列学校，如"达伦"专业学校（Daryn Schools，"达伦"即哈萨克语"天赋"）、哈萨克—土耳其中学（Kazakh-Turkish Lyceums）和纳扎尔巴耶夫智识学校（Nazarbayev Intellectual Schools）。

三语教育作为一项国家政策，一经提出与初步实施，就引起了中学教师、

---

① Сулейменова Э. Д., Языковая политика и русский язык в школах Казахстана, Вестник ЦМО МГУ, 2010, № 1. C.102-107.

学生和家长的诸多反响。基于此，哈萨克斯坦的政策研究者和学者纷纷对三语教育的具体落实情况和民众支持程度开展了各类社会调查，以期对新倡议提供数据和事实上的支持。

纳扎尔巴耶夫大学学者库扎别科娃（A. Kuzhabekova）在阿斯塔纳（现努尔苏丹市）一所中学共76名分属哈语班和俄语班的城市户口学生中进行了关于语言使用情况的调查研究。研究发现，俄语在该中学学生的语言使用中仍旧占主导地位。研究还表明，学生的直系亲属尤其是父母和祖父母，在保障哈语为主要交流语言的方面发挥着重要作用。具体而言，哈语班中，77%来自哈语家庭的学生在与祖父母交流时只使用哈语；但在双语或俄语家庭中，仅有19%的孩子在与祖父母交流时只使用哈语。同时，库扎别科娃还发现，无论是哈语班还是俄语班的学生在使用现代媒体（如电视和互联网）交流时，都越来越依赖于使用俄语和英语。因此，库扎别科娃指出，在逐渐引入三语教育政策的过程中，俄语将持续占据主导地位，这可能会为哈语发展带来挑战。对此，她建议国家语言政策的制定者应重视互联网环境中哈语的内容和使用范围，同时建议哈萨克族的父母在家中创造一种更严格的单语使用氛围。

莫尔达加津诺娃（Z. Moldagazinova）则对东哈萨克斯坦州的语言政策落实情况以及民众反映做了调查和统计，进而对三语政策在哈萨克斯坦未来的发展前景做出了分析。文中引入了东哈州曾发起的一个关于中学各语种教师对语言掌握程度的测试情况。东哈州是哈萨克斯坦全国最早实施三语政策的地区之一，州政府还曾出台2015—2019年三语政策发展的综合性方案。2016年，全州共3400名中学教师参与这次语言测试，其中有1200名来自非哈语学校的哈萨克族教师，900名来自哈语学校的俄罗斯族教师，以及1300名英语教师。测试结果显示，只有14.3%的教师对于他们所抽测的语言拥有一定专业水平。测试结束后，结果未达标的各语种教师都接受了政府组织的课外培训。东哈州教育厅官方数据表明，教科书和教辅材料的现代化是三语教育实现成功的关键因素。目前，东哈州已实现了哈语和英语教科书的统一，并为哈语学校的俄语教师提供了一套标准成型的教学方法，形成了统一的教师和学生评估系统。莫尔达加津诺娃本人也对东哈州不同地区的居民开展了问卷调查，并收集到了当地居民对于三语政策具体实施的消极和积极看法。调查显示，当地居民对三语教育落实表现出的担忧具体包括：学校在三语教学知识和能力上匮乏、社会将表现出一定隔阂、国语在未来社会中的地位可能下降、学生将承受过重负担、三语教育系统下教师资质有所不足等等。但作者认为，三语政策是推动哈萨克斯坦成为世界30个最发达国家之一的重要决策。如顺利落实，未来哈萨克斯坦青年能够更加自由地出国留学，且青睐哈萨克斯坦制造业的外国投资者数量将会增加。此外，作者明确指出，政策的落实需要衡量所有利弊，明确当前有利及不利条件，并推动建立覆盖学校、家庭、公共领域的全社会性语言环境。①

纳扎尔巴耶夫大学的另一名学者瑟兹迪克巴耶娃（R. Syzdykbayeva）在其论文中指出，目前哈萨克斯坦民众对三语政策能够成功实施持怀疑态度。政策若实施不当，反而会给学生的学业造成负面影响，民众也将因此产生对整个国家教育体系的不信任感。作者以韩国为例，指出在国家预算分配充足的情况下，该国多语教育的开展依旧面临教师短缺的问题。在像韩国这样的发达国家中，多语教育的实践也未能完全成功，因此难以预测哈萨克斯坦能否进一步发展这种三语教育政策。此外，哈萨克斯坦重新培训教师的英语水平可能存在另一方面的消极后果：教师在提高自身教学水平和竞争力以后，很有可能会选择对他们来说更加有利可图的工作，从而离开教学岗位。但尽管如此，国家和社会各界都在努力推动这项政策的不断完善和具体落实，瑟兹迪克巴耶娃相信，三语政策能推动哈萨克斯坦成为一个多语言、多文化的发达国家。②

除教育行业以外，社会文化领域也对三语政策的实施起到了推动作用。首先，哈语在许多社会机构、电视广播、新闻媒体中的使用频率大大提高，

① Moldagazinova Z. Trilingual Education in Kazakhstan: What to Expect. CAP. Central Asia Program, 2019.

② Syzdykbayeva R. The Role of Language Policies in Developing Plurilingual Identities in Kazakhstan // NUGSE Research in Education, 2016, 1(1): 15-19.

使用范围也大大扩张，哈语的公共普及度不断提升。其次，各地区为响应"语言三位一体"文化项目，经常举办与三语相关的文娱活动。例如，每年各地区都会面向 18–25 岁的青年开展名为"语言天赋"（Tildaryn）的三语奥林匹克竞赛会，这样的三语奥赛能大力鼓励青年发展他们的多语言能力。还有一个在巴甫洛达尔地区开展的三语文化项目，称为"用三种语言阅读阿拜"，要求高中生在暑假期间用哈、俄、英三语阅读哈萨克斯坦伟大诗人阿拜的作品。这些社会层面的三语文化项目很好地充当了三语教育政策的校外助力角色。此外，全国还开设有 130 个语言中心，提供同时学习哈语和英语的机会。

市场对人才的就业需求也刺激了三语政策的推广和落实。以政府部门的人才需求条件为例，最优秀的公务员要求必须掌握哈语，掌握英语则被视为他们工作中的宝贵财富之一。相关数据表明，在哈萨克斯坦，懂英语或者是多语种人才在就业市场上占有一定的优势，懂英语可以提高一名雇员 20% 的薪水，懂二至三门外语则可提高 35% 的薪水。

2.4 哈萨克语文字拉丁化政策概况

哈萨克语是哈萨克斯坦的国语，哈国领导人在不同场合多次强调哈萨克语对国家和民族发展的重要性。因此，研究国语的文字改革和相关政策对理解哈萨克斯坦精英如何塑造国家未来的政治和文化有着至关重要的作用。哈萨克语文字拉丁化是针对哈萨克语文字的书写系统所提出的一项改革，这是哈萨克斯坦语言规划中文字改革的一部分。文字改革一般分为正字法改革、字母体系转换和文字性质改换三类。哈萨克语文字拉丁化改革属于字母体系转换类型。

中国学界关于哈萨克斯坦文字拉丁化改革的研究散见于各类期刊和最新的硕士毕业论文中，其中具有代表性的有《哈萨克斯坦共和国的文字改革》[①]、

---

① 吴宏伟.哈萨克斯坦共和国的文字改革.语言与翻译, 1999(1): 69, 71-73.

《哈萨克斯坦国语文字拉丁化改革规划：动因与影响》①、《哈萨克斯坦文字拉丁化改革：从探讨到实践》②、《哈萨克斯坦的新语言政策研究》③。以上文章从不同角度对哈萨克斯坦的文字拉丁化改革进行了研究，为本调研团此次顺利开展相关调研提供了全面的背景知识。在此基础上，本节首先对哈萨克斯坦哈萨克语的语言特征和文字历史变迁进行简单介绍。下文将简要梳理当前拉丁化改革从酝酿到正式启动实施的过程，随后重点介绍哈萨克斯坦文字拉丁化的具体改革方案、当前实施的各项举措以及取得的成效，并在此基础上对其进行扼要评述。

（1）哈萨克斯坦文字拉丁化改革的背景

哈萨克语在语言学分类上属于突厥语族的一种语言。15世纪到20世纪初，哈萨克语的书面语主要使用阿拉伯字母拼写。然而，严格意义上的哈萨克语书面语至19世纪下半叶才正式形成。20世纪以来，哈萨克语经历了多次文字改革：1929年，哈萨克斯坦的哈萨克语改用拉丁字母拼写，而在1940年改为用西里尔字母拼写。哈萨克语的新字母表由阿曼卓洛夫创制。经过50年代的两次小规模修订后，哈萨克语的字母表和正字法基本稳定下来并沿用至今。

目前使用西里尔字母书写的哈萨克语中有42个字母、37个音素，其中9个字母相对于俄语来说是哈萨克语所独有的（ә，ғ，қ，ң，ө，ұ，ү，һ，і），还有一些字母专门用于拼写外来词汇（в，ё，ф，ц，щ，ч，ъ，ь，э）。37个音素中共包含9个元音、25个辅音（一说24个辅音）等，相较英文字母的5个元音、21个辅音和俄文字母的6个元音、36个辅音而言，哈萨克语字母的元音和辅音数量均较多，且还存在着元音和谐和辅音同化的特殊现象。元音和谐指的是前后元音和谐，即在古突厥语词源的词汇中，前元音和后元音

---

① 海力古丽·尼牙孜，田成鹏．哈萨克斯坦国语文字拉丁化改革规划：动因与影响．新疆大学学报（哲学·人文社会科学版），2017，45(2)：59-64.

② 吴宏伟．哈萨克斯坦文字拉丁化改革：从探讨到实践．语言战略研究，2018，3(4)：31-41.

③ 丁娜拉 (Dinara Dyussenbek).哈萨克斯坦的新语言政策研究［硕士学位论文］.上海：上海师范大学哲学与法政学院，2019.

不能出现在同一个单词中。辅音同化则是指词中前一辅音影响相邻的后一辅音，随即后一辅音又导致前一辅音发生变化。[①] 这些特殊的语音现象都使得哈萨克语的发音和书写较为复杂。不过在哈萨克语固有词汇中只有 24 或 25 个音素。现代哈萨克语一般规定一个字母代表一个音素，但字母 Е、Ё、Ю、Я、И、У代表了两个音素。

（2）哈萨克斯坦文字拉丁化改革的讨论期

伴随着一部分加盟共和国对本民族语言文字改革的讨论与实践，"哈萨克语文字拉丁化"的问题在 20 世纪 80 年代末再次被提起。90 年代，阿塞拜疆、土库曼斯坦和乌兹别克斯坦先后进行了文字拉丁化改革，成效参差不齐。面对这股改革热潮，独立之初的哈萨克斯坦态度相对谨慎，并没有立刻着手实施改革，而是将重点放在了哈萨克语国语地位的确立与巩固上。但同时国家领导人对此问题也十分关注，哈萨克斯坦国内关于哈萨克文字拉丁化改革的研讨也在有序推进。专家和民众关心的主要有两方面问题：一是哈萨克斯坦是否有必要进行哈萨克语文字改革，二是哈萨克斯坦应该采用哪种文字体系作为改革方向。

支持改革的一派观点认为，西里尔字母书写的哈萨克语主要存在以下方面缺陷：第一，不利于哈萨克语自身发展。西里尔字母最初为斯拉夫语族的语言所使用，而哈萨克语属于突厥语族，二者在语音结构、音节体系等方面存在较大差异。西里尔字母不仅难以使哈萨克语的特点得到充分体现，而且还使俄语在词汇、句法方面对哈萨克语产生较大影响。第二，字母冗余。哈萨克语固有语词的书写并不需要多达 42 个字母，其中一些字母仅用于外来借词（主要为俄语外来词）。第三，音位不足。对哈萨克语的语音来说，西里尔字母的音位是不够的，导致其不得不借用其他字母体系的符号。第四，不利于与其他突厥语族语种的沟通。阿塞拜疆、乌兹别克斯坦等国都已经陆续

[①] 萨合多拉·木巴拉克，古丽拉·阿东别克. 哈萨克语阿拉伯文与斯拉夫文间的智能转换. 计算机工程与应用，2014, 50(18):226-229.

将官方书写方式转为拉丁字母书写。反对改革一派的理由主要是出于文字稳定性和文化连续性的考虑。

总体而言，哈萨克语需要进行文字改革是哈萨克斯坦的社会共识，而针对采用何种字母体系，哈萨克斯坦国内存在以下五种观点：第一，继续使用西里尔字母；第二，转向拉丁字母；第三，恢复使用古突厥文；第四，恢复使用阿拉伯文字；第五，创造一种全新的字母体系。[①] 最终，转向拉丁字母的呼声占据上风，而且得到了政府的认可。选择拉丁字母作为构建未来哈萨克语文字体系的基础有以下几点原因：首先，拉丁字母在全世界使用广泛；其次，拉丁字母在互联网世界使用广泛，方便哈萨克语在互联网空间的传播；再次，字母拉丁化有利于哈国民众掌握和使用先进的技术，便于接触承载先进技术的英语、法语和德语；最后，字母拉丁化有利于哈萨克语在更大的地域范围内推广普及。

在讨论过程中有几个值得注意的时间点。2007 年 7 月 19 日，哈萨克斯坦教育和科学部提交了《关于哈语文字转用拉丁字母初步分析报告》。该报告根据《哈萨克斯坦 2001—2010 年国家语言应用与发展规划》中的 2007—2008 年度计划和纳扎尔巴耶夫总统在哈萨克斯坦第 12 届人民大会上做出的指示而提出，由哈萨克斯坦学术界对哈萨克语文字拉丁化改革进行全面论证后最终成型。报告从其他国家文字改革的经验、哈萨克民族文化巩固、语言改革本身和财政保障等方面论证了哈萨克语文字拉丁化改革的必要性和可行性，并提出了改革的初步设想。该报告乐观估计，在 12 至 15 年内分六个阶段逐步实现哈语文字拉丁化。第一阶段（2007—2012 年）的任务为研究国外经验和计算所需花费；第二阶段（2012—2014 年）的任务为制定新文字方案及相应的计算机程序；第三阶段（2014—2017 年）的任务为出版相应的教材及报刊杂志；第四阶段（2017—2021 年）的任务为教授新文字；第五阶段的任务为翻译科技、文艺著作，此阶段与教授文字同步，需花费 7 年至 8 年的时间；

---

① 吴宏伟 . 哈萨克斯坦共和国的哈萨克语文研究 . 世界民族，1999(1).

第六阶段的任务为翻译哈萨克文学、民俗、科技及文化遗产等方面所有经典作品，此阶段大约持续 20 至 30 年。[①] 这份报告说明哈萨克斯坦官方已经形成了较为成熟的改革意图。

2012 年 12 月 14 日，纳扎尔巴耶夫总统在国情咨文《哈萨克斯坦—2050》战略中正式提出了哈萨克语文字拉丁化改革的明确主张："从 2025 年起我们必须着手实现向拉丁字母的转换。这是国家不得不解决的原则性问题。"这一主张提出的背景是哈萨克语在国内的逐渐普及及其地位在国家战略发展中的进一步强化——"哈萨克语是我们的精神核心"。改革旨在推动哈萨克语的现代化，促进哈萨克语的普及，并发挥语言对社会发展和民族团结的积极作用。这是哈萨克斯坦首次在国家战略层面提出文字拉丁化改革，反映了政府推动改革的决心。国情咨文的发表引发了社会对文字拉丁化改革的新一轮讨论。2013 年，哈萨克斯坦教育和科学部专门成立了联合工作组前往土耳其、阿塞拜疆、乌兹别克斯坦和土库曼斯坦进行考察，以借鉴这些国家在推进文字拉丁化改革的成功经验。

2017 年 4 月 12 日，纳扎尔巴耶夫总统在哈萨克斯坦《主权哈萨克斯坦报》上发表题为《展望未来：精神文明的复兴》署名文章，总统在这篇文章中宣布了哈萨克斯坦第三次现代化的开始。文章分为三个部分：绪论、21 世纪的社会意识、近年计划日程。第三部分是近年需要实施的为实现哈萨克斯坦第三次现代化的具体计划，其中第一项就是哈萨克语文字向拉丁字母的分阶段转换。纳扎尔巴耶夫总统首先强调，文字改革需要平稳、分阶段进行，此次改革是国家经过长期深思熟虑后的决定。接着，总统回顾了哈萨克语文字的历史，对 2012 年《哈萨克斯坦—2050》战略中所提出的文字拉丁化改革作出进一步解释，并提出对制定文字拉丁化改革进度表的要求。总统提议 2017 年年底前在学者和社会各界的帮助下制定出统一的哈萨克语新字母表标准方案，2018 年开始培训拉丁文字推广人员、编写拉丁文字中学教材，在近两年内也

---

① 海力古丽·尼牙孜，田成鹏. 哈萨克斯坦国语文字拉丁化改革规划：动因与影响. 新疆大学学报 (哲学人文社会科学汉文版), 2017(2).

应实施组织和教学工作；目标是至 2025 年时，国内的公文、期刊和教科书都开始使用拉丁字母来出版，而在新字母推广的适应期内，西里尔字母仍将继续使用。哈萨克斯坦各界亦对文字改革问题展开了激烈讨论，，发表了大量支持或反对文字改革的文章。

2017 年 10 月 26 日，纳扎尔巴耶夫签署了《关于哈萨克文从西里尔字母转换为拉丁字母规范》第 569 号总统令，正式批准使用以拉丁字母为基础的哈萨克文字母表，明确了政府推行改革所需完成的几大任务。根据总统令，哈萨克文新拉丁字母表由 32 个字母组成，其中包括了纯字母及右上角带撇号的字母。这份总统令标志着哈萨克语文字拉丁化进入实质性落实阶段，文字改革就此正式拉开了序幕。

（3）拉丁化的具体方案

在改革的讨论期，人们即提出过多个关于哈萨克文拉丁字母的方案。最初方案的形成可追溯至 1992 年于土耳其召开的、中亚国家学者参加的国际研讨会，该研讨会主要议题之一即为讨论拉丁字母改革的时间进程表。与会的哈萨克斯坦方代表——哈萨克斯坦科学院语言学研究所阿布都阿里·凯达尔院士对哈萨克文拉丁化持支持态度，但随后也正是他在拉丁字母的基础上设计了最初的字母表方案。这套方案后为哈萨克斯坦通信社所采用。自哈通社2004 年起开设拉丁字母的哈萨克文版面以服务哈国境外的哈萨克族，这套字母表便一直在该社沿用，直至 2018 年起最新的哈萨克文拉丁字母表开始使用。除此套字母表外，同期也出现了许多其他方案，而哈萨克斯坦科学院语言学研究所专家在这些方案的基础上最终确定了两套方案——语言学方案和互联网方案。前者在拉丁字母基础上借助新字母来表示哈萨克语中特有音位，后者则仅用计算机键盘上的 26 个拉丁字母来拼写，特有音位用双写字母来拼写。具体而言，哈萨克语特有音位是 ә、ғ、e、y、ж、ң、ш，其中 3 个元音 ә、e、y 采用两个字母表示，分别为 ae、oe、ue；4 个辅音字母 ғ、ж、ң、ш 也分别采用两个辅音字母来表示，为 gh、ng、zh、sh。这两种方案各有利弊，难以取舍。

2017 年颁布的字母表参照了上述两方案，但是并不尽如人意，且引起了很大争论。在字母组成方面，设计者希望能够使用现有的 26 个拉丁字母和撇号来完成哈萨克语的拼写，并且做到一个字母对应一个音位。因为使用字母组合来表示一个音位不符合语言学中的经济原则，而且容易给阅读和书写造成困难。然而，一些专家学者则指出，这套字母中撇号的广泛使用会不利于哈萨克文的读写，也可能在计算机处理中产生混乱，不仅在书写上不太美观，还很容易和拼音文字中经常使用的隔音符号混为一谈。纳扎尔巴耶夫总统采纳了这些意见，并于 2018 年 2 月 19 日再次颁布总统令，对 2017 年 10 月 26 日颁布的哈萨克文拉丁字母表予以重新修订（参见附件表 1）。[①]

修订后的哈萨克文字母表同样包含 32 个字母，新字母表将原先在字母右上角区分前后元音和一部分辅音的撇号改为在字母之上添加撇号，同时增添了两个双字母"sh(ш)"和"ch(ч)"（参见附件表 2）。但这一套新字母表依然存在一些问题，如某些字母对应两种读音，以及现有字母难以完全传达某些外来词的读音等等。但语言文字改革并不能一蹴而就。第二套方案总体而言更能准确体现哈萨克语的语音，在阅读和书写上也更为便利美观。哈萨克斯坦政府的下一步任务即为逐步推广新方案。

2017 年年底，哈萨克斯坦政府组织成立了由总理领导的哈萨克语文字拉丁字母转换国家委员会。该委员会下设正字法、教学法、术语和技术评审四个工作小组，负责进行新字母表的推广。各小组大致由 10 至 20 名专家学者组成。

2018 年 3 月哈萨克斯坦政府出台了《哈萨克文字母转换 2025 阶段性计划》，该计划为期 7 年，分为三个阶段。第一阶段（2018—2020 年）的任务为建立并完善各项标准法规文件，出台拉丁字母哈萨克语文字书写的正字法，研发西里尔字母哈萨克文与拉丁字母哈萨克文转换的应用软件；第二阶段（2021—2023 年）的任务为组织开展各类宣传推广活动，开办讲座、研讨班和培训班，

---

① 吴宏伟 . 哈萨克斯坦文字拉丁化改革：从探讨到实践 . 语言战略研究，2018, 3(4): 31-41.

发放拉丁字母哈萨克文的护照、身份证和其他文件；第三阶段（2024—2025年）的任务为将地方和中央国家机关、国家媒体和国家出版的公文转换成拉丁字母的哈萨克语，分阶段、有步骤地将教育机构的公文转为拉丁字母文字。该计划规定的具体任务多达53项，同时也提供了部分项目的预算。

（4）本次调研中所观察到的哈萨克语文字拉丁化改革现状

根据哈萨克斯坦政府出台的字母转换计划，调研团本次访问期间（2019年8月）改革尚处于第一阶段，其主要任务为文件出台、相关技术研发、公务员和教学人员培训。因此，调研团直接观察到的以拉丁字母书写的哈萨克语文字并不多。在调研期间，团队发现政府机构、博物馆和大部分较为繁华的公共场所中的标识（指示牌、楼层示意图、展品介绍牌等）为西里尔字母哈萨克文、俄文和英文三语书写；部分标识为西里尔字母哈萨克文和俄文双语书写；少数标识仅有西里尔字母哈萨克文或仅有俄文。个别政府机关已经将最显眼的政府机构名称标牌上的哈萨克文改成了拉丁字母拼写。

部分重要的国家机构和景点如哈萨克斯坦首任总统图书馆、阿斯塔纳歌剧院、阿拉木图市潘菲洛夫公园，其主要名称牌和景点简介均使用了拉丁字母哈萨克文（2018年年初修订的新字母表方案）。这说明关于字母表的争议已经基本结束，官方已经达成了统一规范的字母表，而政府现在的工作即是对其进行全面推广。

值得注意的是，街道上大部分商店的标牌都倾向于使用英文，尤其是购物中心和餐厅，有时一些英文标牌还会附上俄语说明。比如，一家叫作"BEAUTY PLANET"的美容店的标牌上就印有俄语"центр косметологии"（意为美容中心）等文字。这种现象非常普遍，与我国国内英文标牌遍布的情况有一定相似之处。哈国大城市中，英文标牌普遍存在，说明当地居民在日常生活中经常会接触到拉丁字母。2019年4月，在哈萨克斯坦央行发行的面值分别为1、2、5、10、20、50和100坚戈的新款流通硬币上，国家名称、币值和发行银行名称都使用了最新的拉丁字母方案。

各大政府部门、高校官方网站的三语（哈、俄、英）或双语（哈、俄）文字主要还是使用原有的西里尔字母哈萨克文。调研团目前只发现了哈萨克斯坦官方媒体哈萨克斯坦通信社和一家名为"RESMIHAT.KZ"的网络门户已大范围使用拉丁字母哈萨克文。值得一提的是，后者是哈萨克斯坦国语发展基金会于2018年实施的数字化项目之一。该网络门户旨在帮助人们更好地学习新的哈萨克语，网页既设有俄语也设有哈语版本，能够选择全拉丁字母的界面，另提供西里尔字母哈文与拉丁字母哈文的在线转换服务。基金会另一个数字化项目是对拉丁字母哈萨克文输入法应用的开发，这款应用在用户输入西里尔字母的哈萨克文后能够自动显示为拉丁字母哈萨克文，现已发布在各大智能手机与平板电脑应用商店。调研团还了解到，今年三月在努尔苏丹市，有关机构已经开设了一门用于培训各州负责拉丁字母哈萨克文推广人员的课程。与此同时，哈国各地也开始陆续面向公务员开办学习新字母的培训班。官方媒体亦密切关注着拉丁化文字改革取得的各项进展，积极对其进行报道，对改革大多都作出正面评价。

整体而言，拉丁字母的哈萨克文目前在哈萨克斯坦的使用并不普遍，网络资源也相对缺乏。在人们仍不熟悉拉丁字母、遑论使用拉丁字母书写哈萨克语的情况下，突然大范围地转用新哈萨克文将导致不适应。即便如此，政府仍在努力为人们学习新字母提供便利。目前，拉丁化文字改革拥有一个良好的社会舆论环境。尽管部分人士对于改革将带来的问题表示担忧，但哈萨克斯坦的文字拉丁化已经势在必行。

在实地调研结束后不久，哈萨克斯坦新总统托卡耶夫发表了上任以来的第一份国情咨文，而哈萨克斯坦下议院（马日利斯）在此之后召开了会议，在会议上，下议院提出将开始向拉丁字母转换，所有建筑的标识和会议上发言议员的姓氏都将使用拉丁字母。目前，哈萨克斯坦在政府机关的新闻发布会、重大国际会议等公开场合上的醒目标识已经改用拉丁字母的哈萨克文。

调研团还在推特这一全球最大的社交网络上对一些哈萨克斯坦政府机关、政要、网络大V以及主流媒体的账号进行了搜索，观察到一些值得深究的问题。首先是现任总统的推特账号名称问题。哈萨克斯坦现任总统是卡瑟姆—若马尔特·克梅列维奇·托卡耶夫，西里尔字母哈萨克文全名为"Қасым-Жомарт Кемелұлы Тоқаев"，俄文名"Касым-Жомарт Кемелевич Токаев"，英文名"Kassym-Jomart Kemelevich Tokayev"。这一推特账户早在 2011 年就已开通，现拥有 130 多万粉丝。调研团首先关注到的是其账户名"Qasym-Jomart Toqayev"。最让调研团感到困惑的是其姓名的拉丁字母拼写方式。哈通社发布的拉丁字母哈文报道基于最新的字母表将现总统名字拼写为"Qasym-Jomart Toqaev"，符合西里尔字母哈文与拉丁字母哈文转换的规则。相较之下该推特账号的姓中多了一个字母"y"。如果总统的账号名是对哈萨克语字母拉丁化改革的响应，那么其账号中的姓名拼写为何会在其他官方表述合乎规范的情况下出现这种书写不一的情况？此外，这种拼写方式在拉丁字母的哈萨克斯坦账户中非常普遍，即哈文姓名中的"ев"体现为拉丁字母"yev"。比如，推特账号"Timur Kulibayev"，其西里尔哈文姓名为"Тимур Асқарұлы Құлыбаев"，俄文姓名为"Тимур Аскарович Кулибаев"；账号"Dosym Satpayev"，其西里尔哈文姓名为"Сәтбаев Досым Асылбекұлы"，俄文姓名为"Досым Асылбекович Сатпаев"。调研团推测，这些账号的拉丁字母名称很有可能是从西里尔字母的哈文名或俄文名按照音译转写为英文的某种规则得出。可见这些拉丁文账户名称与哈萨克语拉丁字母拼写规则并不完全对应。

这种现象反映出了哈萨克文字拉丁化目前的一些问题与挑战，即国内标准与国际标准的统一和规范问题，以及哈—英文的翻译问题。众所周知，个人身份文件上的名字在国际上一般都用拉丁字母来拼写，而因此在 2018 年哈萨克斯坦出台新字母表之前，就已经存在着一些西里尔字母文字转写为拉丁字母的规则，比如俄罗斯国内常用的标准就有《俄罗斯国家标准（7.79-2000）》、《俄罗斯国家标准（16876-71）》、俄罗斯外交部标准、谷歌搜索引擎标准和燕基科斯搜索引擎标准。哈萨克斯坦使用的是《俄罗斯国家标准（7.79-2000）》，但这一标准并不完善。哈萨克斯坦国内长期缺乏西里尔字母哈萨克文的词汇转换为拉丁字母的标准规范，调研团认为，这很有可能是社交网站上哈萨克斯坦一些早期注册的拉丁字母账户名称不完全符合当前哈萨克文字母拉丁化改革规范的原因之一。此外，推特等大型社交网站可能存在自身的字母转换规则，这种规则混乱的情况主要出现在一些国际场合中，可能会给民众带来不便。而哈文—英文翻译的困惑也使得调研团反思哈萨克语文字拉丁化可能会给民众学习哈语和英语带来的负面影响，其中最直接的即为相似词汇的混淆。

此外，调研团也从社交账号的名称和简介中发现了哈萨克语文字拉丁化改革的先行者：首先是哈萨克斯坦总统府、哈萨克斯坦外交部等政府机构；其次是哈萨克斯坦政要；最后是官方媒体。可见，以推特为代表的社交网络平台可以作为管窥哈萨克斯坦国内推动拉丁化改革主要机构的窗口。

而从推特账户发布内容来看，哈萨克斯坦大部分政府机构、媒体和个人使用的依然是俄文、西里尔字母哈文或英文。英文和拉丁字母哈文通常只出现在账户名称和介绍中，而内容发布则多使用俄文和西里尔字母哈文。政府机构和政要发布通知时通常会用哈、俄、英三语或哈、俄双语，个人和媒体则多使用俄语。这也反映出哈萨克语文字拉丁化改革的另一个问题，即哈萨克语自身的发展困境。1997 年《哈萨克斯坦共和国语言法》中第 4 条指出："哈萨克斯坦共和国的国语是哈萨克语。国语是指国家管理机构、立法部门、执法部门及行政部门所使用的语言，它适用于全国各地的各个社会关系领域。每个公民都有义务学习作为团结哈萨克斯坦各民族最重要因素的国语。政府和其他国家的、地方的代表和执行机构必须做到：采取一切措施在哈萨克斯坦共和国发展国语并树立它的国际威望；为哈萨克斯坦共和国公民自由免费掌握国语创造一切必要的组织条件和物质技术条件。"[①] 尽管哈萨克语在哈萨克斯坦拥有国语地位，但要求必须使用国语的领域首先是各个国家部门，对于个人和社会企业等的日常语言使用却并没有强制规定。法律条文只是规定

---

① 朱建平 . 哈萨克斯坦共和国语言法 . 中亚信息 , 1997(06): 18-19.

每个公民有义务学习哈萨克语，也就是说人们需要了解哈萨克语，但并不一定频繁使用哈萨克语。这种现象从根本上说明，相较俄语世界、英语世界而言，哈萨克语世界仍旧处于弱势地位。因此，哈萨克语文字拉丁化改革与哈萨克语的发展、推广和普及将是一个相辅相成的过程，政府需要双管齐下、同步发力来让二者相互促进。

（5）最新动态

就在调研团认为哈语拉丁字母表已尘埃落定并进入实施推广阶段之时，托卡耶夫总统于2019年10月21日在其个人推特上发文："大约两年前作出了向拉丁字母转换的历史性决定，然而字母表仍存在诸多不足。语言学家们还需对其进行完善。我已委托文化与体育部部长拉伊姆库洛娃（А. Раимкулова）进行处理。未来还有许多工作要做。"次日，哈萨克斯坦总统中央通信局（Служба центральных коммуникаций при президенте республики Казахстан）召开新闻发布会对相关问题进行了解释说明。文化与体育部副部长达乌叶绍夫（Нургиса Дауешов）、国家科学实践中心（Тіл-қазына）主任阿斯卡尔（Алибек Аскар）和学术秘书法济尔然（Анар Фазылжан）均出席了此次发布会。

据文化与体育部副部长达乌叶绍夫介绍，乌国政府在对字母表的进一步审定过程中已发现了一系列问题，其中一个是新字母在电脑键盘上的排列问题，测试表明新字母在键盘上的排列与统一码（Unicode，国际通行计算机编码标准）不兼容，现正着手解决该问题。达乌叶绍夫还表示，在接下来的工作中将不断听取社会各界的建议，继续推进字母表的完善。国家科学实践中心学术秘书法济尔然则针对字母本身存在的问题进行了说明。问题集中于两个复合单音字母"sh（ш）"、"ch（ч）"和两个相似字母"Ii（I i）"、"Iı（И и）"。他表示，这些字母可能会在拉丁字母哈萨克语和西里尔字母哈萨克语的双向转换中造成错误，不利于语音的传达与教学。典型示例为"схема（shema）"至"шема（shema）"，以及"ине"（ıne）至"іне"（ine）的转换。此外还存在不少正字法的问题。

总统发出推文后，社会各界对拉丁字母表方案以及拉丁化利弊又展开了新一轮讨论。11 月 6 日，哈萨克斯坦语言学研究所学者与相关工作小组的专家公布了新制定的字母表方案，现已提交至政府。媒体认为这一方案可能会成为最终方案。该方案的字母表依然由 32 个字母组成，不同之处在于删去了原来的复合单音字母，并使用新的变音符号进行标记（如 Әә – Ää，Өө – Öö，Үү – Üü，Ғғ – Ğğ，Шш – Şş，Чч – Çç）。这一方案与土耳其、阿塞拜疆等国家使用的拉丁字母较为接近。目前这一方案是否会被采纳尚不得而知。

除拉丁字母表难以确定外，各领域拉丁字母转换所需资金支亦使改革趋于艰难。据哈官方媒体报道，截至目前，哈政府为这项为期 7 年的语言文字改革制定的总预算为 2180 亿坚戈，约合 6.64 亿美元。其中大约 90% 用于教育领域，如出版使用拉丁字母书写的教科书等。阿拉木图经济研究所所长卡帕罗夫（К. Каппаров）指出，政府尚未列出将身份证、护照、法律条文等官方文件全部替换成拉丁字母需要的开支，预计高达 3000 万美元。[①]

上述哈萨克语字母拉丁化改革系哈萨克斯坦第三次现代化和精神复兴的重要部分，并具有其特殊的历史根源。哈萨克斯坦政府和社会各界对改革进行了长期的讨论和详细的筹备，但仍有许多问题亟需解决。

▌▌ 2.5 语言政策前景展望

通过梳理哈萨克斯坦共和国独立以来语言政策发展的历程，调研团发现，哈萨克斯坦政府在语言政策的制定与实施中基本妥善地处理了国语与俄语的问题。在确立和巩固哈萨克语国语地位的同时，哈国将俄语作为族际交流语言继续保持使用，并以此为基础逐渐过渡到哈、俄、英三语教育和应用阶段，进而达到促进国家现代化、国际化建设的目标。

---

① 沧溟，张露瑶 . 浅谈哈萨克文字母拉丁化改革：不是技术问题 而是政治问题 . 今日丝路，2020, 81: 03.

自独立以来，哈萨克斯坦政府为保障国家主权的独立地位始终强调哈萨克语在哈萨克斯坦境内的国语地位。哈萨克语的社会地位和交际功能均因此得到极大提升。独立后哈萨克斯坦共和国的语言政策尽管遭遇了一些波折，但总体而言稳步推进。在保障和巩固哈语地位的前提下，俄语作为"国家财富"继续得以使用，这不仅赢得了哈萨克斯坦国内社会的支持，也使得哈萨克斯坦在俄语世界能够继续扮演重要角色。俄语作为哈萨克斯坦重要的语言优势和了解世界的途径，在未来势必能为哈萨克斯坦的国家建设和实力提升继续发挥作用。

随着国家加强现代化建设和逐步走向国际化，哈萨克斯坦逐步推广英语教育并在社会生活的各个层面落实哈、俄、英三语政策，为此哈萨克斯坦国内也在努力培养英语人才和推进英语教育。调研团目前观察到，英语的教育和使用在哈萨克斯坦国内正处于积极准备和推广阶段，而根据哈萨克斯坦政府颁布的多个"国家语言应用和发展纲要"，英语教育的推广和三语政策的落实也正在稳步进行。随着哈萨克斯坦的持续开放化、国际化，三语能力将成为哈萨克斯坦参与全球经济竞技中的一大利器。

与率先进行民族语言文字拉丁化改革的土库曼斯坦、乌兹别克斯坦等国相比，哈萨克斯坦境内的文字拉丁化改革显得更加谨慎。经过长期的学习、研究与探索，哈萨克斯坦最终出台了一套细致的拉丁化改革方案，并在全国分阶段推广落实。尽管目前这套拉丁化方案尚未解决所有语言学和社会学领域问题，但考虑到文字改革是一项巨大、综合、长期的工作，且哈萨克语文字拉丁化方案在哈萨克斯坦境内也正被越来越多的人接受和使用，有理由相信文字拉丁化改革能够巩固哈语在哈萨克斯坦的地位并推动哈萨克斯坦继续走向国际化。

附 录

表 1　以拉丁字母为基础的哈萨克语字母表
（根据 2017 年 10 月 26 日哈萨克斯坦第 569 号总统令）①

№	Написание	Звук	№	Написание	Звук
1	A a	[а]	17	N'n'	[ң],[ңr]
2	A'a'	[ә]	18	O o	[о]
3	B b	[б]	19	O'o'	[ө]
4	D d	[д]	20	P p	[п]
5	E e	[е]	21	Q q	[қ]
6	F f	[ф]	22	R r	[р]
7	G g	[г]	23	S s	[с]
8	G'g'	[ғ]	24	S's'	[ш]
9	H h	[х], [h]	25	C'c'	[ч]
10	I i	[і]	26	T't'	[т]
11	I'i'	[и], [й]	27	U u	[Ұ]
12	J j	[ж]	28	U'u'	[Y]
13	K k	[к]	29	V v	[в]
14	L l	[л]	30	Y y	[ы]
15	M m	[м]	31	Y'y'	[у]
16	N n	[н]	32	Z'z'	[з]

① О переводе алфавита казахского языка с кириллицы на латинскую графику [EB/OL].
(2017-10-27). [2019-09-12]. http://www.akorda.kz/ru/legal_acts/decrees/o-perevode-alfavita-
kazahskogo-yazyka-s-kirillicy-na-latinskuyu-grafiku

表 2　以拉丁字母为基础的哈萨克语字母表
（根据 2018 年 2 月 19 日哈萨克斯坦第 637 号总统令附件）①

№	Написание	Звук	№	Написание	Звук
1	A a	[а]	17	Ń ń	[ң]
2	Á á	[ә]	18	O o	[о]
3	B b	[б]	19	Ó ó	[ө]
4	D d	[д]	20	P p	[п]
5	E e	[е]	21	Q q	[қ]
6	F f	[ф]	22	R r	[р]
7	G g	[г]	23	S s	[с]
8	Ǵ ǵ	[ғ]	24	T t	[т]
9	H h	[x], [h]	25	U u	[ұ]
10	I i	[і]	26	Ú ú	[ү]
11	I ı	[и], [й]	27	V v	[в]
12	J j	[ж]	28	Y y	[ы]
13	K k	[к]	29	Ý ý	[у]
14	L l	[л]	30	Z z	[з]
15	M m	[м]	31	Sh sh	[ш]
16	N n	[н]	32	Ch ch	[ч]

---

① О внесении изменения в Указ Президента Республики Казахстан от 26 октября 2017 года № 569 «О переводе алфавита казахского языка с кириллицы на латинскую графику» [EB/OL]. (2018-02-20). [2019-09-12]. http://www.akorda.kz/ru/legal_acts/decrees/o-vnesenii-izmeneniya-v-ukaz-prezidenta-respubliki-kazahstan-ot-26-oktyabrya-2017-goda-569-o-perevode-alfavita-kazahskogo-yazyka-s-kirillicy

表 3　哈萨克语字母表多种版本对比 ①

现行西里尔字母	2017 年第一版	2017 年第二版	2018 年修订版	国际音标
Aa	Aa	Aa	Aa	[ɑ]
Әә	Ae ae	A'a'	Áá	[æ]
Бб	Bb	Bb	Bb	[b]
Вв	Vv	Vv	Vv	[v]
Гг	Gg	Gg	Gg	[g]
Ғғ	Gh gh	G'g'	Ǵǵ	[ʁ], [ɣ]
Дд	Dd	Dd	Dd	[d]
Ее	Ee	Ee	Ee	[e], [je]
Ёё				[jɔ], [jɵ]
Жж	Zh zh	Jj	Jj	[ʐ], [ʒ]
Зз	Zz	Zz	Zz	[z]
Ии	Ii	I'i'	Iı	[ɯj], [ɘj]
Йй	Jj	I'i'	Iı	[j]
Кк	Kk	Kk	Kk	[k]
Ққ	Qq	Qq	Qq	[q]
Лл	Ll	Ll	Ll	[ɫ]
Мм	Mm	Mm	Mm	[m]
Нн	Nn	Nn	Nn	[n]
Ңң	Ng ng	N'n'	Ńń	[ŋ]
Оо	Oo	Oo	Oo	[ɔ]
Өө	Oe oe	O'o'	Óó	[ɵ]
Пп	Pp	Pp	Pp	[p]

———————

① 2017 年第一版为提交讨论的版本并未通过。表格制作参考 Онлайн перевод с кириллицы на латиницу [EB/OL]. [2019-11-17] https://www.zakon.kz/perevod_na_latinicu.html

续表

现行西里尔字母	2017年第一版	2017年第二版	2018年修订版	国际音标
Рр	Rr	Rr	Rr	[r]
Сс	Ss	Ss	Ss	[s]
Тт	Tt	Tt	Tt	[t]
Уу	Ww	Y'y'	Ýý	[w], [ɯw], [əw]
Ұұ	Uu	Uu	Uu	[ʊ]
Үү	Ue ue	U'u'	Úú	[ʉ]
Фф	Ff	Ff	Ff	[f]
Хх	Hh	Hh	Hh	[x]
һһ	Hh	Hh	Hh	[h]
Цц	Cc			[ts]
Чч	Ch ch	C'c'	Ch ch	[tʃ]
Шш	Sh sh	S's'	Sh sh	[ʃ], [ʂ]
Щщ				[ʃʃ], [ʂʂ]
Ъъ				
Ыы	Yy	Yy	Yy	[ɯ]
Іі	Ii	Ii	Ii	[ə]
Ьь				
Ээ				[e]
Юю				[jɯw], [jew]
Яя				[jɑ], [jæ]

第三章
哈萨克斯坦东正教会发展概况

3.1 引 言

自 1991 年独立以来，哈萨克斯坦的宗教状况发生诸多变化。相较于独立之前，宗教在民众社会生活中的地位显著上升，信教人数与宗教团体数量大幅增加。哈国官方将国内宗教划分为传统宗教和非传统宗教，并将传统宗教作为主流予以支持，而对非传统宗教则予以规范、限制或取缔。作为哈萨克斯坦规范宗教事务的法律，《宗教活动与宗教社团法》在序言部分即明确指出："承认伊斯兰教哈乃斐教法学派和东正教在文化和民众精神发展过程中的历史角色；尊重其他与哈萨克人民精神遗产相符合的宗教；承认宗教和谐、宗教宽容和尊重公民宗教信仰的重要意义。"这意味着，哈当局确认伊斯兰哈乃斐教法学派和东正教在国内的主流宗教地位。[①]

当今在哈萨克斯坦活动的东正教组织包括隶属于俄罗斯东正教会的哈萨克斯坦东正教会、作为独立教会或民间派别的境外东正教会、沿海东正教会以及三个旧礼仪派教会。除此之外，与东正教有历史渊源的亚美尼亚使徒教会也是得到官方承认的合法宗教组织。就历史影响而言，俄罗斯东正教会自 19 世纪便在今天的哈萨克斯坦所辖地域范围活动。在 19 世纪和 20 世纪，大

---

① 张宁.哈萨克斯坦宗教事务管理体制.国际研究参考.2014(4): 6-10.

量欧俄各族移民迁入哈萨克草原，推动了东正教与本地文化传统持续融合。俄罗斯东正教在今天作为传统宗教被哈国民众认可。从综合规模来说，隶属于俄罗斯东正教会的哈萨克斯坦东正教会在本国的追随者仅次于伊斯兰教，无论是信教人数、宗教设施、注册团体、宗教活动都在非传统宗教面前占绝对优势。本章将结合团队调研成果，探究独立后俄罗斯东正教会在哈萨克斯坦的发展及其社会活动和信徒状况。

3.2 历史沿革

　　哈萨克斯坦的俄罗斯东正教会的正式名称为俄罗斯东正教会哈萨克斯坦都主教专区（Митрополичий округ Русской Православной Церкви в Республике Казахстан），又称哈萨克斯坦东正教会（Православная церковь Казахстана），隶属于作为自主教会的俄罗斯东正教会（Русская православная церковь，即莫斯科牧首区，Московский патриархат）。最近三十年内，哈萨克斯坦在俄罗斯东正教会中的地位发生了极大改变。俄罗斯东正教会进入中亚地区较晚，发展相对较慢。直至 1871 年，中亚地区才建立了第一个主教区，维尔内（今阿拉木图）是教区中心。1945 年 6 月，阿拉木图和哈萨克斯坦主教区成立，至此哈萨克斯坦地区才成为了独立的主教区，而该教区只是俄罗斯东正教会诸多主教区中的一个。1991 年 1 月，阿拉木图—哈萨克斯坦主教区被分割为三个独立的主教区。

　　独立后，哈萨克斯坦地区的实际情况相较 19 世纪和 20 世纪发生了极大变化。1995 年 6 月，俄罗斯东正教会神圣主教公会决定成立东正教教区间委员会，试图对三个平行的教区进行统筹。2003 年，为更好地协调在一个独立国家内三个主教区的活动，俄罗斯东正教会神圣主教公会决定对哈萨克斯坦的教会结构进行调整，因此成立了由哈萨克斯坦三个主教区组成的都主教专区（Митрополичий округ）。不过此时的都主教专区只是一个临时的统筹组织，为了协调俄罗斯东正教教区的宗教、教育、出版、社会和其他具有重大社会意义的活动而设立，并没有被纳入教会章程且得到详细解释。

直至 2010 年，神圣主教公会通过决议，将哈萨克斯坦的俄罗斯东正教组织正式更名为"俄罗斯东正教会哈萨克斯坦都主教专区"，并通过了《俄罗斯东正教会哈萨克斯坦都主教专区内部规章》和《宗教组织"俄罗斯东正教会哈萨克斯坦都主教专区"（哈萨克斯坦东正教会）章程》。① 这些文件详细规定了都主教专区的定义、职能、权力等部分。从此都主教专区的地位获得了教会章程上的确认。哈萨克斯坦东正教会由普通教区升格为实质上的半自治教会，拥有更大的自主权。②

需要说明的是，都主教专区不可与俄罗斯境内的都主教区（Митрополия）相混淆。都主教区也是当代俄罗斯东正教会改革的产物。它将在地理上大致处于国家同一行政主体内的数个主教区整合为都主教区，其特点在于以行政主体为边界。而都主教专区的边界则是国家边界，甚至是数个国家联合体的边界（如中亚都主教专区）。从管理机构组织来说，都主教专区与都主教区是不同形式的主教区联合。都主教专区最高的权威属于由专区都主教担任主席的主教公会（Синод），由该地区的教区主教和副主教组成。而在都主教区中，最高权威不是主教公会，而是主教委员会（Архиерейский совет）。

都主教专区与其他非俄罗斯境内的地区教会相比，在自主权上有所区别。目前整个东正教世界存在 15 个自主教会（Автокефальная церковь），又称地方教会（Поместная церковь），俄罗斯东正教会是其中之一。自主教会

---

① 文中涉及该文件的部分，参见 Русская Православная Церковь. Внутреннее положение о Митрополичьем округе Русской Православной Церкви в Республике Казахстан [EB/OL]. (2010-07-26). [2019-09-09]. http://www.patriarchia.ru/db/text/1230751.html. 关于文中提到的神圣公会的各项决议，参见 Русская Православная Церковь. Журналы заседания Священного Синода от 5 марта 2010 года [EB/OL]. (2010-03-05). [2019-09-09]. http://www.patriarchia.ru/db/text/1106470.html

② 文中涉及该章程的部分，详见 Устав религиозного объединения «Митрополичий округ русской православной церкви в республике Казахстан» [EB/OL]. [2019-09-09]. http://cerkov.kz/oficialnye-dokumenty/dokumenty/51-ustav-religioznogo-obedineniya-mitropolichiy-okrug-russkoy-pravoslavnoy-cerkvi-v-respublike-kazahstan-pravoslavnaya-cerkov-kazahstana.htmlhiy-okrug-russkoy-pravoslavnoy-cerkvi-v-respublike-kazahstan-pravoslavnaya-cerkov-kazahstana.html

具有最高限度的自决权，可以在教会内部选举牧首、制定本教会章程、任命主教、决定建立主教区、召开主教公会（Синод）和大会（Собор）。各自主教会之间是松散的联合体，无权干涉对方内部事务。俄罗斯东正教会并不局限于俄罗斯联邦领土之内。许多国家和地区都存在着隶属于俄罗斯教会的东正教组织，在教区管辖上根据具体情况不同有不同的行政级别，主要有自治教会（Автономная церковь）、自治自管教会（Самоуправляемая церковь с правами широкой автономии）、自管教会（Самоуправляемая церковь）、督主教区（Экзахат）和都主教专区（Митрополчий округ），这些教会机构的自主权各不相同。

都主教专区的负责人由牧首直接任命，自治、自治自管、自管教会和督主教区可以由自己内部推选，再经由牧首批准。都主教专区教会内部章程草案要得到牧首批准，而自治自管、自治教会可以与牧首共同协商。都主教专区的主教由神圣主教公会直接任命，而自治、自治自管、自管教会和督主教区可以内部推选再由牧首批准。

都主教专区无权举行任何教会大会（Церковный собор）。自管教会可以召开教会大会，自治自管和自治教会可以举行教会大会和主教大会（Архирейский собор）。自主教会可以召开最高一级的地区大会（Поместный собор）。由此可见，哈萨克斯坦东正教会虽然相比以前更加独立，但和其他国家的俄罗斯东正教会相比，其拥有的自治权利最小，受俄罗斯东正教会的影响最大。

然而，独立性相对较弱的哈萨克斯坦东正教会在信众规模上并不小。受历史原因和地理人口限制的影响，一些教会虽然独立性较强，但发展状况不佳，实际规模很小。截至2017年，哈萨克斯坦都主教专区共有9个主教区、301个堂区、9所修道院、1家神学院及294座宗教建筑。[①]堂区数量在整个莫斯

---

① Об утверждении Концепции государственной политики в религиозной сфере Республики Казахстан на 2017 - 2020 годы [EB/OL]. (2017-06-20). https://tengrinews.kz/zakon/president_respubliki_kazahstan/konstitutsionnyiy_stroy_i_osnovyi_gosudarstvennogo_upravleniya/id-U1700000500

科牧首区中位列第五。与同为都主教专区的中亚都主教专区相比，后者虽然在地域上囊括了其他中亚四国，堂区数量却只有前者的三分之一。毋庸置疑，哈萨克斯坦是当前整个中亚地区东正教影响力最大的国家。

目前哈萨克斯坦东正教会共有 11 名主教，其中一名具有都主教荣衔，是整个俄罗斯东正教会哈萨克斯坦都主教专区的首脑。包括都主教在内的大部分主教都为俄罗斯联邦国籍。随着哈萨克斯坦主教区事务的增多，部分神职人员被神圣主教公会直接由俄罗斯调动至哈萨克斯坦，只有四名主教出生在哈萨克斯坦或有哈萨克斯坦背景。[①]

从 2011 年开始，哈萨克斯坦东正教会都主教成为神圣主教公会的 9 个常任成员 [②] 之一。该会议是俄罗斯东正教会的三大最高管理机构之一，举办频率最高，对于教会事务最有实权。可以说在俄罗斯东正教会的全球势力范围中，哈萨克斯坦东正教会是非常重要的部分。

整个哈萨克斯坦都主教专区由 9 个主教区构成，势力并不均衡。独立之后，哈萨克斯坦起初只有三个主教区，将哈领土分为东、中、西部三块区域。2010 年在原有基础上再分出三个主教区，2011 年又分出三个新主教区。现在哈萨克斯坦的东正教主教区有阿斯塔纳和阿拉木图主教区、卡拉干达和沙赫金主教区、科克舍套和阿克莫拉主教区、巴甫洛夫达尔和埃基巴斯图斯主教区、库斯塔奈和鲁德内主教区、乌拉尔和阿克托别主教区、厄斯克门和塞梅依主教区、奇姆肯特和塔拉兹主教区、彼得罗巴甫尔和布拉耶夫主教区。经过对主教区的几次分割重组，在传统上受东正教影响较强的哈萨克斯坦东部和北部，主教区的划分与地方行政区划逐渐趋同，数量增加。在西部和南部，一个主教区则往往包含两个或三个州，涵盖地域较广。除阿斯塔纳—阿拉木图主教区作为教会中心堂区数较多（75 个）外，各教区的堂区数都保持在 20

---

① 关于各主教的背景信息，参见哈萨克斯坦东正教会 . [EB/OL]. https://mitropolia.kz/info/persons/episcopate.html

② 成员包括俄罗斯境内外最重要的几个都主教区的主教，俄罗斯教会外事局局长，莫斯科牧首区公署办公厅主任。

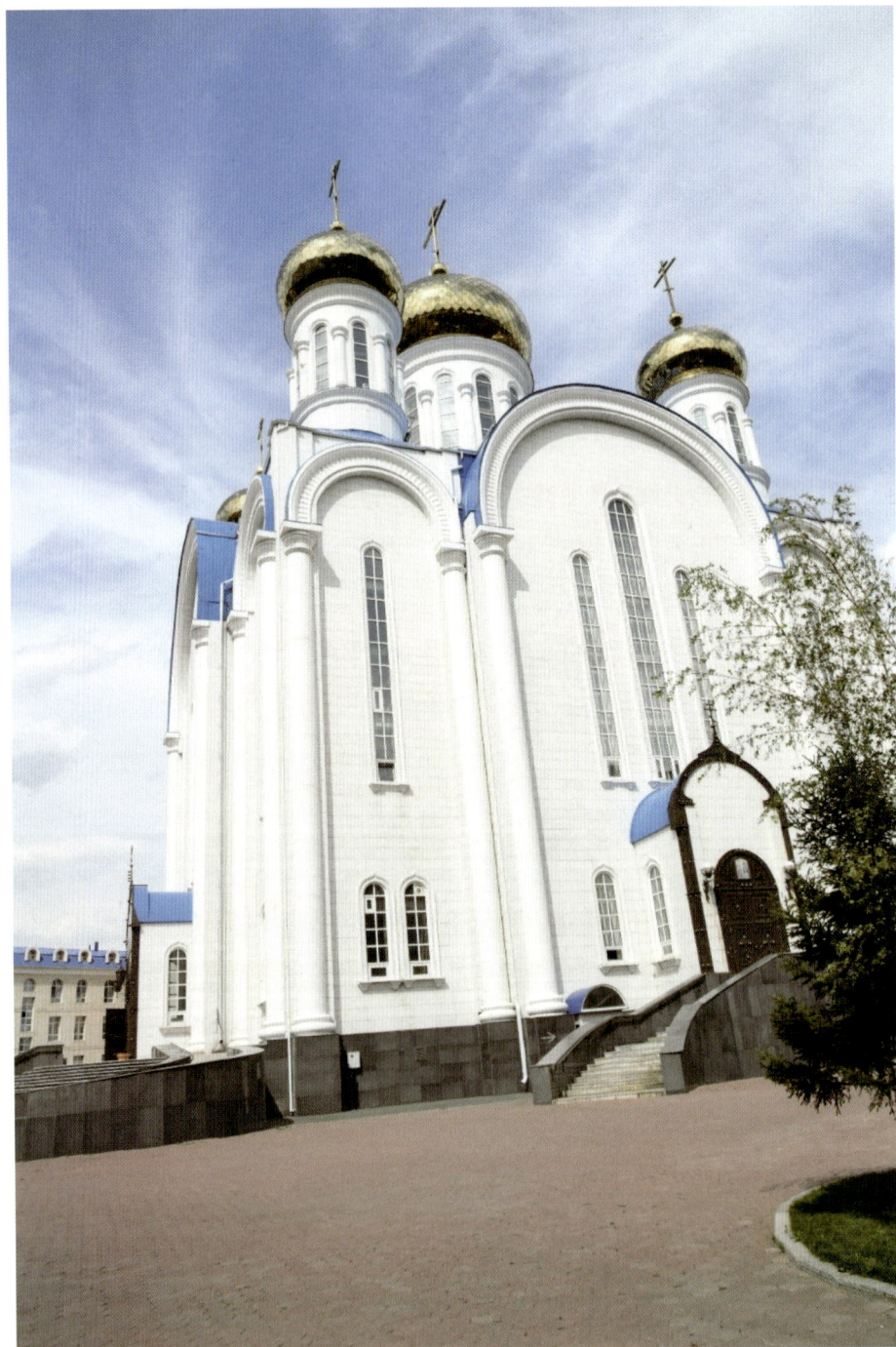

图 3-3-1　努尔苏丹圣母升天大教堂（摄影：郑豪）

至 30 个。可以看出，哈萨克斯坦东正教今天的发展基本与 19 至 20 世纪的分布态势一致。

3.3 职能与组织架构

在通过确立都主教专区获得了半自治地位后，哈萨克斯坦东正教会进一步规范化自身组织。它对自身的定位具体体现在《宗教组织"俄罗斯东正教会哈萨克斯坦都主教专区"（哈萨克斯坦东正教会）章程》之中。

条例中对于自身性质的定义分为四点。（1）俄罗斯东正教会哈萨克斯坦都主教专区（哈萨克斯坦东正教教会，以下简称为区）是一个宗教团体，由位于哈萨克斯坦共和国境内的东正教宗教组织组成，在哈萨克斯坦共和国境内开展活动。（2）该区隶属于莫斯科牧首区俄罗斯东正教会的架构，是其正式组成部分。（3）在其活动中，该区以俄罗斯东正教会章程，俄罗斯东正教会地方宗教大会、全体主教大会、神圣公会的决定，以及莫斯科和全罗斯至圣牧首的法令和命令，本章程和哈萨克斯坦共和国法律为指导。该区在《哈萨克斯坦共和国宪法》、《民法》、《宗教团体与信仰自由法》、《非营利组织法》以及哈萨克斯坦共和国的其他监管法律的基础上活动。（4）该区是一个宗教团体形式的非营利性法律实体，在所有权或任何其他法律基础上拥有独立财产，拥有独立的资产负债表，可以代表自身获得并行使财产权及个人非财产权，履行职责，于银行及其他信贷机构开设账户（包括外币账户），成为法院的原告和被告，对自身义务承担独立责任。

哈萨克斯坦教会作为一个东正教的基督教宗教协会，其活动的目标可以概括为在整个哈萨克斯坦地区进行宗教活动实践并进行传教。为了达成这一目标，教会可以采取的活动有：协调宗教启蒙、教育、出版、传教和社会项目以及专区域内各主教区其他类型的章程活动；直接或通过大众媒体传播东正教的宗教学说；坚持东正教信仰与教会布道的统一，对圣礼、宗教仪式、游行和典礼进行检验；于礼拜建筑、教会设施、朝圣地以及其他礼拜地点举行合规宗教仪式、游行和典礼；生产、出口、进口、分发宗教文献、印刷品、音像资料、礼拜物品及其他宗教指定物品；发展国际宗教关系，接待宗教代表团、各信仰的代表，举行国际宗教会议、大会、研讨会、代表大会；组织和进行传教活动、朝圣和社会慈善活动；协助解决东正教社区的宗教问题，包括宗教建筑和教会设施的设计、建造、修复；代表东正教信徒在国家权力机关和非政府组织中的利益；确保专区主教区属于莫斯科牧首区俄罗斯东正教会。

专区结构和管理机构分为以下几个层次：最高管理机构是由莫斯科和全罗斯至圣牧首领导的俄罗斯东正教会的神圣主教公会；执行管理机构是由专区都主教领导的俄罗斯东正教会哈萨克斯坦都主教专区的主教公会；常设执行机构是专区行政办公室。专区包含的组成部分有位于哈萨克斯坦共和国境内外的主教区、管区、堂区、修道院、教会会馆、兄弟会、姐妹会、代表处、神学教育机构及其他东正教团体，这些团体必须基于自身章程且符合现行法规、俄罗斯东正教会章程等规则进行活动。

其中，专区都主教领导的主教公会由都主教专区内主教区的主教和副主教组成。会议至少每季度举行一次，须至少三分之二的成员参与决议并由出席人员的多数票决议。其权力包括：解决专区内外活动最重要的问题，确保区域统一；向神圣主教公会提交专区主教区的章程草案，对其进行修订和增补，提名神学教育机构校长、修道院院长候选人；考察圣礼实践和教会纪律问题；考虑建立修道院、神学教育机构和主教区管理机构的问题，并提交给神圣主教公会；决定建立管区的问题；决定专区内信仰和宗教间的关系问题；制定占有、使用和处分专区财产的程序，并采取措施保护教堂财产；任命专区的审计委员会主席和成员，给以他们指示并听取他们的报告；实施牧首和神圣主教公会的决定。主教公会的决定应由专区首脑和公会所有成员签署。

专区的最高首脑是哈萨克斯坦及阿斯塔纳都主教，对神圣主教公会及莫斯科和全罗斯至圣牧首负责。其职能有：召开专区主教公会并主持会议；对专区主教区和东正教宗教组织进行一般管理；在国家政权机构中面对其他组织和公民全权代表专区等。

‖ 3.4　社会服务

　　在教会内部事务上日益获得自主权的哈萨克斯坦教会对于本国社会事务
表现出更多关注。哈萨克斯坦 2011 年颁布的《宗教活动与宗教社团法》允许
宗教团体和教会从事慈善等社会活动。而哈萨克斯坦都主教在数次全哈萨克
斯坦东正教大会的发言都强调东正教会应努力成为社会建设事业、促进和平
与社会和谐的可靠支持。都主教亦认为公共生活的许多领域均适合发展国家、
社会和传统信仰代表之间的密切合作，具体则包括教育和人文、医疗保健、
社会保障、打击毒品贩运和一般犯罪等领域。① 在独立后日益现代化的哈萨克
斯坦，哈萨克斯坦东正教会积极发挥其社会功能。这成为其扩大影响力的重
要手段。

　　2014 年哈萨克斯坦东正教会颁布的《宗教组织"俄罗斯东正教会哈萨克
斯坦都主教专区"（哈萨克斯坦东正教会）章程》亦对参加社会活动作出规
定：专区有权根据俄罗斯东正教会章程和现行法律，为慈善、文教、出版、
艺术、工业、建筑业、农业、金融、印刷和其他活动创建组织，并设立基金；
有权设立依照哈萨克斯坦东正教会的宗旨和目标运作的大众媒体；专区创建
的组织可以作为构成部门，也可以作为独立的法人进行活动；有权参加国家、
国际慈善和人道主义基金及组织的活动；为恢复、维护和保护包括与历史和
文化价值观宣传相关的宗教建筑和教堂设施，实施人道主义活动，实施具有
社会重大意义的文化教育计划和活动，在东正教宗教组织依照现行立法设立
的教育机构中教授通识教育学科，以及支持其他具有社会重大意义的活动，
有权向国家机构申请财政、物资和其他援助；有权在东正教宗教组织根据适

---

① Доклад митрополита Астанайского и Казахстанского Александра на Всеказахстанском
православном съезде [EB/OL]. http://www.orthedu.ru/news/7342-doklad-mitropolita-
astanajskogo-i-kazaxstanskogo-aleksandra-na-vsekazaxstanskom-pravoslavnom-sezde.html.

用法律创建的教育机构中教授一般科目，支持其他社会事务。

哈萨克斯坦东正教会在哈从事社会活动的指导原则来源于21世纪以来俄罗斯东正教会制定的多个有关社会服务方面的官方文件。2000年8月俄罗斯东正教主教会议通过的《俄罗斯东正教的社会观原则》，明确表达了教会对当代社会现实问题的基本立场。这是东正教会历史上第一次对如何处理与世俗社会的关系提出明确范式。《俄罗斯东正教的社会观原则》旨在为各教会组织如何处理与国家当局和世俗组织之间的关系提供一定指导。文件内容涵盖教会与国家间合作的16个领域，包括教育与培养、争端调解、民众道德维护、社会方案协同、怜悯和慈善、文化、士兵和执法官员关怀、犯罪预防、科学、医疗保健、大众媒体、经济活动、生态、家庭等。①

随后，在多次主教会议和神圣主教公会的决议和文件中，这一社会学说得到了进一步发展。涉及社会服务方面的决议和文件包括2004年通过的《俄罗斯东正教会关于参加与艾滋病传播的斗争和有关艾滋病毒携带者工作的构想》、2005年通过的《俄罗斯东正教会关于预防吸毒和酗酒的构想》以及2008年通过的《俄罗斯东正教会关于人的尊严、自由与权利的学说原则》。特别是主教会议2011年2月4日通过的《俄罗斯东正教会社会工作组织原则》，标志着教会社会服务工作走向进一步系统化和规范化。②哈萨克斯坦东正教的社会服务主要集中在以下方面：③

（1）医疗服务

向贫困民众提供医疗服务是教会慈善活动的重要领域之一。2011年，哈国东正教会成立了"哈萨克斯坦东正教医生协会"。其任务包括为民众提供免费医疗，开展东正教徒的护士培训课程，以及对酗酒和吸毒成瘾者开展治

---

① О Социальной концепции церкви [EB/OL]. [2019-09-09]. http://www.synergia.itn.ru/kerigma/katehiz/kirill/VyzovSovremenCiviliz/10.htm.

② 徐凤林. 当代俄罗斯东正教社会服务简析. 俄罗斯研究，2016(4):111-124.

③ 关于哈萨克斯坦东正教会的社会服务，主要参考哈萨克斯坦东正教会. [EB/OL]. https://mitropolia.kz/info/persons/episcopate.html

疗和预防工作。在这一框架下，位于阿拉木图的救世主大教堂于 2017 年建立了一个以圣徒路加命名的东正教医疗中心。活动的主要方面包括：保护母亲和儿童计划、预防堕胎、治疗不孕症、加强家庭的精神和道德基础以及向低收入公民提供援助。该机构雇佣有专业的医生及其他医疗从业人员。 2017 年12 月 22 日，俄罗斯联邦卫生部耳鼻喉科临床中心与该医疗中心签署了合作协议。根据该协议，耳鼻咽喉科临床中心将与圣路加医疗中心一同制定和实施社会慈善性质的联合项目，并开展医学和道德科普活动。教会计划未来在全都主教专区推广此类医疗中心。

医疗服务的另一目标是为酗酒和吸毒成瘾的人提供帮助，并为他们的亲属提供精神和心理支持。教会创建了"哈萨克斯坦无毒品"公益基金。该基金致力于制定和实施促进成瘾者的社会和劳动能力康复方案，并在传统的精神和道德价值观的基础上促进社会的健康生活方式。该基金在阿拉木图、彼得罗巴甫洛夫斯克市等许多城市设有康复中心。此外，教会还在教区之间举办各类体育赛事，以推广健康的生活方式，抵制成瘾物滥用。活动也欢迎教会外人士参加。

（2）社会救助

为老人、孤儿、贫困者提供庇护也是教会长期投入的领域。目前哈萨克斯坦的东正教孤儿院既包括教区支持的修道院附属孤儿院，也包括由东正教教育家主办的私立性质的孤儿院。这些机构的现代化设施完善，达到学龄的孤儿可以前往正规学校学习，完成基础或中等教育。假期时他们可以在孤儿院参与合唱团、学习声乐、进行戏剧表演，通常也参与宗教活动并学习东正教的基本知识。这些机构作为非营利组织运作，也接受企业慈善基金赞助。许多孤儿院也为孤寡老人提供庇护。每个堂区的教堂不仅是专门的礼拜场所，也是教会社会慈善部门组织社会活动的地点。教堂会向低收入和老年人及大家庭提供有针对性的援助，并进行募捐。

哈萨克斯坦存在一些由东正教信徒志愿者自发组织的服务团体支持慈善

事业，其中较有代表性的是"慈善"公共关怀基金。该机构成功实施的主要项目为危机救援中心"母亲之家"，为处境困难的孕妇和有子女的妇女提供援助。该中心定期举办"让孩子上学""快乐晚年""圣诞节送欢乐""严寒老人送礼物""给孩子们温暖"等慈善活动，其形式包括为低收入家庭的儿童和青少年、单身和患病老人、处于危机情况的单身母亲提供筹款和必需品，以及为儿童和成人的治疗费用进行针对性筹款。

志愿组织在每个教区都会举办慈善活动，它们会提供专门用于圣诞节和复活节假期、胜利日、开学日、其他教会和国家假日的用品。服装、食品、书籍和学习用品均从各教堂和总部筹集。慈善服务的志愿者为临终关怀医院、孤儿院、疗养院和儿童公共机构以及孤儿院的毕业生提供服务。他们不仅进行慈善事工，还进行神学启蒙，因此也根据被帮助人的愿望进行洗礼、忏悔等宗教仪式。

图 3-3-2 阿拉木图市圣尼古拉大教堂（摄影：王硕）

这些志愿活动有时也通过姐妹会（Сестра милосердия）的形式组织。姐妹会系于神职人员领导下的妇女组织，其成员愿意在不同程度上献身于慈善服务，这一组织通常拥有自己的章程和专门的入会礼。慈善姐妹可以在自己的主要工作（世俗工作或教会工作）时间之外进行服务工作，或者在教会社会机构或医疗机构中任职。这一服务通常具有长期固定义务的性质。东正教男信徒也可以参加姐妹会的活动。目前在哈萨克斯坦有五个以上的此类组织。

（3）精神文化生活

哈萨克斯坦东正教会努力发挥自身在道德建设方面的作用。目前，教会努力确保每个东正教教堂均建立精神和文化中心，为吸毒者、酗酒者、生活遭遇重大动荡的人提供精神、心理、物质上的支持。教会反对道德堕落、犯罪、宗教极端主义，倡导传统伦理道德。每个教堂均建有主日学校，其在教授关于东正教信理知识，传播东正教文化之外，还开设精神和道德教育课程。许多教堂都有青年俱乐部，致力于使青少年摆脱负面影响，并接受东正教伦理道德观。青年组织每年夏季都举办一些野营活动，吸引青年参与教会的社会活动。教会也为现役军人、退伍军人、老年人和残疾人举办音乐会、电影放映会等文化活动。哈萨克斯坦东正教会积极利用包括电影、电视、广播、报纸、网络在内的大众媒体作为传播东正教文化的手段。

由于受到极端主义的威胁，哈国法律自 2011 年以来对宗教场所之外的宗教仪式行为进行限制。国家不干涉教会的活动，但与此同时，在实施社会、慈善、青年、教育等项目方面国家对教会倡议并无太多支持。哈萨克斯坦东正教会一直呼吁国家层面对教会社会活动给予支持。

由于自身的宗教属性，教会从事的社会活动不可避免地带有宣教动机。哈萨克斯坦东正教会都主教在讲话中将教会进行的各种具有社会意义的行动的目标局限在巩固教会周围的俄语人口，对之前受洗的信众提供帮助，并在其他宗教的信徒心中增加东正教的道德权威。但客观而言，教会提供的社会服务是政府公益活动的有益补充，对于居民精神道德问题的解决也提供了心理支持，具有其积极意义。

3.5　现状及发展方向

自独立以来，哈萨克斯坦出现了宗教复兴现象。1991 年至 2009 年间，宗教团体数量从 1991 年的 671 个增加至 2009 年的 4200 个，且至 2009 年共有 3200 个清真寺、教堂和祈祷室。据 2009 年哈官方统计，在全国共计 1600.96 万人中自称有宗教信仰的人数占 97%，其中穆斯林占 70.19%、基督教徒占 26.17%、犹太教徒占 0.03%、佛教信众占 0.09%、其他宗教信仰者占 0.19%、不信教者占 2.81%。根据哈国宗教事务和公民社会部的数据，截至 2017 年 1 月 1 日，全哈共有 18 个教派及 3658 个宗教团体和分支机构。在 18 个教派中，传统宗教为哈乃斐派伊斯兰教和东正教，其他宗教还包括天主教、新教、犹太教、佛教等。此外，全国共有 3464 个宗教场所，其中 2550 家清真寺、294 家东正教和 109 家天主教教堂、495 家新教寺院和祈祷室、7 家犹太教堂、2 家佛教寺庙、7 家奎师那知觉协会和巴哈伊教的祈祷室。

俄罗斯东正教会在哈萨克斯坦近三十年的发展正是以全国范围内的宗教复兴为背景的。由以上数据可知，虽然东正教和伊斯兰教同为哈国传统宗教，但无论在信徒人数、宗教场所亦或国家的重视程度方面，东正教均和伊斯兰教存在极大差距。在 1989 年，哈萨克斯坦地区有 62 个东正教团体和 46 个伊斯兰教团体，而 2017 年哈萨克斯坦东正教会的堂区数量是 301 个，伊斯兰教则拥有 2550 座清真寺。当前俄罗斯东正教会在哈萨克斯坦的发展方向主要有二：扩大宗教团体规模以及积极服务社会。[①]

哈萨克斯坦的两大传统宗教与特定民族的历史文化传统密不可分。哈萨克斯坦的主体民族哈萨克族主要信奉伊斯兰教，而信奉东正教的主要为俄罗斯族、乌克兰族、白俄罗斯族等。哈萨克斯坦东正教会的活动具有明显的俄

---

① 张宏莉 . 哈萨克斯坦的宗教现状与宗教政策 . 西北民族大学学报 (哲学社会科学版), 2018, 224(2): 35-42.

罗斯族主导的特点，其他民族在信徒中占据的比例较小。

哈国人口族裔结构的变化是影响宗教团体规模的最重要因素。截至 2019 年初，哈萨克斯坦的俄罗斯族共有 3,553,232 人，占人口总数的 19.32%。[①] 而在 1989 年，哈萨克斯坦的俄罗斯族人口数为 6,227,549 人，占人口总数 37.82%。俄罗斯族人口的减少直接影响了东正教在哈萨克斯坦的宗教团体规模。

哈萨克斯坦东正教会在公开场合呼吁国家层面支持俄语教育，强调俄语在当今哈萨克斯坦文化传统和科技领域的重要性，维护俄语在国民生活中的重要地位。同时哈萨克斯坦东正教会也在努力探求发展其他民族信徒的可能，如培养神职人员的阿拉木图神学院，开设了哈萨克语课程，为东正教在本土的进一步传播而努力。[②]

近三十年来，哈萨克斯坦的宗教信徒不断增加。这种宗教复兴现象由多种原因所致。随着苏联解体以来的社会巨变，大量居民开始宣称自己信仰某种宗教，这种信仰上的改宗也是在变革后的真空期对于世界观和价值体系的重新选择。在这种情况下民众的宗教自我认同与实际行动的相关性值得考量。目前哈萨克斯坦国民宗教归属感和对相应宗教学说和教义的认知程度、参与宗教生活的积极程度呈现出极大的个体化差异。

哈萨克斯坦共和国国家科学院哲学、政治学和宗教研究所进行的关于宗教信仰模式重建的调查研究具有参考意义。[③] 其样本覆盖 2012 至 2013 年包括阿斯塔纳和阿拉木图在内的哈萨克斯坦 14 个地区的 3000 名成人受访者以及 2014 年的 1000 名受访者，受访者性别、年龄、民族、教育水平、社会职业、居民类型、收入水平均采样广泛。在关于宗教自我认同的调查中，有 34.4% 的受访者选择了"与非信仰者相比是信徒"，而未明确确认自己的信徒身份。

---

① 哈萨克斯坦政府数据库 . [EB/OL]. https://data.egov.kz/datasets/view?index=kazakstan_respublikasy_halkyny

② 阿拉木图神学院 . [EB/OL]. https://seminaria.kz

③ Шаукенова З.К., Бурова Е.Е., Бектенова М.К, Религия Социология Религия в Казахстане, Вестник КазНУ 2015 [EB/OL]. [2019-09-09]. https://articlekz.com/article/15142

图 3-3-3　努尔苏丹圣母升天大教堂（摄影：李萌）

在关于宗教生活方式的研究中，43%的家庭采取了宗教和世俗传统相结合的生活方式，而非完全恪守宗教生活的规范，采取符合教义的生活方式的人不超过成年人口的14–19%。在对于儿童未来世界观的调查中，66.7%的人希望孩子尊重宗教，但只是做宗教生活的外部观察者而非参与其中，12.1%的人希望孩子对宗教漠不关心，9.3%的人宁愿孩子做无神论者。

而在另一项关于当代哈萨克斯坦青年信仰现状的研究显示，尽管大多数（74.5%）调查者拥有宗教书籍，绝大多数（95.6%）在家或在外参加过宗教仪式，但49%的受访者不进行宗教生活，仅有2.6%的受访者表示是宗教团体的成员并遵循宗教规范。调查还显示青年人对于宗教教条的了解程度较低，表明了一种无宗教的世界观占主导地位。[①]

哈萨克斯坦政府坚持世俗原则，强调宗教与世俗教育分离，国家与宗教分离。在大众文化和娱乐方式的刺激下，传统信仰模式对青年人的吸引力在减弱。当今的哈萨克斯坦人宣称信仰某一宗教往往不是源于宗教教义或宗教生活本身对其的吸引，更多的是一种文化传统和心理上的归属感。在现代社会中找到适合自己的发展模式是教会的首要发展方向。

3.6 结 语

鉴于俄罗斯东正教会在哈萨克斯坦的历史沿革和现有权限，莫斯科方面对哈萨克斯坦的俄罗斯东正教会投入了较大精力，致力于优化教区规划、修建宗教建筑、派遣神职人员、完善和改进教会等各项活动。哈萨克斯坦东正教会自治权力的提高更符合当前哈萨克斯坦作为一个独立国家的现状，使其拥有更多的自主权，进而促进了教会不断发展。无论是俄罗斯教会高层还是本地教会，都具有将哈萨克斯坦信徒团体与俄语族群等同的倾向，对教会信徒利益的维护在实践中与维护在哈俄罗斯族的利益相重合。

---

① Рысбекова Ш.С., Рысбекова Г.Е. Молодежь и религия, Вестник КазНУ, 2015 [EB/OL]. [2019-09-09]. https://articlekz.com/article/15128

在哈萨克斯坦独立后的宗教复兴中，符合旧时定义的标准信徒比重很小。哈萨克斯坦是一个世俗国家，东正教难以如过去一样完全塑造信徒的世界观，令教徒在实际生活中以宗教准则行事。针对当前的社会现实，教会通过积极参与社会公益事业，在具体事工中对东正教伦理观价值观进行宣扬，以提高信徒凝聚力并扩大东正教在一般民众中的影响力。

第四章
哈萨克斯坦的国族建构

4.1 当代哈萨克斯坦国族建构的历史背景

20 世纪以前，在如今哈萨克斯坦的大部分国土上居住的是游牧民。其居住空间是一个用动物皮毛制成的毡布和柳树条搭成的圆顶帐篷，这种圆顶帐篷被称为"毡房"。游牧民季节性地在牧场之间迁徙，难以形成统一而中央集权的统治，因而始终具有部落主义的特征。[①] 至 15 世纪后半叶，哈萨克人首领克烈汗和贾尼别克汗在巴尔喀什湖流域创立了独立的部落联盟，史称哈萨克汗国。哈萨克各部在 18–19 世纪逐渐被沙皇俄国控制，继而成为沙俄版图的一部分。

哈萨克斯坦于 1991 年 12 月 16 日宣布独立，同年 12 月 21 日加入独联体。宣布独立之后，哈萨克斯坦的人口结构发生了显著变化。首先，从 1989 年至 2006 年间，哈萨克斯坦的总人口减少了 7.4%，而人口明显下降的地区是哈萨克斯坦北部、中部和东部。其次，与上述数据相比较，哈萨克斯坦南部和西部的人口有增长趋势。第三，哈萨克斯坦的哈萨克族人口增长了 22.5%；其他少数民族，如日耳曼族、乌克兰族和俄罗斯族分别减少了 76%、50.8% 和

---

① Khazanov A. M. Nomads and the Outside World. Madison: University of Wisconsin Press, 1994.

44%。①2019 年的人口统计显示，哈萨克族人口占全国总人口的 67.98%，相较于独立初期哈萨克族人口占比不到一半的情况相比有所改变，也更符合哈萨克人作为哈萨克斯坦主体民族的定位。

4.2 独立之后的人口结构变迁

20 世纪后期，陆续宣布独立的原苏联各加盟共和国开始了重构国家和政权的过程。这种国家建设和政权建设的过程在一定程度上受到苏联民族学思想的影响。在 19 至 20 世纪的大部分时间里，中亚地区人口高度混居。当时的身份认同并不一定与民族分类产生联系。在哈萨克斯坦宣布独立之初，其境内的哈萨克族人口仅占总人口的 40%。为使哈萨克斯坦作为"哈萨克人故乡"的民族国家建设程序合法化，同时为减弱俄苏文化影响，哈萨克斯坦出台一系列政策，尝试调整人口结构。1992 年 6 月 26 日哈上议院通过了《移民法》，主要内容为支持境外哈萨克移民归哈，并明确"回归者"还将享受国家相关的安置政策，包括财政补贴、住房优惠、工作机会、免费医疗和教育等方面的支持。②

自《移民法》通过后，截至 2006 年，哈萨克斯坦的哈萨克族人口增长了近一百万，其中超过 60% 的迁入人口来自邻国乌兹别克斯坦。尽管《移民法》中规定了多项优惠政策，但归国哈侨对哈萨克斯坦社会的适应仍然面临一系列困难。首先，哈萨克斯坦独立之初的经济尚未复苏，而乌克兰族、俄罗斯族和其他欧俄族裔人口的离开造成许多行业的专业技术人员缺口，这进一步加剧了经济困难。在此种情势下，陆续回归的哈萨克侨民以及政府承诺给予的相应优惠政策必然会为国家财政增加额外负担。其次，归国哈侨初回哈萨

---

① Демоскоп Weekly. Институт демографии Национального исследовательского университета "Высшая школа экономики" [EB/OL]. http://www.demoscope.ru/weekly/2011/0451/analit03.php.

② Dukeyev B. Ethnic Return Migration In Kazakhstan: Shifting State Dynamics, Changing Media Discourses. Central Asia Fellowship Series, 2017.

克斯坦时必然面临着对完全异于原籍国经济、文化和政治环境的适应问题。[①]
受到 19 世纪和 20 世纪历史进程影响，俄苏文化已经深入哈萨克斯坦社会的
方方面面。对俄语的陌生加剧了这种适应过程的困难。[②] 此外，新移民在原籍
国大多为牧民，不习惯定居化生活方式，甚至对于都市生活也需要较长的适
应时间。[③]

截至 2019 年，哈萨克斯坦的哈萨克族人口已经超越其他所有族裔，成为
占据压倒性多数的民族，其次为俄罗斯族（19.32%）和乌兹别克族（3.21%）
等，但哈萨克斯坦领导层面临着更紧迫的任务——国家建设与政权建设。当下，
在哈萨克族占据多数的背景下，哈萨克斯坦的国族建构话语中又出现了两个

图 3-4-1 努尔苏丹市伊希姆河右岸的肯尼萨尔·卡瑟莫夫骑马像（摄影：郑豪）

---

① Diener A. C. Kazakhstan's Kin State Diaspora: Settlement Planning and the Oralman Dilemma. Europe-Asia Studies, 2005, 57(2):327-348.

② Dave B. Kazakhstan -- Ethnicity, Language and Power. London & New York: Routledge, 2007.

③ Finke P. Historical Homelands and Transnational Ties: the Case of the Mongolian Kazaks. Zeitschrift für Ethnologie, 2013, 138(2).

矛盾选项，即主体族裔认同与公民认同。下文将着重分析哈萨克斯坦语境下族裔认同和公民认同之间的张力，解释哈萨克斯坦在建构国家认同问题上面临的挑战。

4.3 国族建构的两种路径

当下，哈萨克斯坦强调本国存在131个不同族群以及几十种不同的宗教信仰。因此，独立后建构国族必然面对如何平衡主体族裔认同与公民认同的问题。首先，从公民身份政策角度来看，哈萨克斯坦公民的身份证明文件上是否写明族群属别属于个人自由，同时公民也有选择族群属别的权利（这种情况多发生于跨族通婚家庭中）。从语言政策角度来看，根据哈萨克斯坦宪法规定，国家官方语言为哈萨克语，但俄语与哈萨克语同等运用到国家部门与地方机构中，且国家应该为其他少数族裔语言的学习与发展提供相应条件（第七条）；禁止倡导战争，社会、种族、民族、宗教和部族的优

图 3-4-2 努尔苏丹市伊希姆河畔的哈萨克斯坦共和国总统府（摄影：郑豪）

越性以及对暴力的崇拜（第二十条）。宪法是一个国家法律体系的基础，为其他法律条例的修订提供了一个基本框架。

在调研团参访和参观努尔苏丹和阿拉木图两个城市时，笔者发现，哈萨克斯坦的国家象征大多以主体族裔历史文化元素为基础，如哈萨克斯坦国旗、国徽等国家重要符号主要反映哈萨克民族文化中的游牧文化元素。哈萨克斯

图 3-4-3 努尔苏丹市地标建筑"生命之树"（摄影：郑豪）

坦国旗以蓝色为底色，中央主图部分为一轮散发着三十二道金光的太阳，其下是一只展翅的雄鹰，主图左侧则是一列哈萨克族传统纹饰。国徽的中心图案为哈萨克牧民毡房的顶部天窗（Shanyrak），左右两侧的图案为哈萨克民族传统神话中的天马（Tulpar）形象。

首都努尔苏丹市中轴线上耸立着总统府，总统府面向北侧，外形与美国总统府白宫甚为相似。总统府以北的主干道称"光明大道"，道路两侧是金色玻璃幕墙装饰的政府各部大楼，再向北则是哈萨克斯坦国家石油天然气公司大楼，其背后便是努尔苏丹市著名景观之一巴伊捷列克观景塔——"生命之树"。

"生命之树"的基本外形是一根托举巨大金色鸟蛋的白杨树干，这个建筑构思取自哈萨克人的一个著名神话传说。传说中，神鸟萨姆鲁克力大无穷，飞行神速。"生命之树"观景塔的树干所托举的金蛋便来自神鸟萨姆鲁克。[①]

再向北行，就可见到"光明大道"上的另一个著名建筑——休闲购物中心"可汗之帐"。"可汗之帐"的建筑原型为游牧民居住的毡房，该建筑高150米，室内建筑周长2000米，是全球最大的帐篷形建筑物。

与"可汗之帐"一街之隔的是仿俄罗斯莫斯科大剧院而建的阿斯塔纳国家歌剧芭蕾舞剧院。剧院外墙上耸立着一位驾着马车的女性巨型雕塑，这位女性的原型即是塞人女王托米里斯，而"塞人"被追溯为哈萨克人的远古祖先。

此外，在努尔苏丹市的国家博物馆和阿拉木图市的中央国立博物馆中，博物馆的展出藏品及主要叙事线索基本均以哈萨克族的历史、民俗和传统生活方式为中心呈现。

综上所述，首都主干道"光明大道"上地标性建筑物的构思皆取自于哈萨克族民俗或传统生活方式，这些面向世界游客的景观建筑和博物馆陈列的叙事逻辑无一不展示出哈萨克斯坦独立后的以主体族裔为本位的国家认同。有学者总结认为哈萨克斯坦政府正在将哈萨克传统民俗文化的恢复与强化融

---

① Köppen B. The Production of a New Eurasian Capital on the Kazakh Steppe: Architecture, Urban Design, and Identity in Astana. Nationalities Papers 2013, 41(4):590-605.

图 3-4-4　努尔苏丹市地标建筑"可汗之帐"（摄影：郑豪）

图3-4-5　努尔苏丹市阿斯塔纳国家歌剧芭蕾舞剧院（摄影：胡光玥）

入公共生活领域中，同时在社会文化层面上实现哈萨克民俗文化的发展、表征和主导地位。[1]

上述思路还可以从调研期间对哈国教育和科研领域的观察得到佐证。调研团参访的哈萨克斯坦科学院历史与民族学研究所在其官网上展示出的所有重大国家科研项目主要以哈萨克历史、哈萨克族裔的民族学遗产以及民俗等内容为核心。比如，该所哈萨克斯坦古代和中世纪历史系的重点课题为中世

---

[1]　Karin E, Chebotarev A. The Policy of Kazakhization in State and Government Institutions in Kazakhstan // Masanov N Ė et al. The nationalities question in post-Soviet Kazakhstan. Chiba: Institute of Developing Economies, 2002.

纪哈萨克政权的历史，目前已完成了五卷本历史著作《哈萨克斯坦历史》中的第一、二卷。民族学与人类学系主要的课题有"哈萨克民间艺术：起源、融合、多样性"、"游牧民族艺术作为历史文化现象"等。纵览该研究所网站，几乎每一个部门的重点课题都以探索哈萨克族裔的历史以及寻找哈萨克族裔的民俗遗产为重点。除科研领域的资金倾斜以外，也有一系列的政策和立法文件建议对学校教育进行改革。比如，哈萨克斯坦教育部在课本和教学大纲中大量引入哈萨克语文学作品。[1] 而在 2019 年的总统选举中，9 名获得提名的候选人都需要参加并通过哈萨克语水平考试。[2]

自 1989 年哈萨克最高苏维埃通过《语言法》，哈萨克语成为唯一官方语言，俄语被定位为族际交流语言，哈萨克语开始成为哈萨克斯坦国家形象和身份认同的主要依据及主体族裔认同建构的重点。但哈萨克语的推行并没有超越俄语作为族际交流语言的优势。1999 年对国民语言使用情况的调查结果显示，除哈萨克族以外的其他少数民族群体中，熟练掌握俄语的人数远超熟练掌握哈萨克语的人数；而相反，斯拉夫民族群体中掌握哈萨克语的人数占比不超过 15%。[3]

在推动以哈萨克人的语言、历史、文化元素为国家主体文化特征的同时，哈萨克斯坦也在积极建构"哈萨克斯坦人"的身份。1995 年在纳扎尔巴耶夫总统的倡议下，哈萨克斯坦成立了一个总统咨询机构——哈萨克斯坦人民大会。根据相关法律，哈萨克斯坦首任总统有权终身主持哈萨克斯坦人民大会。该大会设立之初的目标主要有以下几个方面：全面发展哈萨克斯坦人民的民族文化、语言和传统；通过巩固哈萨克斯坦各民族群体形成哈萨克斯坦身份；协助保护共和国的民族间和宗教间和谐等。哈萨克斯坦人民大会的成立体现

① Karin E, Chebotarev A. The Policy of Kazakhization in State and Government Institutions in Kazakhstan // Masanov N È et al. The nationalities question in post-Soviet Kazakhstan. Chiba: Institute of Developing Economies, 2002.
② 东方网. 哈萨克斯坦大选临近，群雄逐鹿还是一枝独秀？ [EB/OL]. (2019-05-01). http://mini.eastday.com/bdmip/190501104115893.html.
③ Dave B. Kazakhstan -- Ethnicity, Language and Power. New York: Routledge, 2007.

了哈国在以公民认同为基础构建国族的努力。下文将通过呈现主体族裔认同中游牧元素的历史渊源与政策变迁，解释上述两种路径之间的张力。

4.4　哈萨克斯坦主体族裔认同中的游牧元素

（1）历史上的哈萨克草原

13 世纪初，以伏尔加河中下游为中心形成史称金帐汗国的政权。[①]15 世纪后半叶，哈萨克汗国逐渐形成。[②] 16 世纪初，哈萨克汗国分裂为三个部落联盟，分别称为大、中、小玉兹。著名人类学家哈扎诺夫在《游牧民与外部世界》一书中分析了游牧社会中的家户、家户联盟与氏族。[③] 游牧社会的基层组织以血缘为基础，在此基础上形成地域联盟。摩尔根也认为，氏族是人类最古老、流行最广的社会制度之一。[④] 在哈萨克族社会中，最基本的社会组织被称为"阿吾勒"（aul），这是一种最基本的以血缘关系作为纽带的互助协作组织。[⑤] 游牧社会的特点便是人和牲畜随着季节变化在不同草场间移动，在畜群迁徙过程中需要较多的人力，即使在日常的游牧活动中也需要几户人家来合力协作。[⑥] 埃文斯－普里查德发现，居住于东非的努尔人社会群体中有一种以氏族为主线来裂变的特征。这种裂变以最小氏族群的祖先认同为线索，依据祖先亲缘性从近到远的程度组合成不同的世系群体，这种氏族联合不是稳定常态的，会根据与外界的关系变化而呈现出动态平衡的特征。由于游牧社会的移动性及其基层组织的血缘纽带，阿吾勒组织根据血缘关系的远近而形成具

① 格列科夫 Б. Д, 雅库博夫斯基 А.Ю. 金帐汗国兴衰史 . 余大钧，译 . 北京：商务印书馆，1985.

② Golden P. B. Central Asia in World History. Oxford: Oxford University Press, 2011.

③ Khazanov A. M. Nomads and the Outside World. 2nd ed. Madison: University of Wisconsin Press, 1994.

④ 路易斯·亨利·摩尔根 . 古代社会 . 中国社会出版社，2000.

⑤ Krader L. Social Organization of the Mongol-Turkic Pastoral Nomads. Mouton–Indiana University Publications, Uralic and Altaic Series, 1963.

⑥ 陈祥军 . 杨廷瑞游牧论文集 / 民族与社会丛书 . 北京：社科文献出版社，2015:84.

有地域特色的小氏族以及氏族联盟。阿吾勒的上层组织（即第二层）称为"阿塔"，由血缘关系较为亲近的若干阿吾勒组成，首领由德高望重的长者担任；第三层为露乌，即氏族。露乌中的人都来自一个共同的祖先，"露乌"一般都以该露乌祖先的名字来命名，有独立的游牧地和共同的墓地；第四层为阿热斯，由若干乌露组成；第五层为兀鲁斯，由若干阿洛斯组成，具有地缘性；第六层为部落联盟——玉兹。[①] 玉兹最高首领被称为"可汗"。有学者认为，将玉兹视为地域性部落联盟组织这一观点仍值得商榷，将其视为亲属谱系逻辑下的社会关系组织则更为妥当。[②]

前现代时期哈萨克草原上的居民还未形成民族认同概念，当时的宗教与血缘组织如阿吾勒或者氏族联盟等是产生认同的主要来源。到 19 世纪末期，族裔、族别和语言已经成为沙俄统治者对其境内多样化人口进行分类的主要依据。[③]

（2）哈萨克斯坦畜牧业的变迁与现状

尽管受到定居农民迁入的影响，但直到 19 世纪末，哈萨克草原的牧民仍然以游牧为生计来源。哈萨克草原由草原、荒漠和半荒漠等适于移动畜牧的土地类型组成。据学者统计，哈萨克斯坦国土面积的 30% 为年降水量 200–300 毫米的草原，47% 为年降水量 100–200 毫米的荒漠。[④] 19–20 世纪期间，哈萨克草原上牧民始终遵循着相似的游牧路线：主要为水平移动，即冬季向南、夏季向北移动，移动距离约为 15–800 公里；少数为垂直移动，即冬季向平原

① 海那亚提 . 近代哈萨克族图腾文化研究 . 西北民族研究 , 2001(2):58-64.

② Masanov N. Perceptions of Ethnic and All-National Identity in Kazakhstan // Masanov N É et al. The nationalities question in post-Soviet Kazakhstan. Chiba: Institute of Developing Economies, 2002.

③ Tolz V. Orientalism, Nationalism, and Ethnic Diversity in Late Imperial Russia. The Historical Journal, 2005, 48(1):127-150.

④ Alimaev I. I., Roy H B Jr. Ideology, Land Tenure and Livestock Mobility in Kazakhstan. // Burnsilver S B et al. Fragmentation in Semi-Arid and Arid Landscapes, Dordrecht: Springer, 2008:151-178.

地带、夏季向高山地带，平均移动距离为 15–100 公里。[①]

对该区域的不同统计调查显示，20 世纪初期最为常见的哈萨克牧民生计方式转变为半游牧状态，即牧民和牲畜冬季在定居点居住时间超过了半年，同时定居点开始出现木制房屋。[②] 沙俄统治时期，定居人数的不断增长和牧场的逐渐萎缩影响了哈萨克牧民的移动路线、移动距离，甚至是生计方式。20 世纪中期，哈萨克斯坦建立了诸多牲畜养殖农场，而其追求产量即动物繁殖量、奶制品、肉制品及毛绒产量的经营特色不仅鼓励了牲畜的定居畜养，更进一步强化了牧民的定居化。[③]

卡洛勒·费赫（Carole Ferret）[④] 对哈萨克斯坦阿拉木图州的两个国营牧场进行了历史和现代的个案对比研究。作者进行民族志调查的两个国营牧场仍然遵循了 20 世纪初的移动路线，其模式为纵向，大致移动距离为 12–120 公里。但与此前的游牧方式相比，苏联时期国营牧场的不同之处在于其由专门的牧羊人管理畜群，且牧羊人在定居点和牧场间移动，此外土地不再由原来的阿吾勒社区共同拥有，而是为国营牧场所拥有。作者认为，经过一个世纪的时间，虽然移动的人口大量减少，但哈萨克斯坦独立后保留下来并在原国营牧场上建立起的合作社仍然按照 20 世纪初的路线进行移动，小畜群在村庄周围吃草，大畜群则在冬季定居点附近放牧。在兼营农业和牧业的扩大家庭中，一部分成员要在不同的牧场上放牧，剩余的家庭成员需要选择在村庄中从事农业。这样一来，哈萨克斯坦畜牧业从准游牧转变为了准定居畜牧业。哈萨克斯坦宣布独立后开始了集体农场和牧场的私有化过程，在此期间总畜

---

① Ferret C. Mobile Pastoralism a Century Apart: Continuity and Change in South-eastern Kazakhstan, 1910 and 2012. Central Asian Survey, 2018, 37(4):503-525.

② Ferret C. Mobile Pastoralism a Century Apart: Continuity and Change in South-eastern Kazakhstan, 1910 and 2012. Central Asian Survey, 2018, 37(4):503-525.

③ Olcott M. B. The Settlement of the Kazakh Nomads. Nomadic Peoples, 1981, 8:12-23; Olcott M B. The Collectivization Drive in Kazakhstan. The Russian Review, 1981, 40(2):122-142.

④ Ferret C. Mobile Pastoralism a Century Apart: Continuity and Change in South-eastern Kazakhstan, 1910 and 2012. Central Asian Survey, 2018, 37(4):503-525.

群的数量大幅降低。①

此外还有学者在南部哈萨克斯坦地区进行了调研和对比研究。哈萨克斯坦南部地区有两种形式的畜牧业，一种是私有化后在原来集体化基础上形成的合作社，另外一种是私营牧户。不管何种形式，相较 20 世纪初的牧场，独立之后牧户获得的牧场规模缩小了。这体现为原来四季牧场的重复利用率提高，即无法再确切划分四季牧场，而只能在夏季牧地和冬季定居点之间移动。私营牧户则选择四季都在所定居村庄附近放牧。同时，牧场范围的缩小导致冬季草料需求量的提高。1991—1995 年间，国家定价收购体系崩溃，同时俄罗斯对于哈国毛绒和肉制品进口量的缩减导致市场需求量陡然降低。再加上对畜牧业投入的减少和畜群数量的萎缩，乡村人口的生活总体水平极低，常年没有现金收入。很多人所拥有的畜群数量不足以支撑他们以物换物来获得基本生活必需品。②

（3）作为身份建构元素的游牧文化

调研团在哈萨克斯坦期间参访了哈萨克斯坦国家博物馆，该博物馆由 5 个展厅组成，展厅中的陈列品多为在哈萨克斯坦境内的考古发掘文物以及哈萨克族的民俗文化文物。博物馆展示的塞人王墓文物、在哈萨克斯坦主要城市发掘出土的手工艺品、与著名诗人及哈萨克汗国创始人克烈、贾尼别克汗有关的物品，以及在"民族志"展厅摆放的哈萨克毡房模型等与游牧生活有关的展出品都在表明，哈萨克斯坦将哈萨克民族的历史与民俗元素建构作为国家文化资源的努力方向。此外，近年来哈萨克斯坦拍摄了几部关于哈萨克人历史和游牧生活的电影，如《铁血一千勇士》（Жаужүрек мың бала，2012）、《游牧战神》（Көшпенділер，2005），在哈国首任总统纳扎尔巴耶夫提

---

① Robinson S. et al. The Impacts of De-collectivisation on Kazak Pastoralists. Case studies from Kazakstan, Mongolia, and the People's Republic of China. Journal of Central Asian Studies, 2000, 4(2):2-34.

② Robinson S. Pastoralism and Land Degradation in Kazakhstan [PhD thesis]. Coventry: University of Warwick, 2000.

议下制作的电视连续剧《哈萨克汗国：不败之剑》（Казак Хандыгы: Алмас Кылыш，2017）及其第二季《哈萨克汗国：黄金王座》（Қазақ хандығы. Алтын тақ，2018），以及最近的一部《塞人女王：托米莉斯》（Tomyris，2019）等。对游牧遗产的暗示显然是当今哈国主体族裔身份建构中主要的符号学和语义学特征。在这一过程中最为主要的象征资源便是对于哈萨克草原的游牧生计方式不断重复的展示、强调以及叙述。

事实上，现如今哈萨克斯坦境内以游牧为生计的人口已经很少。而当局在政策层面倾向于实行定居化畜牧业的农业改革。[①] 因此主体族裔认同建构中所强调的"游牧元素"早在 19 世纪末期就已经开始走向衰落，当下的话语更多是一种依托于历史文化元素而进行的身份建构。

4.5 迈向全球化和都市化的公民认同建构

（1）全球化背景中的公民认同

上文已指出，哈萨克斯坦国族建构沿着主体族裔认同与公民认同两条路径同时展开。如在主体族裔文化展演中强调哈萨克民族的好客、开放与包容的特质，其本身便是一种公民认同建构的话语路径。从强调不同民族群体的民俗元素和语言独特性入手的公民认同似不能取得使所有哈国公民都形成国族认同的效果，而哈国不同领域内越来越高的全球化参与度则是构建公民认同的另一条路径。一方面，全球化融入需要所有哈萨克斯坦公民的参与；而另一方面，全球化过程中哈萨克斯坦国际参与度的提高也可增强哈国公民的民族国家认同。

哈萨克斯坦首任总统纳扎尔巴耶夫对于哈萨克斯坦的定位是"连接欧洲与亚洲大陆的桥梁"，其指涉的不仅仅是哈萨克斯坦的特殊地理位置，更是

---

① 哈萨克农业新闻网 . [EB/OL]. (2018-07-18) https://kazakh-zerno.net/141264-zhivotnovodstvo-kazakhstana-podnimut-neo-nomady/

其国家政治、经济层面的开放心态和与此相应的政策。[①] 具体在教育层面，建立仅九年的纳扎尔巴耶夫大学即反映出哈萨克斯坦全球化融入的尝试。该大学共有来自 55 个国家的 400 多名教师，师资构成高度国际化；其专业设置中包含世界前沿研究课题，如人工智能和大数据等；其教学模式完全效仿欧美体系。该校与世界知名高等教育机构如威斯康辛大学麦迪逊分校、宾夕法尼亚大学、杜克大学、剑桥大学等都建立了合作关系。1993 年，哈国首任总统纳扎尔巴耶夫提议成立"未来"（Bolashak）国际奖学金中心，该中心主要为哈国大学毕业生提供到欧美国家留学的资金支持。

2017 年在哈萨克斯坦首任总统的倡议下建立了阿斯塔纳国际金融中心（对该中心相关分析参见第二编第二章）。其下属的阿斯塔纳国际证券交易所的战略合作伙伴包括高盛、上海证券交易所、丝路基金和纳斯达克。目前，该中心吸引了来自 26 个国家的 232 家公司以及 28 家券商。阿斯塔纳国际金融中心制定了至少 27 份法律文件，其监管标准达到国际上的高标准，阿斯塔纳国际金融中心法院及仲裁庭亦聘请了英国法官。

哈萨克斯坦首都努尔苏丹市的中轴线主干道名为"光明大道"（Nurzhol Boulevard），主干道上坐落着新都的重要地标性建筑，如哈萨克斯坦议会、巴伊捷列克观景塔"生命之树"、国家档案馆等。这一主干道由日本著名设计师黑川纪章（Kisho Kurokawa）带领的建筑师团队设计规划。其顶层恒温泳池和迷你海滩的休闲娱乐中心"可汗之帐"（Khan Shatyr），以及设有艺术中心、音乐厅和歌剧厅的"金字塔"和平和谐宫皆由英国著名设计师诺曼·福斯特（Norman Foster）设计建造。于 2009 年 12 月 15 日投入使用的哈萨克斯坦中央音乐厅由意大利设计师曼弗雷迪·尼可莱蒂（Manfredi Nicoletti）设计建造。除此之外，努尔苏丹市主要街道旁的许多居民住宅呈现出了多种建筑风格，其中有效仿莫斯科大学建筑风格的高级住宅区、具有未来感的跨伊希姆河大桥等。行走在努尔苏丹市最中心的街区，完全不会感受到此刻竟身

---

① Mostafa G. The Concept of "Eurasia": Kazakhstan's Eurasian Policy and Its Implications. Journal of Eurasian Studies, 2013, 4(2):160-170.

图 3-4-6　努尔苏丹市主干道（摄影：郑豪）

处于哈萨克草原腹地。首都努尔苏丹市的城市景观与旧都阿拉木图市的街道图景大相径庭，相比之下，前者朝气蓬勃的面貌会立即给初访者留下深刻的印象。

自 1996 年提出加入世贸组织申请并经过长达 20 年的入世谈判之后，哈萨克斯坦终于在 2015 年成为世贸组织成员国。[①] 哈萨克斯坦融入世界市场体系的程度亦逐渐加深。而随着全球资本的流入，哈萨克斯坦作为全球世界一部分的想象也逐渐加深。在首都的城市景观建设中聘用国际建筑师、建造多样的"效仿"建筑，这些均成为此种想象所蕴含的价值观的延伸和物化；而在教育领域和金融领域实施的开放政策则表明国家层面对于"流动性"——不论是人员的流动还是资本的流动——的积极促进。

（2）新都建设的现代性与欧亚性寓意

硕特（John Renni Short）认为，20 世纪正值人类历史上的第三波城市化革命，此时的城市化主要呈现以下特点：（a）大部分新的城市居民在很短的期限内涌现；（b）某些特定城市的突然扩张；（c）城市的大都市化，即交通运输的改善和发达导致远离城市核心的发散型社区的出现；（d）这种城市变化是全球现象，20 世纪的城市化主要受到全球经济活动中再分配机制的影响；（e）大城市正在成为全球、民族国家和城市之间新的空间集合中的一部分。作者还对城市化过程进行了分类：快闪都市主义（Flash Urbanism）和亲密都市主义（Intimate Urbanism）。具有快闪都市主义特色的城市通常在凭借能源输出获得巨大财富的国家中出现，这些新兴富裕国家花费大量金钱来实现获得世界尊重和全球认可的迫切需求，它们的城市天际线由充满未来感和抽象感的高耸建筑作为视觉标指，如迪拜的城市景观。然而，建造快闪城市所付出的代价是长期的信贷压力以及在面对经济衰退期时的脆弱性，因此世界各

---

① 新华网. 哈萨克斯坦获准加入世贸组织. [EB/OL]. (2015-07-28). http://www.xinhuanet.com/world/2015-07/28/c_128064867.htm.

地的城市中都可见废弃的半成品建筑物。[①]

哈萨克斯坦年轻的首都努尔苏丹市颇符合上述分类中的快闪都市化类型。该市最初名为阿克莫林斯克（Akmolinsk），原为沙俄帝国的军事前哨。其在20 世纪中期时期逐渐发展为行政和工业中心。1961 年该市改名为切里诺格勒（Tselinograd），俄语意为"垦荒城"，其名同时期的垦荒运动相关。哈萨克斯坦独立后，该市改名为阿克莫拉（Akmola），哈语意为"白色坟墓"。[②]1994 年 7 月 6 日，哈萨克斯坦共和国最高委员会决定将首都从阿拉木图迁往阿克莫拉，首都迁移工程于 1997 年 12 月 10 日完成。根据 1998 年 5 月 6 日的总统令，阿克莫拉改名为阿斯塔纳（哈语意为"首都"）。

哈萨克斯坦宣布独立后，其公民认同的建立过程面临着国内及国外复杂环境和短时期内无法摆脱的历史影响。出于这些原因，建立一个全新的首都对于哈萨克斯坦独立之初实现国家认同合法性来说至关重要。官方话语中强调的"欧亚性"也更加表明了领导层的民族建构理念：总统纳扎尔巴耶夫建议所有的哈萨克斯坦人——不论是哈萨克族还是俄罗斯族，亦或是拥有其他族裔背景的人——都应该视自身为"欧亚人"，意为在欧亚大陆中心地带居住的人们。[③]纳扎尔巴耶夫所建议的"欧亚性"可看作是哈萨克斯坦为所有哈国公民提供同一认同资源的举动。

从表面上看，新都的建设具有"欧亚性"（该词同时隐含着一种世界性和全球性）特征，该特征体现在日本建筑师的设计理念被纳入城市建设方案中。黑川纪章的主要理念为"新陈代谢"（metabolism）和"可持续性"（sustainability），其主旨是要设计一个灵活的建筑环境，以适应不断变化的社会趋势；将旧城

---

① Short J. R. Globalization, Modernity and the City. 1st ed. London: Routledge, 2013.

② Köppen B. The Production of a New Eurasian Capital on the Kazakh Steppe: Architecture, Urban Design, and Identity in Astana. Nationalities Papers 2013, 41(4):590-605.

③ Mostafa G. The Concept of "Eurasia": Kazakhstan's Eurasian Policy and Its Implications. Journal of Eurasian Studies, 2013, 4(2):160-170.

图 3-4-7 努尔苏丹市街道旁的轻轨柱（摄影：郑豪）

区和新区的建筑在符号意义上合并起来，寓意该城市统一的过去和未来。[1] 官方话语也明确地强调了阿斯塔纳的都市属性：阿斯塔纳应该成为哈萨克斯坦复兴的象征、纯粹哈萨克精神的重生、世世代代哈萨克人的希望和梦想。[2]

阿斯塔纳所有的新建筑物、地标性景观都坐落在穿城而过的伊希姆河左岸，而迁都之前的城镇中心则在河的右岸。[3] 根据前文所述可知，事实上阿斯塔纳新城区的建筑群，如巴伊捷列克观景塔、"可汗之帐"休闲中心等地标性建筑所体现的是哈萨克族群体的象征、神话元素以及历史。另一方面，这些平地拔起的高耸建筑物（巴伊捷列克观景塔塔身通高为 105 米；"可汗之帐"

---

[1] Köppen B. The Production of a New Eurasian Capital on the Kazakh Steppe: Architecture, Urban Design, and Identity in Astana. Nationalities Papers 2013, 41(4):590-605.

[2] Laszczkowski M. Superplace: Global Connections and Local Politics at the Mega Mall, Astana. Etnofoor, 2011, 23(1):85-104.

[3] Laszczkowski M. Superplace: Global Connections and Local Politics at the Mega Mall, Astana. Etnofoor, 2011, 23(1):85-104.

为世界上最高的帐篷式建筑）又符合硕特对快闪城市特征的描述，而努尔苏丹市的轻轨柱则恰恰验证了快闪城市的另一个特色。

半成品建筑不仅象征着快速现代化和融入全球化的过程中后发国家在金融与信贷领域的脆弱性，同时也表明了城市建设中的"物质不稳定性"（material unstability）。[①] 新都建设过程不仅试图通过对新空间的征服和建设（伊希姆河左岸）来建立新的国家建设程序和降低俄苏文化的影响，废弃半成品建筑所表征的"物质不稳定性"本身则同时也是对时间的征服——摆脱历史影响。此外，其所具有的"正在进行"和"未完成的"的潜在含义制造出一种"一直在建设"的氛围，这也是对日本建筑师黑川纪章所提出的城市规划理念中"可持续性"的另类阐释。对"空间"和"时间"的改造工程正符合了前文所述的公民认同路径——通过强调哈斯克斯坦人的过往历史来建立共同的民族认同和"家园"认同。

（3）都市化塑造身份认同

哈萨克斯坦的快闪城市化过程仍然吸引了大量的人口前往新都阿斯塔纳，1999 年阿斯塔纳市人口约为 760,000 人。最新数据表明，努尔苏丹市的人口总数突破一百万人。阿斯塔纳建设过程中展现的未来图景、全球化都市的形象构造以及新兴城市的包容姿态，都成为吸引寻找工作机会和意图改善生活的迁居者的主要原因。新都阿斯塔纳的第一批迁居者为不同级别的政府官员以及企业员工，因此这一时期主要的工作机会是由政府机关与能源行业相关的企业提供。新都建设过程中产生的其他工种和岗位均由来自哈萨克斯坦非城镇区域的人口来填充。

全球化背景下，城市化的一个明显特征便是休闲娱乐中心的同质化和"麦当劳化"，[②] 因此习惯于居住在城市里的人，到任何一个陌生国家和城市的大

---

① Buchli V. A. Materiality and the City // Alexander C et al. Urban life in Post-Soviet Asia. UCL: UCL Press, 2007:52-81.

② 阿尔君·阿帕杜莱. 消散的现代性. 刘冉，译. 上海：三联书店，2012.

图 3-4-8 努尔苏丹市"丝路"商场（摄影：郑豪）

型休闲中心都不会感到陌生，且不会"迷路"。新都建成后，大型休闲中心则成为除了景观建筑外"都市感"和"全球感"最为强烈的空间，也在建构"都市身份"的过程中扮演了关键角色。因此，可以认为"都市身份"的获得——或者可以说获得"都市身份"的感觉——在建构公民认同中扮演了某种程度上重要的角色。因为来自不同民族的人群在城市空间中希望获得的是共同的身份——都市人，这在某种程度上可以说是消除了族裔差别。

阿斯塔纳的休闲中心在为一些人提供生活便利的同时，还给哈萨克斯坦人提供了获得"都市身份"的可能性。笔者特别关注了努尔苏丹市位于世博园区的著名购物休闲中心"丝路"（Mega Silkway）商场，发现已经有不少人类学家将该休闲中心的空间作为民族志田野开展研究并发表了相关的成果。休闲中心聚集的人群、其消费行为、衣着以及相互交谈时使用的语言等都成为了该人类学家的观察内容。[1]阿斯塔纳居民对"都市身份"有着自身的参考指标：有稳定的工作和职业、教育程度高、着装精致且有消费能力，最重要的

---

[1] Laszczkowski M. Building the Future: Construction, Temporality, and Politics in Astana. Focaal, 2011, 60:77-92.

一点是会经常光顾像"丝路"商场一样的大型购物中心。他们在日常生活中努力践行上述指标，也以此作为参考标准来评判他人，这些指标为个体的身份认同和创造集体认同提供了意义框架。作者在"丝路"商场观察到了几类人：头发一丝不苟、身穿贴身套装和高跟鞋、妆容精致的女性（这令笔者联想到阿斯塔纳国际金融中心的一位工作人员）和身穿西服套装、同样精致的男性，目光中透漏着不确定的中年男人，身穿过膝长裙、包着头巾的中年妇女以及调皮的孩童，穿着奇异且耀艳服饰、聚集在一起用并不标准的俄语大声交谈的青年人等。不同的人群聚集在休闲中心，或许并不能消费其中陈列的商品和其他服务，但使自己置身于休闲中心中便是一种"被看见"的实践，这种"被看见"成为了建立"都市身份"的关键。因此出现了以下情境：很多人上午在市郊的巴扎（意为集市）上淘来靓丽的服装，下午便与三两朋友或家庭亲属一起到休闲中心闲逛、拍照留念，在休闲中心他们用只有身边人能够理解的只言片语来评判和讨论陌生人。这种"被看见"的实践与在休闲中心的消费实践同等重要，因为人们在此"消费"的是它的空间及其所表征的含义——全球化链条中的一环。

（4）消除"都市身份"中的城乡差异

上述所论引出了一个问题：谁是那些在"丝路"商场中做出真实消费实践的人，而谁又是那些在"丝路"商场中"消费"其空间的人？前文所述的人类学家在自己的论文中讲述了一位信息提供人[①]的故事：她从东哈萨克斯坦州的一个小村庄移居到阿斯塔纳时怀着对欧洲式城市生活方式的想象和对美好未来的憧憬，然而真正开始了都市生活之后，她微薄的收入远不足以实现她的"都市生活"梦；她租住在一个市郊平房里，虽然崇尚富人的生活风格，但她没有能力去效仿。

可见，在建立和获得"都市身份"的过程中出现了一个隐形的分割线，

---

① Interlocutor，民族志田野调查中与学者互动最多的人，他们通常扮演本地向导、翻译以及信息提供者的角色。

这种分割线更多地与"阶层"相关，"乡村的"以及"乡村人"作为"都市"的他者参与了身份建构过程，"乡村性"成为了与"都市性"有显著区别的对立面。在"丝路"商场人群的交谈中对于判断"乡村性"同样有一系列只可意会的微妙标准，比如衣着、肤色以及公共场合中的身体举动和行为等，而这种"乡村性"往往与主体族裔认同相联系。

上世纪中期的垦荒运动中，约有 150 万人从各地来到哈萨克斯坦。从 1959 年到 1970 年哈萨克斯坦的俄欧裔城市人口规模提高了 62%，而哈萨克族的城市人口增长却并不显著。从 1930 年国营农场建立开始，规模较大且教育医疗等设施齐全的国营农场中，90% 为俄欧裔人口。[①] 也即，人口较少的哈萨克族城市居民的生活方式在不同程度上受到俄苏文化影响。受上述历史因素的影响，独立后哈萨克斯坦人的"都市身份"中总存在俄苏文化的元素，并且哈萨克民族身份更多地意味着"乡村人"。独立之初，由于哈萨克斯坦经济衰退、集体经济崩溃、劳工市场欠发达，原本没有资源根基的乡村居民怀着生存希望来到城市，却随时面临失业或者只能够做短期的临时工，他们居住在远离城市中心的市郊便宜租房里并且与酗酒和吸毒等问题纠缠。这种现状加剧了城市与乡村之间的隔膜——即使生活在城市，乡村居民仍然无法被城市居民认可和接纳。作为对都市居民排斥情绪的反应，哈萨克族的乡村迁居者们反而更加强调自己的"乡村性"——他们恢复和强调哈萨克族传统的社会组织（如前文所述哈萨克传统社会组织通常以血缘关系为纽带），牢记世代传诵的系谱（shezhire）和家族七代祖先名（jety-ata）成为了身份认同的重要标识。[②]

哈萨克斯坦通过一系列的政策操作以及新都建设工程试图融入全球化过程，这一过程和纳扎尔巴耶夫总统所强调的共同的"欧亚性"可视为是建立

① Yessenova S. "Routes and Roots" of Kazakh Identity: Urban Migration in Postsocialist Kazakhstan. The Russian Review, 2005, 64(4):661-679.

② Yessenova S. "Routes and Roots" of Kazakh Identity: Urban Migration in Postsocialist Kazakhstan. The Russian Review, 2005, 64(4):661-679.

哈国国民认同的重要内容。融入全球化并建构一个现代化的、都市化的哈萨克斯坦可以提高哈国公民的国民认同度。休闲娱乐中心这种典型的都市景观为都市居民提供了身份建构的意义框架，他们通过闲逛、"被看见"和"消费"休闲中心的空间来获得一种虚构的"都市感"。但由上述可知，在都市化和获得共同的"都市身份"认同的过程中始终存在着一条隐形的分割线，即"都市"和"乡村"的对立，乡村迁居者由于在经济、社会和文化等方面无法融入都市生活，只能转而强调自己的"乡村性"——这种乡村性表现为一种哈萨克传统的主动复兴。因此，哈国建构公民认同未来的主要任务之一即在于消除"都市身份"中的城乡差异。

结　论

在《现代国家的起源》一书中，作者总结了现代国家形成的四个要素：（1）一个群体必须在空间和时间上持续；（2）相对永久的、非人格化的政治制度的形成；（3）一致同意需要一个权威，且具有作出最终裁决的权力；（4）臣民应效忠于该威权的观念被普遍接受。[①] 1991 年后，哈萨克斯坦成为独立主权国家，也从此开始了艰难的国族建构的进程。

哈萨克斯坦的国名诞生于 20 世纪初，其哈萨克族的身份认同也在这一过程中产生。作为拥有着上百个不同民族群体的现代主权国家，独立之后的哈萨克斯坦将哈萨克族作为主体民族进行国家建设与政权建设。哈萨克斯坦国家建设中的主体族裔认同建构通过"回归家园"的号召和法律层面的优惠政策，鼓励由于种种历史原因居住在他国的哈萨克族回迁哈萨克斯坦。独立之初，哈萨克斯坦境内的哈萨克族在人口规模上不足以成为"主体"民族，而在实行侨民回迁政策后的二十几年间，哈萨克族的人口比例已占据全国总数的 66.8%。此外，在哈萨克斯坦街道、媒体、博物馆以及官方话语中随处可见的对其游牧文化和历史的强调与重复是主体族裔认同建构中另外一个重

---

① 　约瑟夫·R. 斯特雷耶. 现代国家的起源. 华佳，王夏，宗福常，译. 上海：世纪出版集团，
　2011.

要内容。然而事实上，自 19 世纪初开始，哈萨克斯坦的畜牧业从业人口数量逐渐降低，用于游牧业的草原土地逐渐让位于农业化和定居化政策。因此，那些政治领域和公共领域中被作为"哈萨克性"来强调的游牧元素只停留在符号化和象征层面上。在哈萨克斯坦通信社检索新闻报道时，可以看到，其中所有与第一产业相关的报道都在展示"集约化、现代化和机械化"的大型农场。

这一理念与现实张力的解决途径在于公民认同建构，其中包括建立"人民大会"、"文化中心"等各民族代表机构。哈萨克斯坦近年来在教育、经济等领域所做出的开拓措施表现了其融入全球化潮流的决心，而在此过程中，"全球化"的、"城市化"的哈萨克斯坦便可以成为所有族裔群体的认同来源。1997 年的迁都决定和新都建设是哈国开展城市化建设的一个重要标志，同时也意味着获得超越"哈萨克性"和"其他族裔性"的"欧亚性"的空间。因此"欧亚性"身份中有了"都市认同"的标识。不同族裔的人们来到新兴都市的全球化链接点——休闲娱乐中心，通过消费"空间"和体验的实践获得了表面的"都市感"。但这种全球化节点中产生的"都市感"身份仍然被隐形的城乡对立线所切割。哈萨克斯坦的经济衰退以及在某种程度上的低全球化导致新兴都市无法吸收更多的乡村移居者，来帮助他们获得真正的"都市身份"。面对这一情形，城郊的乡村迁居者只能通过强调乡村性来缓解无法被容纳的焦虑。因此，在通过全球化的哈萨克斯坦提供一个共同的"都市身份"及由此延伸的"欧亚人认同"的基础上，未来哈国的国族建构应重视"都市身份"中的城乡差异以及隐含的族裔差异。

« **第五章**
哈萨克斯坦文化艺术发展概览

博物馆是人们了解一个国家和地区的重要窗口，也是展示政治、文化实力的场所。本文在对哈萨克斯坦文化艺术相关政策、教育和国民接受度的调研基础上，集中对哈萨克斯坦的博物馆进行考察，以期客观呈现哈国文化艺术相关资料，探索中哈两国在博物馆发展和文化艺术传播方面可合作的方向。本文基于文献研究和实地考察的方法，以努尔苏丹和阿拉木图两市的主要博物馆为调研对象，从博物馆建设、艺术史与考古资料、展览形式、文化产业、公共教育等方面进行整理和综述。

‖ 5.1 哈萨克斯坦文化艺术发展现状

（1）相关政策概述

国家政策影响着国家文化艺术事业的发展。一般而言，文化艺术相关政策的制定和实施发生在国家政治稳定、经济回暖之后。2004 年，哈国开始以国家文化工程的方式推动文化艺术事业的发展。

2004 年 1 月 13 日，首任总统纳扎尔巴耶夫提出名为"文化遗产"（Madeni Mura）的国家文化战略项目。该项目旨在"发展思想和教育领域，确保国家文化遗产得到完好保存和有效利用"。① 项目主要致力于推动哈国考古和博物馆发展以帮助国民认识和保护国家文化遗产。至 2007 年，哈萨克斯坦已恢复了 35 座具有特殊历史文化意义的建筑古迹，开展了 30 个考古学和 17 个应用科学的研究项目。

2010 年 2 月 1 日，哈萨克斯坦通过根据总统倡议而制定的国家纲要《智慧国家——2020》，要求"用新思想体系培养教育国民，使哈萨克斯坦成为拥有竞争力的人力资本的国家"。纲要的主要内容包括三个方面：一是教育体系的创新发展，二是信息革命，三是青年人的思想教育。② 2017 年和 2018 年，首任总统纳扎尔巴耶夫发表两篇署名文章：《展望未来：精神文明复兴》和《伟大草原的七个方面》（文章具体内容参见本编第一章），提出深入研究哈萨克斯坦自己的历史和文化。这两篇文章勾勒了近年哈国文化领域一系列大型工程项目的基本框架。

（2）艺术类教育

哈萨克斯坦艺术教育的发展整体尚处于初级阶段，国家文化部目前主要专注于音乐和戏剧方面的艺术类教育。在基础教育方面，哈国的教育体系从小学开始开设乐理课。高等教育的培养制度分为艺术学院的大专和本科，如专业的艺术学院和综合类大学艺术系。哈国的艺术类高等教育致力于培养包括音乐、摄影、绘画等领域的应用型人才，而艺术理论类专业尚未得到成熟发展。哈国艺术类专业院校发展相对成熟的有库尔曼加孜哈萨克国立音乐学院（Казахская национальная консерватория имени Курмангазы）和茹尔格诺夫哈萨克国立艺术学院（Казахская национальная академия искусств имени Т.К. Жургенова），这两所高校在专业设置上都较为全面。

调研团实地考察了阿斯塔纳国际大学（Astana International University，AIU）和阿拉木图管理大学（Almaty Management University）两所高校的艺术

---

① 格奥尔吉·瓦西利耶维奇·坎 . 哈萨克斯坦简史 . 北京：中国社会科学出版社，2018:292.
② 格奥尔吉·瓦西利耶维奇·坎 . 哈萨克斯坦简史 . 北京：中国社会科学出版社，2018:299.

类教育发展现状。相较于国家重点发展的音乐和戏剧，阿斯塔纳国际大学则更重视美术类教育。四位哈萨克斯坦知名雕塑家在该校艺术系任教，学校也同时为年轻画家提供展现自己的机会，目前在校内开放500平方米空间专门用于作品展览。阿斯塔纳国际大学的教授表示，在世界范围内，艺术生都很难在工作上实际应用自己的专业。相应地，哈萨克斯坦的艺术类专业学生也很难确保自己学成后能找到对口工作。阿拉木图管理大学目前尚无与艺术相关的专业，但预计将在2020年开设"艺术品管理"专业。

哈国关于艺术理论类的研究多专注于继承西欧艺术传统。茹尔格诺夫哈萨克国立艺术学院设有艺术史专业。瓦列汉诺夫历史民族研究所目前已经完成了哈萨克斯坦百科全书的第一卷（总计划共三卷），而此前哈萨克斯坦并没有相关的百科全书式书籍，可以认为哈萨克斯坦对本国艺术史的撰写尚未开始。

（3）国民接受程度

通过对哈国年轻人的采访，调研团得知大多数哈国年轻人对待博物馆的态度为"去过一次即可"。年轻人更喜欢的艺术类型是现代艺术、音乐、歌剧和古典音乐演出。在日常娱乐生活方面，他们更喜欢卡拉OK、跳舞和看电影。相较而言，俄罗斯族的学生更有意愿报考高等教育的美术类专业。

哈德大学国际区域合作研究院院长苏尔丹诺夫（Bulat Sultanov）[①]表示：哈国年轻人很了解法国的疗养胜地或一级方程式赛车比赛，但不了解哈萨克斯坦的名胜古迹。哈萨克斯坦的许多街道更改过名称，而年轻人对其改名缘由却并不了解。某电视节目在阿拉木图市的库纳耶夫博物馆外随机采访了一些过路年轻人，询问他们是否知道"库纳耶夫"此人，受访问的年轻人都表示知道，然而对其具体身份的认识则五花八门：或答曰作家，或答曰艺术家，或答曰某知名体育运动员。实际上，库纳耶夫是哈萨克苏维埃社会主义共和

---

① 布拉特·苏尔坦诺夫于2005年至2014年任哈萨克斯坦总统战略研究院院长，现任哈德大学国际区域合作研究院院长。

国最重要的领导人之一，曾于 20 世纪 60-80 年代担任哈萨克共和国的领导人，是当代哈萨克斯坦共和国工业的奠基者。这表明当代哈萨克斯坦很多年轻人对本国历史不甚了解。

在对博物馆进行调研时，团队发现社会对一些文物藏品的解释出入较大。对于某类常见民族特色纹饰，哈萨克斯坦首任总统图书馆与哈萨克斯坦国家博物馆的讲解员均称其来源于哈萨克人对羊角的原始崇拜；但哈萨克斯坦国家博物馆的宣传册和展签上的解释却是该纹饰属于植物纹母题（flora motif）。由此可见，哈国在文化艺术领域尚未有效形成一套相对固定、广泛传播并为大众所接受的官方知识体系，民众对本国艺术表达的认知较为模糊。

5.2 哈萨克斯坦博物馆概况

博物馆是一个变化的概念。2007 年修订的《国际博物馆协会章程》将其定义为："博物馆是一个为社会及其发展服务的、非盈利的永久性机构，并向大众开放。它为研究、教育、欣赏之目的征集、保护、研究、传播并展出人类及人类环境的物证。"[1] 本节综述对象的含义更为广泛，即博物馆和与博物馆功能相似的展览场所。下文将概述本次调研主要参访的哈国博物馆，并在诸多博物馆藏品中选择两类展品作为重点展示：一是与首任总统纳扎尔巴耶夫相关的藏品；二是阿拉木图州伊塞克市附近考古出土的"金人"（Altyn Adam）以及一些带有哈萨克斯坦国家形象标志的出土装饰品。

哈萨克斯坦的历史博物馆重点展示的内容包括两大方面：一是国家领导人形象，主要展示首任总统纳扎尔巴耶夫的生平和成就，以及他作为领导人在参与国际交往中收到的各国赠礼；二是国家民族历史，具体为按照时间顺序陈列的各时期文物。在博物馆内，物品不再仅仅是物品，博物馆叙事构建了民族身份并使各群落合法化。[2] 现代艺术类展览馆按照国别和时间顺序区

---

① 亚历山大，陈双双. 博物馆变迁——博物馆历史与功能读本. 南京：译林出版社，2014:3.

② 马斯汀，钱春霞，陈颖隽等. 新博物馆理论与实践导论. 南京：江苏美术出版社，2008:2.

分不同展厅陈列，科技博物馆则将原始崇拜、民族历史与现代科技结合进行分类叙事。传统展览陈列以线性叙事为主，现代展览陈列的部分策展方式也体现出个性化的审美方式。博物馆及展览馆的展签多使用哈、俄和英三种语言进行讲解，这也从侧面反映了哈国三语政策的具体落实情况（参见本编第五章）。

哈国博物馆的展览也承担着公共教育的社会职能。博物馆不定期举办各类社会公益活动，重点为面向儿童的教育活动。博物馆往往也为各种大型会议和活动提供场所，如和平和谐宫的顶层会议大厅用于承办三年一度的"世界和传统宗教领袖大会"，而在平时，和平和谐宫则定位为社会文化的高端展览场所，它曾分别于2011年和2013年承办过国际阿斯塔纳动作电影节。

在文创和周边产品领域，哈国博物馆的文创以民族手工艺品和国家形象纪念品为主，目前尚未形成独立的文化产业和品牌。博物馆、旅游景点、市场和机场等地出售的纪念品在形式和主题上基本雷同，尚未呈现专业化发展的趋势。

由于哈萨克斯坦的互联网发展整体尚处于3G至4G网络过渡时期，故博物馆与互联网结合方面的发展也较为缓慢，博物馆的网站建设和更新速度较慢。但值得一提的是，哈萨克斯坦的展览场所大多顾及弱势群体的需求。博物馆通常提供人工和电子语音导览服务，有的博物馆还提供俄语、哈萨克语、英语和汉语的人工导览。大多数展览场所都设有便利残疾人参观的设施，如轮椅通道楼梯以及重要展品的盲文展签等。可以看出哈国文旅事业的主管部门较为重视对社会弱势群体的保护和照顾。

5.3 博物馆调研综述

本次调研中，团队参访了哈萨克斯坦努尔苏丹和阿拉木图两座城市的博物馆和其他展览场所。主要展览场所包括：努尔苏丹市的哈萨克斯坦首任总统博物馆、哈萨克斯坦国家博物馆、哈萨克斯坦首任总统图书馆、和平和谐宫和世博会科技馆，阿拉木图市的哈萨克斯坦科学院历史民族研究所博物馆、哈萨克斯坦中央国家博物馆、卡斯捷耶夫现代艺术博物馆以及其他展览场所。下文将简要介绍本次调研中参访的展览场所及内容。

（1）哈萨克斯坦首任总统博物馆

哈萨克斯坦首任总统博物馆（见本编第二章图 3-2-3）位于新都努尔苏丹市的伊希姆河右岸，是新都工程的第一批建筑之一。其始建于 1997 年 12 月，至 2004 年完工。博物馆外观是一个较高的蓝色圆顶，象征古代哈萨克游牧民生活的毡房。接待室大厅以照片和档案文件等材料呈现了首任总统的成长经历。

三楼大厅展示的是哈萨克斯坦共和国政治独立和主权的主要特征：国旗、国徽、国歌和宪法。国家安全委员会大厅展示了古代各国的武器。最后的圆顶大厅则展示各国赠送给首任总统的礼物。

（2）哈萨克斯坦首任总统图书馆

哈萨克斯坦首任总统图书馆位于努尔苏丹市左岸，靠近总统府。[①] 该建筑同样出自英国设计师诺曼·福斯特（"可汗之帐"购物中心与和平和谐宫的设计者）之手。主楼呈蛋壳形，直径 81 米。图书馆共九层，总建筑面积为三千多平方米。其中一层为大厅，直径 26 米，墙上橱窗中展出纳扎尔巴耶夫总统的一些著作；二层和三层是展厅；四层和五层是档案馆；六层以上是首任总统办公厅所在地。二层第一部分展出了纳扎尔巴耶夫总统的生平，包括其成长历程的照片、就任总统时穿的服装等；第二部分展出哈萨克斯坦在非物质文化遗产、体育和教育等方面所取得的成就，此外还包括国际组织（如独联体等）的纪念币和部分宣言原件；第三部分展出其他国家及组织颁发给纳扎尔巴耶夫总统的奖章。三层第一部分展出了纳扎尔巴耶夫总统的 32000 本藏书；第二部分以影像和图片形式展示了核武器可能为哈国带来的危害，

---

① 哈萨克斯坦首任总统图书馆官方网页 . [EB/OL]. http://www.presidentlibrary.kz/kk/museum

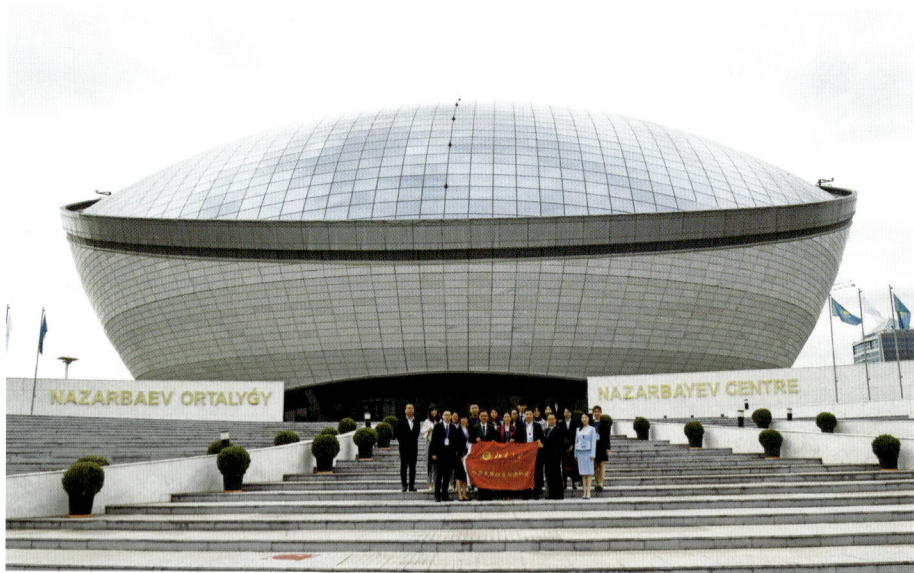

图 3-5-1　哈萨克斯坦首任总统图书馆（摄影：郑豪）

以及纳扎尔巴耶夫总统在各类国际会议中为反对核武器及和平利用核能进行的努力，这一部分运用了新科技手段，结合画面、音效等方式的整体展示效果较为震撼；第三部分则按区域分块展示了纳扎尔巴耶夫总统在不同时期、不同场合会见其他战略合作伙伴国家政要的照片。

（3）哈萨克斯坦国家博物馆

哈萨克斯坦国家博物馆位于首都努尔苏丹市，是目前中亚规模最大的博物馆。作为上述"文化遗产"国家项目框架内的成果之一，该博物馆别有特色的建筑风格极具吸引力。建筑总面积达 7.4 万平方米，由最高九层的七栋楼组成，馆内展览区面积达 1.4 万平方米。

馆内设有阿斯塔纳大厅、哈萨克斯坦独立大厅、黄金大厅、古代与中世纪历史展厅、现当代历史展厅、民族志展厅和现代艺术馆。博物馆另下设研究所，负责开展文化遗产相关研究项目。此外博物馆还设有儿童博物馆、儿童艺术中心、修复工场、实验室、专业储藏室、带阅览室的科学图书馆、会

图 3-5-2 哈萨克斯坦国家博物馆（摄影：郑豪）

议厅和纪念品商店。[①]悬挂于博物馆中庭的金色雄鹰每两小时会自动展翅飞翔，雄鹰一侧墙面的电子展示屏会同步播放宣传哈萨克斯坦自然风光以及各城市著名建筑的视频，这一整体展示效果象征着雄鹰飞过辽阔的哈萨克斯坦。太阳与雄鹰是哈萨克斯坦国旗中央的主体形象，象征着自由和光明。

博物馆内还使用了许多科技手段，包括特定的弧形屏幕、全息图、LED技术、触敏式信息亭、可切换哈、俄、英三种语言的多媒体导览器等等。

馆藏重要艺术史与考古资料如下：

第一，属于早期铁器时代的金人黄金装饰品、马具装饰品。迄今为止，哈萨克斯坦境内共出土 7 处金人墓葬，其中 5 处葬品收藏在此博物馆内。馆内展示的拼接完整的"金人"为复制品，由中亚著名的修复师阿勒坦别科夫（Kharam Altynbekov）进行复制。展出的相关文物（含复制品）包括 1969 年阿基舍夫（Kemal Akishev）探险队在伊赛克遗址（今阿拉木图市附近）发掘

---

① Alipova S. National Museum of the Republic of Kazakhstan. Journal of Natural Science Museum Research, 2018(1):59-64.

图 3-5-3　哈萨克斯坦国家博物馆中庭的哈萨克斯坦地图与金色雄鹰（摄影：郑豪）

出土的金人和毕热勒马匹复原模型（伊赛克古城考古研究工作共发掘出 4000 多件黄金古物），1999 年萨玛舍夫（Zeynolla Samashev）探险队在阿特劳州距离库勒萨热市（Kulsary）65 公里处发掘的夫妻合葬墓，2012 年萨迪科夫（Murat Sadykov）考古队在西哈萨克斯坦州捷列克津斯基区（Terektinsky）挖掘出土的王族女性墓等。出土文物及墓葬模型均位于黄金大厅内。

　　第二，古代与中世纪历史展厅藏品。该展厅主要由四个部分组成："石器时代的哈萨克斯坦"展区，主要呈现欧亚大陆的早期游牧文化——新石器时代与青铜时代过渡时期的博泰文化遗产；"青铜时代的哈萨克斯坦"展区，展示内容为当时的陶瓷器皿、武器工具以及珠宝艺术品等；"早期铁器时代与古游牧时期的哈萨克斯坦"展区，展示了塞人墓葬的出土物件；"中世纪的哈萨克斯坦"展区，展示了当时的手工艺品，包括用陶瓷、金属、骨头以及木头制成的物品。藏品多为从萨莱、图尔克斯坦、讹答剌、詹肯特、塔拉兹等古城挖掘出的文物，以及古代各时期的哈萨克人衣物复原品和各类冷兵器。

图 3-5-4　哈萨克斯坦国家博物馆"金人"复制品（摄影：胡光玥）

第三，近现代历史诸展厅。这部分主要介绍近代以来哈萨克斯坦所经历的重大历史事件。重要展品包括哈萨克斯坦1991年宣布独立后的国旗、国徽，1995年8月15日颁布的国家宪法，哈萨克斯坦海陆空三军军服，苏联时期哈国首位宇航员服装，拜科努尔航天发射场图片，哈萨克斯坦在2011年阿拉木图—阿斯塔纳亚冬运会上的获奖照片等。

（4）哈萨克斯坦中央国家博物馆

哈萨克斯坦中央国家博物馆[①]位于阿拉木图市，收藏约30万件藏品。博物馆建筑由建筑师拉杜什尼（Yu. Ratushnyi）等人于1985年设计建造。该馆建筑总面积为17557平方米，被认为是阿拉木图市最有特色的现代建筑之一。目前，该博物馆设有七个展厅，展示了哈萨克斯坦自然地理，哈萨克斯坦古代、中世纪、近代和当代历史等主题。目前该馆的主要展品陈列于历史民族志大厅。该展厅展示的是从15世纪哈萨克汗国形成到近代以前的哈萨克斯坦面貌，旨在呈现哈萨克族传统文化和生活方式的物质资料。展品包括游牧社会各层级人群的服饰、当时流通的阿拉伯铭文钱币、民族传统乐器、节庆仪式上的游戏器具等。另有与丝绸之路主题相关的贸易器物，如来自中国的丝绸和哈萨克斯坦本地的动物皮毛，还有与哈萨克族生产生活相关的物质资料如器皿、马具、衣饰等。

（5）哈萨克斯坦科学院考古学博物馆

哈萨克斯坦国家最高科研机构哈萨克斯坦科学院位于旧都阿拉木图市。科学院大楼内有一所小型的考古学博物馆。馆内展示了部分哈萨克斯坦古代文物，展品按照时间叙事排列分别为：石器时代、青铜时代、公元前3-4世纪的伊塞克金人墓、前伊斯兰时代考古出土的文物，其中的珍贵藏品主要为伊塞克市附近墓葬出土文物。重要馆藏艺术史与考古资料如下：

第一，石器时代展品分为早中晚三期，主要是武器和切削石器，其工艺逐渐由粗糙到相对精细。

第二，公元前3-4世纪的塞人墓葬群，以伊塞克"金人"墓出土文物为代表。"金人"墓穴由枞树搭建而成。墓葬约50年前被考古发掘出土，在发掘之初是散落的遗骸。金片原先由丝线绣在衣服上，出土后进行了重新组装。"金人"的造型及陪葬的金片都体现了当时游牧民族对太阳的崇拜。

[①] Central State Museum of the Republic of Kazakhstan [EB/OL]. http://csmrk.kz/index.php/en.

图 3-5-5　阿拉木图市哈萨克斯坦中央国家博物馆（摄影：郑豪）

　　第三，毕热勒国王谷墓葬区（Berel Valley of Kings）M11 墓复原现场及出土文物。该墓葬区位于哈萨克斯坦东部，经考古鉴定，此墓中埋葬的是公元前 3 世纪的斯基泰人，与巴泽雷克冻土墓属同一类型。该墓葬在发掘之前已遭盗窃。此墓为一男一女合葬，两人之间的关系目前尚不能确定。此墓最特别之处在于墓主的合葬方式。女性墓主未与男墓主同时下葬，而是在死后才移入此墓，但女墓主下葬时却并没有在地面上破坏原墓结构，而是在墓前凿出一条地道后由此将尸身抬入。[1] 这种情况在巴泽雷克文化埋葬习俗中比较少见。另有 13 匹马陪葬，这些马被发掘时保存完好。经由著名的哈萨克斯坦修复师阿勒腾别科夫复制，现有一匹完整尺寸的马匹复制品存放于东哈萨克斯坦州立大学博物馆。[2] 13 匹马都带着特别的羚羊面具，而羊角在当时被认

---

① Samashev Z., Bazarbaeva G., Zhumabekova G., Francfort H. Le kourgane de Berel' dans l'Altaï kazakhstanais. Arts Asiatiques, 2000: 5-20.

② The Astana Times [EB/OL]. https://astanatimes.com/2013/08/additional-berel-burial-sites-excavated/

为是与上天沟通的媒介。古代哈萨克游牧民信仰永生，认为马可以陪伴他们一生。墓内棺椁四角上各有一只黄金材质的鸟型工艺品，可以引领墓主去往来世。

第四，"少年阔孜与巴彦美人"中世纪陵墓模型（Mazar Kozy-Korpesh and Bayan Sulu）。阔孜与巴彦陵墓的建筑时代为 10-11 世纪，原址位于哈萨克斯坦东部的阿亚古兹（Ayagoz）地区。此陵墓风格属前伊斯兰时代，为地表建筑，墓高 11.65 米，墙厚 1.86 米，外部面积 7.1×7.1 平方米，内部面积 3.38×3.38 平方米，建筑整体为四面体金字塔型。东边入口处有 0.7×0.5 米的小窗户，入口前有四个雕塑。此陵墓的建造与哈萨克爱情诗《少年阔孜与巴彦美人》中的传说有关。该传说被称为当代"哈萨克斯坦的罗密欧与朱丽叶"，故事梗概如下：阔孜与巴彦从小由父母指腹为婚，两个孩子在长大后自然相爱了。但阔孜的父亲在他出生前便去世了，巴彦的父亲不能忍受阔孜一家日渐贫穷，便改变了计划，准备将女儿嫁给一个叫阔达尔的青年。巴彦的父亲与阔达尔合谋将阔孜杀死。巴彦为了替恋人报仇，假意答应嫁给阔达尔，后设计将阔达尔杀死，最后在恋人的坟前自尽。此诗有许多不同版本，但"婚约"和"设计杀人"这一点在不同时代的变体里一直没有改变。[①]

第五，艾莎比比陵墓（Aisha Bibi Mausoleum）模型，以及哈萨克斯坦南部出土的古丝绸之路上的文物。艾莎比比墓原是 11 至 12 世纪喀喇汗王朝时期的建筑，在 2000 至 2002 年间进行了大规模修复。陵墓位于哈萨克斯坦南部距塔拉兹市（Taraz）18 公里处江布尔地区的艾莎比比村。塔拉兹毗邻吉尔吉斯斯坦，是古丝绸之路上的重镇，因此除艾莎比比陵墓模型外，研究所博物馆内还藏有哈萨克斯坦南部出土的古丝绸之路上的文物。原陵墓为中心方形结构，入口在东侧，在建筑中心有一块墓碑。陵墓墙壁厚 80 厘米，壁上有用于固定墙壁和柱子的冷杉木梁。墓壁外侧装饰有雕刻的赤陶板，赤陶板背面靠楔子固定，装饰有 60 多种图案。馆内藏有未修复前墓壁外侧装饰碎片。

---

① 张昀. 一枝永不凋谢的玫瑰花——哈萨克情诗探析. 民族文学研究. 2002(2).

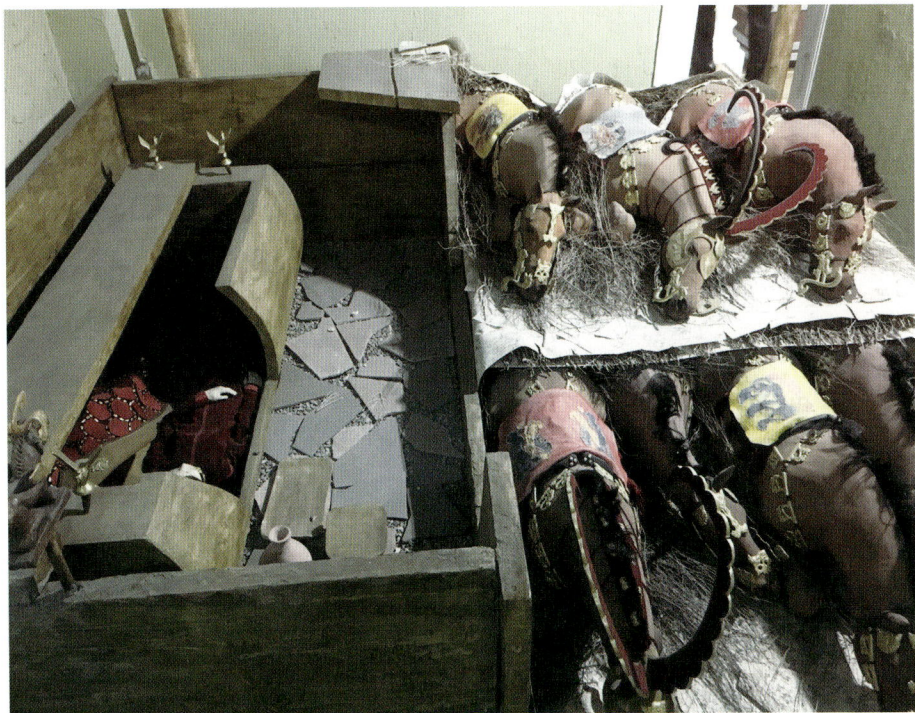

图3-5-6　毕热勒国王谷墓葬区 M11 墓复原现场（摄影：胡光玥）

关于此墓的传说有 28 个版本之多，大体系关于是艾莎比比与喀喇汗巴巴贾（Babadja）凄美的爱情故事。择其一介绍如下：艾莎比比是富人家的女儿，她不顾父亲的反对，不远千里私奔到塔拉兹，打算与她深爱着的巴巴贾相会然后结婚，可惜她还未来得及见到爱人，便因一条毒蛇而丧命，征战回来的巴巴贾未能见到未婚妻最后一面，只能悲痛地搭盖一座陵墓来悼念。

（6）2017 年阿斯塔纳世博会哈萨克斯坦国家馆

该馆在 2017 年阿斯塔纳世博会结束之后得到保留，并作为哈国首都科技主题展馆长期开放。场馆建筑仿太阳构造，共八层楼，展览主题分为"未来哈萨克斯坦"与"新能源科技"两个部分。新能源科技方面，展览馆主要展出了包括空间能、太阳能、风能、生物能及动能的表现形式、采集方式以及全球现有设备。该馆通过科技手段将哈萨克斯坦历史传统与现代成就相结合，展示效果直观且气势磅礴。

图 3-5-7 2017 年阿斯塔纳世博会哈萨克斯坦国家馆（摄影：郑豪）

（7）和平和谐宫

　　和平和谐宫系哈萨克斯坦为主办 2006 年第二届世界宗教大会而建造的建筑物，地点位于努尔苏丹总统官邸中轴线上。这是一项命题作文式的工程：哈萨克斯坦首任总统指示建筑外形必须是一个玻璃金字塔。英国设计师诺曼·福斯特建筑事务所与多国工程师一起，用时 22 个月完成了这项工程，总耗资 87.4 亿哈萨克坚戈（约 5800 万美元）。和平和谐宫于 2006 年底对外开放。这座高 62 米的钢铁玻璃金字塔，基座为 62×62 米，地上 7 层，地下 3 层，内部设有会议厅、剧场、咖啡馆、博物馆，顶层是一个空中花园。和平和谐宫集会议与展览功能于一体。调研期间，和平和谐宫正在举办现代艺术展览，其中有此前在中国上海昊美术馆展出的著名艺术家雷安·莱安德罗·埃利希（Leandro Erlich）的当代艺术作品《试衣间》。

　　位于建筑首层的大型会议厅可容纳 1500 人。和平和谐宫的金字塔构造以不锈钢网格和淡灰色花岗岩三角嵌入物做覆面，其顶端的彩色玻璃则由艺术家克拉克（Brian Clarke）创作。建筑顶层还设置了会议用的永久性场馆，被称作"和平之手"，象征着哈萨克斯坦将不同种族与不同宗教团体联系在一起。和平和谐宫顶层名为"摇篮"的圆桌厅是举办三年一度的"世界及传统宗教大会"的永久会议地点。该大会由哈萨克斯坦总统纳扎尔巴耶夫倡议召开，自 2003 年举办首届大会以来，我国每年均派出宗教代表团参加。

图 3-5-8　努尔苏丹市和平和谐宫（摄影：郑豪）

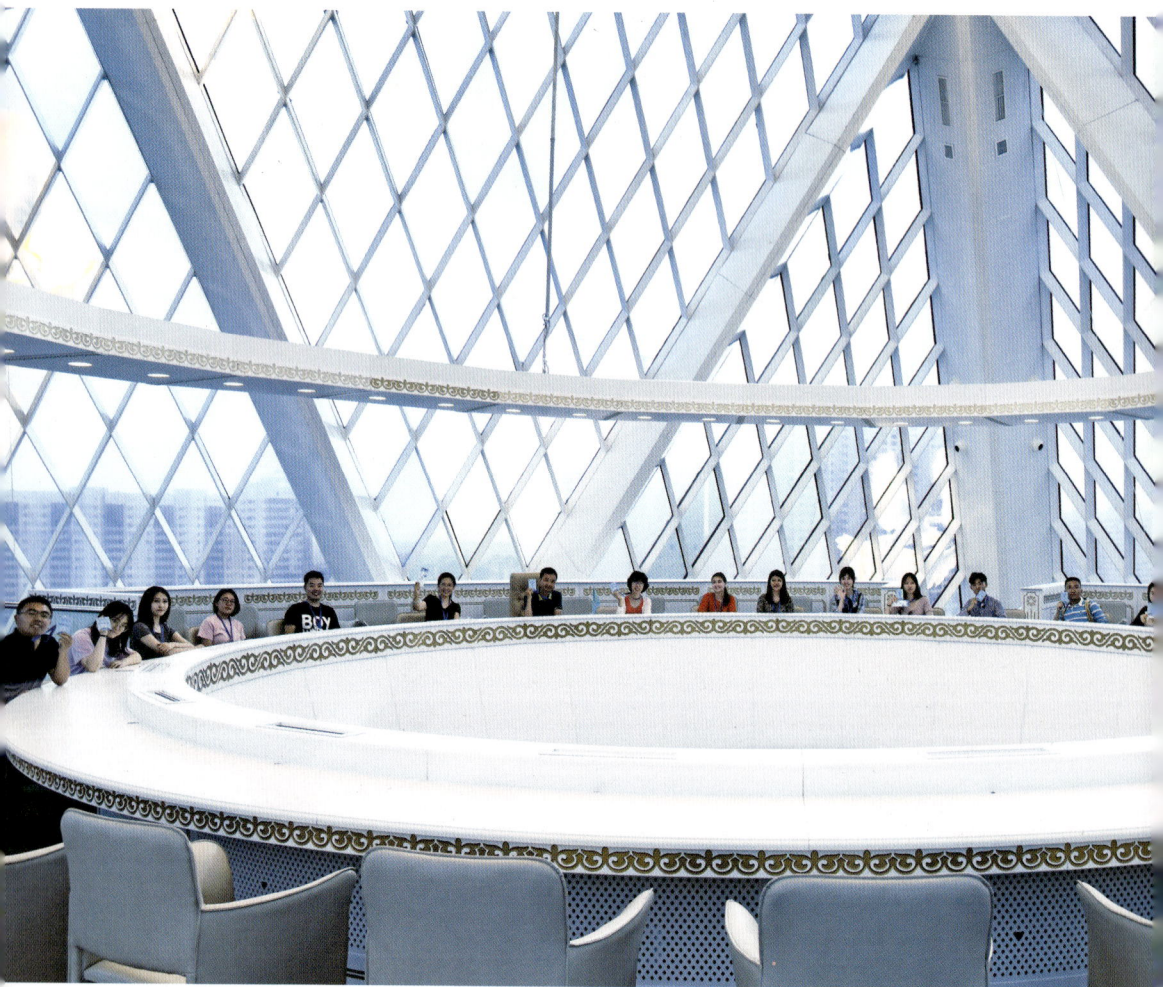

图 3-5-9 努尔苏丹市和平和谐宫顶层"摇篮"会议厅（摄影：郑豪）

（8）卡斯捷耶夫艺术博物馆

卡斯捷耶夫艺术博物馆位于阿拉木图市。该馆是目前哈萨克斯坦全国最大的美术馆，根据 1976 年 6 月 10 日哈萨克斯坦共和国部长理事会第 265 号部长会议令成立，前身是 1935 年成立的哈萨克国家艺术收藏画廊。该馆收藏的艺术品超过 25000 件，其中既有哈萨克民族艺术品，亦有欧洲各国美术品。该博物馆是哈萨克斯坦美术和装饰艺术的重要研究中心。

该馆主要展厅分为哈萨克斯坦装饰和应用艺术、哈萨克斯坦美术、俄罗斯美术、古代西欧艺术、古代东方艺术、20 世纪外国艺术等类别。重点展品还设有盲文展签和盲文结构图。

哈萨克斯坦美术展厅展出了哈萨克斯坦独立后的画家作品。1991 年哈萨克斯坦宣布独立后，艺术创作环境更加自由，艺术家们试图摆脱之前美术创作的思维限制，"前卫艺术"成为了众多艺术家们争相采纳的艺术形式。例如，著名的艺术家鲁斯塔姆就是"前卫艺术"的先锋人物，他是第一个将"前卫艺术"运用在自己作品中的艺术家，大胆地提出了"绘画形式构造"的创作理念。他认为，不同人对美的理解程度不同，审美方式不同，故而艺术的表现手法也不尽相同。"绘画形式构造"就是为了艺术家创作而提出的绘画思想，它鼓励艺术家的创作不能局限于一个层面，而要多元化地进行思考，体现出创作的多元性，进而创作出具有鲜明个人色彩的作品。"绘画形式构造"

思想也是当时比较先进的美术创作思想。[①]

5.4 中哈文化艺术交流展望

（1）中哈文化艺术交流现状

"一带一路"倡议下，中哈合作的项目主要聚焦经贸领域；而在流行歌曲、影视剧等大众文化领域，中哈两国近几年才开始有所合作。

继 2013 年首次提出"丝绸之路经济带"倡议之后，习近平主席 2017 年 6 月 7 日在《哈萨克斯坦真理报》发表题为《为中哈关系插上梦想的翅膀》的署名文章，提出中哈人文交流应更加密切。习近平主席在文章中指出，"2016 年，两国人员往来近 50 万人次，哈萨克斯坦在华留学生 1.4 万人。哈萨克斯坦已开设 5 所孔子学院和 7 家孔子课堂，4 所哈萨克斯坦中心落户中国高校。哈萨克斯坦歌手迪玛希在中国家喻户晓。《舌尖上的中国》、《温州一家人》等中国优秀影视剧走进万千哈萨克斯坦民众家庭。"

中方政府积极鼓励中哈两国的文化交流。习近平主席还指出："我们要打造中哈民心相通工程，更积极推动人员交往和文化交流，通过互设文化中心、联合创办高校、交换影视文学作品等方式增进彼此了解和认同。中方鼓励更多中国公民赴哈萨克斯坦旅游观光，感受'伟大草原之国'独特魅力。"2018 年 11 月 24 日，首届丝绸之路国际博物馆联盟大会在福建省福州市开幕，来自 21 个国家的 30 多所文博机构探讨未来合作计划，签署展览合作框架协议。

对此，哈萨克斯坦驻华大使努雷舍夫 (Shakhrat Nuryshev) 表示："在纳扎尔巴耶夫总统号召下，哈萨克斯坦正积极向全世界展示哈萨克文化。哈中两国是全面战略伙伴，有着良好的合作传统，共建'一带一路'更是拉近了

---

① 刘文斌. 二十世纪前哈萨克斯坦的艺术创作. 内蒙古大学艺术学院学报, 2012(3):98-104.

两国关系。我们愿意进一步发展两国日益密切的文化交流与合作，不断增进两国人民的相互了解和友谊。"① 在艺术展览方面，哈国在世界各地都存在一些推广本国文化产品的尝试，如积极参与"威尼斯双年展"。2018 年 9 月 20 日，由哈萨克斯坦国家博物馆、文化和体育部以及哈萨克斯坦驻英国大使馆联合组织举办的"后游牧精神"哈萨克当代艺术展在伦敦开幕，30 多位哈萨克当代艺术家参加。该展会在名为"哈萨克斯坦焦点"的项目框架内举办，该项目作为哈萨克斯坦现代化计划的一部分，正在伦敦、柏林、泽西市（美国）和水原市（韩国）四座城市中实施，主要展览 94 名哈萨克艺术家的作品。②

（2）中哈文化艺术合作方向

中国的互联网和文化产业较哈国发展更成熟，中哈两国的艺术合作可以从哈国年轻人更感兴趣的、时代性更强的文化产业方面入手。哈萨克斯坦的博物馆文化产业目前尚未形成特色和产业链，而大众文化的传播可以带动文化的普及。相较哈国的文化产业，中国的文化产业在专业化和规模化上具有相对优势。因此，中国文化产业可以借助文化产品生产的优势向哈国提供博物馆产品开发的专业指导，以促进两国文化交流。

中哈两国历史文化在某些方面具有共同的历史源头，比如哈国国家历史标志中的"金人"与在中国新疆阿拉山口附近墓葬出土的金人饰品十分相似。因此，"金人"的历史形象化展示可以作为中哈两国丝绸之路文化联系的象征。但需要注意的是，对此进行学术研究和文化产业指导时应尽可能基于客观的原则，避免简单化操作，单纯的"西来"或"东来"之说皆不能如实反映中亚历史文化的真正面貌。

---

① 程佳 . 情感相连，民心相通——记哈萨克斯坦共和国国家三重奏组合专场音乐会 . 中国文化报 , 2018-12-25.

② 哈通社 . 哈萨克斯坦当代艺术展在伦敦开幕 [EP/OL]. (2018-09-20). https://www.inform.kz/cn/article_a3397841.

　　哈国青年关注的电影、流行歌曲等大众文化也可作为中哈艺术类合作的一个方向。比如正在崛起的中国动漫产业，可以结合哈国民众熟悉的民族图案、国家形象标志，以联合开发知识产权的方式进行合作。中方可以充分发挥互联网优势，与哈方在文化产业方面展开深入合作。

后　记

　　"一带一路"倡议自习近平主席于2013年9月在哈萨克斯坦提出至今已有六年。这一倡议在学界的主要回应——国别和区域研究学科近年得到了更多的重视。上世纪八十年代以来，我国学界的国际问题研究多聚焦于发达国家和国际政治主要力量。此前关注有限的"一带一路"沿线国家往往以非通用语种为官方语言，实行形式多样的政治体制，处于不同的经济发展阶段，同时有着迥异的历史传统和错综复杂的民族、宗教、地域和阶层等问题。针对"一带一路"沿线国家的国别和区域研究需要语言技能、在地知识和学科训练的有机结合，更需要长期而持续的关注跟踪和实地调研考察。

　　在北京大学研究生院的周密安排下，"全球视野"研究生国际交流计划不仅为北京大学师生提供了广阔的国际学术交流平台，对提升学生创新能力有着极大促进作用，也以调研报告的形式为服务国家战略和丰富学科研究作出开创性的贡献。来自不同专业的硕博士研究生在陌生的"一带一路"沿线国家独立开展调研工作，学习从不同学科、不同国别、不同阶层和不同文化背景视角观察问题，感受中资机构在海外运营中面临的机遇与挑战，思考如何在各个层面为国家战略提供支持，在新时代新丝路"讲好中国故事"。调研团成员撰写的跨学科调研报告则在数据信息和研究方法两个层面为政府、企业、媒体和学术界等相关领域提出新的问题，提供新的素材和视角，探索新的方向和道路。本次暑期调研团项目是高校人才培养和国际交流两个层面的一次模式创新，也是对"一带一路"倡议理念和关切的一次实践。

　　本项目自年初启动以来，先后成立了各分团筹备组和专家咨询团队，得到学校相关单位、校友及中哈两国政府、企业、媒体和学界同仁的大力支持。从前期筹备到后期报告写作，调研团的每位成员都为项目的顺利开展和最终成果倾注了心血。愿这份凝聚我们每个人努力的调研报告能为政、商、学各界关心哈萨克斯坦历史与现状、关切中哈双边关系发展、心系"一带一路"倡议走深落实的同志们提供借鉴，成为构建人类命运共同体伟大征程上的一枚足迹。

施　越

2019 年 10 月于北京大学燕园